中国地方政府效率研究报告

（2023）

RESEARCH REPORT OF LOCAL GOVERNMENTS' EFFICIENCY IN CHINA (2023)

江西师范大学管理决策评价研究中心 ／著

社会科学文献出版社
SOCIAL SCIENCES ACADEMIC PRESS (CHINA)

《中国地方政府效率研究报告（2023）》
编 委 会

张祥欣　赵　妤　周　靖　周丽萍　周　滢
朱凯文　朱　莉　朱星宇　朱旭钰　朱芷暄

参与编写人员　（按姓氏拼音排序）

曹小玲　曹　原　柴培美　巢　钰　陈春霞
陈佳佳　陈嘉琪　陈俊绮　陈　然　陈　曦
陈　雪　陈伊霖　陈子祥　崔文娟　戴浩伦
丁红宁　丁梦如　窦世侦　段佳怡　段秋旭
付李沙　龚文睿　龚钰萱　郭　安　郭继云
郭欣然　郝　佳　何奥翔　何　叶　胡炽豪
黄浩轩　黄嘉玥　黄静怡　黄　涓　黄　宁
黄文静　黄勇胜　江　娜　江志峰　姜子越
蒋晓雨　金逸朦　景思雨　鞠星宇　柯雨欣
况　倩　赖　薇　李博绅　李宏韬　李　欢
李佳乐　李乐彤　李淑萍　李　燕　李亦哲
李　源　梁　静　梁思钥　林千斌　林筱雅
刘冠显　刘佳欣　刘　静　刘　可　刘　蕾
刘双双　刘　霞　刘　燕　刘彦汐　栾钰云秋
罗　勤　马春宇　马佳颖　梅雪婷　潘　晨
彭　涵　彭家榆　彭俊楠　彭思雨　屈佳怡
饶　茜　任　越　邵嗣豪　石秋雨　宋彦彤
孙　棋　孙　婷　谭伟涛　万筱瑶　万宇航
万玉瑾　万子芊　万子杨　汪乐晴　汪　婷
汪智柔　王惠琳　王凯伦　王　玲　王茜林
王雅玲　王钰媛　魏锦怡　魏梓欣　吴桂华
吴慧灵　吴佳佳　吴梦青　吴淑萌　吴淑薇

吴恬甜　吴晓萱　吴欣怡　伍宁华　武　敏
肖珂瑶　肖　腾　谢倪萍　谢义艳　熊嘉洛
熊庆雍　熊心敏　徐美慧　徐诗雯　徐想枝
徐怡欣　徐盈盈　许星星　严梓菱　颜　榕
晏梦娇　阳　欢　杨　晶　叶睿婷　叶瑞鑫
叶陶晶　游佳琪　游秀红　余斯贞　余文静
余欣彤　袁一鹤　曾凡华　曾嘉仪　曾佳颖
曾维郡　曾雅纹　张翠玲　张　航　张　靖
张名伊　张晓彤　张小羽　张笑雨　张新颖
张亚玲　张　妍　张儀璟　张永萍　章子涵
赵海洁　赵紫荷　郑　昊　郑迦宝　郑　可
郑欣睿　郑新雅　郑志远　郑紫心　钟佳雯
周采诗　周　艳　周子路　朱　晴　朱　颖
朱正萍　邹陈欣　邹杜燕　邹前成　邹心心

前　言

科技创新能力已成为国家实力最关键的体现之一。科技创新是指知识创新、技术创新和现代科技引领的管理创新。管理创新包括政治、经济等方面管理制度及实践的创新，旨在实现科技引领的管理变革。这就需要我国各级政府在制度设计、政策集成、治理创新上积极作为、深化改革，更好地发挥政府作用，提高政府效率。因此，科技创新与政府效率之间是相互关联的。党的二十大报告强调，“高质量发展是全面建设社会主义现代化国家的首要任务”，要求“转变政府职能，优化政府职责体系和组织结构”，以“提高行政效率”。

2023 年是贯彻党的二十大精神的开局之年，是为全面建设社会主义现代化国家奠定基础的关键一年，需要深入关注科技创新及政府效率。本书是国内连续出版的第 13 部《中国地方政府效率研究报告》，测度中国具有典型性的地方政府（港、澳、台除外），包括 31 个省级政府、333 个地级市政府、1866 个县级政府、977 个区政府的效率。本书在继承以往研究思路与方法的基础上，考察地方政府履行科技创新、公共服务、乡村振兴、公共安全等职能的现状，重点揭示科技创新与地方政府效率之间的内在联系，深入分析科技创新与提升政府效率面临的问题及治理对策。本书通过完善相应指标体系，测度、分析 2023 年我国省级政府、地级市政府、县级政府以及区政府的效率，连续13年发布中国地方政府效率优秀榜单，即中国地方政府效率“十高省”“百高市”“百高县”“百高区”。

本书在内容上力求实现两大创新。一是进一步完善地方政府效率测度指标体系与数据来源。为更好体现新征程中地方政府在高质量发展、科技创新、营商环境、公共安全、民生改善、乡村振兴等方面的履职成效，本书进一步优化地方政府效率测度相关因素及指标，比如新增“研发（R&D）经费支出占地区生产总值比例”“灾害防治及应急管理支出占地方一般公共预算支出比例”“数字经济发展”“落实耕地保护责任”“居民人均生活消费支出”等多个测度政府效率的指标。二是持续扩大地方政府效率研究样本。为了提高地方政府效率研究的代表性、广泛性，本书第六次大幅拓展地方政府效率研究样本，将北京市等4个直辖市所含的74个区政府纳入中国地方政府效率测度范围，定量评价、分析我国所有的区政府效率。

本书继续发布2023年中国地方政府效率优秀榜单，指出上海、北京、浙江等省级政府效率很高，排全国前10名，简称中国地方政府效率“十高省”；杭州市、广州市、南京市等位居地级市政府效率全国前100，简称中国地方政府效率“百高市”；嵊泗县、南澳县、昆山市等位居县级政府效率全国前100，简称中国地方政府效率“百高县”；上海市黄浦区、天津市和平区、鹤岗市向阳区等位居区政府效率全国前100，简称中国地方政府效率“百高区”。

本书指出，2023年我国地方政府效率仍然呈现三大特点。一是我国华东、中南、西南、西北、华北、东北等不同地区的地方政府效率排名差异较大。例如，华东地区的省级政府效率排名，华东、中南地区的地级市政府效率排名，华东地区的县级政府效率排名，以及华东地区的区政府效率排名在全国居前，整体上高于其他地区的地方政府效率排名。二是同一地区内部同一层级的地方政府效率排名差异很大，间接反映我国地区内部同级地方政府之间在统筹经济社会高质量发展、科技创新、乡村振兴、政府治理等方面存在差距及不平衡。三是不同地区的地方政府效率排名与当地经济社会发展质量具有一定的正相关性，政府效率较高的地方政府，其辖区经济社会高质量发展推进较好。

本书指出，公共服务优质、政府规模优化、居民经济福利优厚、政务公开优先、乡村振兴优良，即“五优”仍然是提高我国地方政府效率的共同经验；而公共服务不佳、政府规模不优、居民经济福利不高、政务公开不全、乡村振兴不够，即“五不”依旧是我国地方政府效率提升的共性瓶颈。因此，全面实行政务公开、深入提高公共服务质量、不断调适政府规模、持续增进居民经济福利、促进乡村振兴是提升地方政府效率的有效举措。同时，本书提出了进一步促进科技创新与政府效率提升的两大对策，即立足推动科技创新目标提升政府效率、立足政府效率增强科技创新服务的意识和能力。

本书获得江西省高校人文社科重点研究基地项目“2023 年中国地方政府效率研究”、江西师范大学 2023 年社科处与区域发展研究院联合发布的招标项目“2023 年江西省政府效率评价研究”的资助。同时，本书凝聚着江西师范大学、江西师范大学效率研究协会 270 多位师生的智慧与汗水，他们在研究设计、数据收集、正文撰写、校对出版、成果发布等方面做出了重要贡献。其中，唐天伟负责全书的统筹设计及修改工作；刘庆玉负责第一章（撰写约 1.5 万字）；黄楠、胡华珍负责第二章及附录（各撰写约 4.5 万字）；孙珊、廖信国负责前言、第三章及第七章的部分内容（各撰写约 1.5 万字）；李思思、赵好负责第四章及第七章的部分内容（各撰写约 1.5 万字）；官雅华、李梓瑄负责第五章及第七章的部分内容（各撰写约 1.5 万字）；万志、周靖负责第六章及第七章的部分内容（各撰写约 1.5 万字）；孙珊、廖信国负责全文统稿。北京师范大学政府管理研究院院长唐任伍教授、江西师范大学时任校长梅国平教授、江西师范大学副校长姚弋霞教授、江西师范大学副校长董圣鸿教授等为本书面世提供了宝贵的指导意见。在此表示衷心感谢及崇高敬意！

目　录

第一章
科技创新与政府效率

一 科技创新与政府效率的内在联系

（一）科技创新与政府效率面临的时代背景相似

1. 日益加剧的人口老龄化与不断提升的人口受教育程度

日益加剧的人口老龄化与不断提升的人口受教育程度是当前我国科技创新和政府效率提升面临的人口背景。新中国成立70多年来，我国人口形势发生了翻天覆地的变化。伴随人口出生率持续下降，我国人口总量于2022年开始出现下降趋势。一方面，这带动我国人口结构从年轻型人口逐渐转变为老年型人口，老年人口抚养比不断上升，初次人口红利不断消失；另一方面，这使我国人口的受教育程度不断提高，人口质量上升，2022年，接受高等教育的人口规模已达到2.4亿，[①] 15岁及以上人口的平均受教育年限已超过10年，文盲率从新中国成立之初的超过80%下降到2.5%左右。[②]

---

① 《我国接受高等教育人口达2.4亿》，中华人民共和国中央人民政府网站，2022年5月21日，https://www.gov.cn/xinwen/2022-05/21/content_5691565.htm。

② 《第七次全国人口普查数据结果显示十年来我国人口受教育水平明显提高》，中华人民共和国教育部网站，2021年5月12日，http://www.moe.gov.cn/jyb_xwfb/s5147/202105/t20210512_530993.html?authkey=boxdr3。

2. 中等社会经济发展水平与经济新常态

我国达到中等社会经济发展水平及步入经济新常态是促进科技创新和政府效率提升面临的经济背景。改革开放 40 多年来，我国经济高速增长，2022 年，我国 GDP 超过 18 万亿美元，稳居世界第 2 位，占世界的比重上升到 18%；[①] 人民物质文化生活水平显著提高，完成由新中国成立初期 80% 以上的人口为贫困人口、贫困发生率在 90% 以上到脱贫攻坚任务全面完成、小康社会已经建成的蜕变；农业占国民经济的比重比新中国成立初期降低了超过 60 个百分点，从三次产业占 GDP 的比重看，三次产业的比例由新中国成立初期的 68 ∶ 13 ∶ 19 转变为 7.3 ∶ 39.9 ∶ 52.8；我国城市化水平显著提升，总体平均城镇化率超过 65%，而上海、北京、天津则分别提升到 89.3%、87.55%、84.7%，超过国际公认的发达国家城市化水平。

随着城镇化率的大幅提升，我国经济发展进入新常态。原来驱动经济高速发展的动力，诸如生产要素数量扩张等不再起作用，经济高速增长态势也不可持续。与此同时，我国社会主要矛盾转变为人民日益增长的美好生活需要和发展不平衡不充分之间的矛盾。正如习近平总书记所说："我国发展仍处于重要战略机遇期，我们要增强信心，从当前我国经济发展的阶段性特征出发，适应新常态，保持战略上的平常心态。"[②] 在经济新常态下，经济不是不发展，也不是慢发展，而是以中高速发展，以适合当前中国国情、特点的方式发展。社会经济发展动力逐渐转变为创新驱动，创新不仅带来经济结构、产业结构的优化升级，而且促进生产要素效率和组织机构效率的提升。因此，经济发展动力转换是科技创新与政府效率提升的约束条件。

3. 急剧变化的国际形势与创新驱动战略

急剧变化的国际形势与创新驱动战略是影响我国科技创新与政府效率

---

① 《发改委原司长：美国人对中国 GDP 增长很焦虑，在研究改统计办法》，"北京日报客户端"百家号，2023 年 5 月 19 日，https://baijiahao.baidu.com/s?id=1766332668347923004&wfr=spider&for=pc。

② 《深化改革发挥优势创新思路统筹兼顾 确保经济持续健康发展社会和谐稳定》，《人民日报》2014 年 5 月 11 日，第 1 版。

提升的外部约束条件。国际形势正在发生的急剧变化与中国的经济总量已稳居世界第二甚至未来可能超越美国成为世界第一的背景息息相关。尽管和平与发展仍然是当今世界主题，但正如习近平总书记指出的，“综合分析国内外形势，当前和今后一个时期，我国发展仍然处于重要战略机遇期，但机遇和挑战都有新的发展变化”①。在美国优先和维持美国霸权地位理念作祟的背景下，以美国为首的西方势力以各种形式对我国发起围堵，旨在阻碍或延缓中华民族的复兴，导致国际单边主义、保护主义抬头，世界不稳定不确定因素大幅增加。国内国际双循环相互促进的新发展格局正是应对这一国际形势变化的创新设计。习近平总书记指出：“要推动形成以国内大循环为主体、国内国际双循环相互促进的新发展格局。这个新发展格局是根据我国发展阶段、环境、条件变化提出来的，是重塑我国国际合作和竞争新优势的战略抉择。”② 同时，创新始终是驱动一个国家、民族向前发展的动力，是推动人类社会向前发展的重要力量。创新驱动是我国应对当前复杂国际形势变化的重要法宝，既是主动而为，又是形势所迫。比如，带来我国经济持续40余年高速发展的改革开放国策，其本质就是制度与科技等方面的创新；国内国际双循环的本质也是我国应对复杂国际形势的创新举措。只有依靠创新，才能激发发展活力、转换催生发展动力、推动社会全面进步，从而持续带动科技创新与政府治理效率提升。

（二）科技创新与政府效率的内涵及特点紧密相关

科技创新是引领发展的第一动力。这既是对当今世界社会经济发展新潮流的科学总结，又是对当代中国经济社会发展的科学判断。这种创新是全覆盖、全方位和全效能的。科技创新和政府效率提升意味着打破现有资源组织方式，反映了资源利用效率的改善与提升，属于创新及创新驱动范畴。

---

① 《十九大以来重要文献选编》（中），中央文献出版社，2021，第821页。

② 《习近平著作选读》（第2卷），人民出版社，2023，第329页。

1. 科技创新的内涵与特点

熊彼特在《经济发展理论》（1912 年）一书中最先提出创新的概念，把创新视为对生产要素和生产条件的重新整合，并将新组合引入生产体系中。20 世纪 60 年代，美国经济学家罗斯托将创新拓展为技术创新。20 世纪 90 年代后，伴随着科学知识和技术发展的日益融合，出现科技创新的概念。我国学术界则总体上将科技创新分为“科学”创新和“技术”创新两个类别。

所谓科技创新，是指科技领域的创新，既包括新知识、新理论、新技术、新方法的发现、发明和应用，又包括既有的知识、理论、技术、方法的新应用。从微观层面看，科技创新是科技领域相关要素的新组合、新应用，它或者带来功能有所改进与提升的新材料、新产品，或者产生提高生产效率的新方法、新技术。在创新驱动战略中，科技创新的引领作用是首要的，在全面创新中它与理论创新、制度创新、文化创新协同共进。因此，实施创新驱动战略首先必须发挥科技创新的核心作用。

科技创新重在新、关键在创。创是创造，无中生有，把新知识、新方法创造出来，设计出来，或者是把原有知识的新应用方式开拓出来；新在于革新，推陈出新，在于在原有的、旧有的知识和方法的基础上实现突破与超越，产生新知识、新方法、新总结，采用新的流水线，获得更高的效率、更低的成本，生产出新的产品。

当前，科技创新越来越依赖于一个国家的综合国力，也越来越成为综合国力的体现。现代科技创新早已不是工业革命之初的情况。工业革命时期的科技创新较强的偶发性特征在现代社会不再是常态，因为科技创新已经变成复杂的有准备的系统性工程。科技创新往往建立在对现有知识、理论和技术的系统把握基础上，需要持续集中投入大量资源才能实现。由于需要持续的知识或技术累积，科技创新的门槛越来越高，有能力实现科技创新尤其是重大科技创新的实体和国家越来越少。综观世界各国，政府在科技创新中都发挥了积极作用。有些国家技术走在世界前列，主要是缘于其大企业、大公司乃至大资本有条件积极参与推动科技创新，因此这种科技创新可能以市场力量引导为主；而有些国家的技术实力相对较弱，竞争力不足，科技创新如果任由市场机制决定则可能进展缓慢，不符合国家利益，因此国家力量与动员组织就会在其科技创新中发挥更大作用，并提高科技创新整体效率。

科技创新是各国竞争的根本。科技竞争是当今世界各国竞争的核心，科技创新则是决定一个国家能否从这场竞争中胜出的核心竞争力。市场的竞争和国家的竞争早已不是总量的竞争，而是核心竞争力的竞争，这个核心竞争力就是科技创新。科技创新决定了一个国家在产业链分工中的位置，决定了企业在相关行业中的水平、地位，体现了领航者和追随者的差异。谁能在科技创新中胜出，掌握最先进的科技，谁就能成为这个行业的领航者，决定这个行业的发展方向。在国家层面也是如此，甚至竞争更为激烈。当代国家的竞争从根本上讲就是科技创新的竞争，具有创新优势的国家在这场竞争中还会对后进国家进行围堵和拦截，新兴国家则需努力突破科技创新瓶颈才有生存空间。制造业大国和制造业强国的差异就在于科技创新能力。制造业强国可以在全球范围内限制、约束乃至塑造制造业大国，决定产业发展的方向，但制造业大国除了努力创新别无其他路径摆脱这种限制和约束，科技创新是它成长为制造业强国的唯一路径。

2. 政府效率的内涵与特点

效率是全方位的，政府效率是它的一个方面。所谓政府效率，既指政府提供公共服务的效率，又指政府履行其职能的效率，还指政府机构的办事效率。尽管对效率和政府效率有不同的理解，但政府效率在内涵上都指向政府运用自身掌握资源实现其目标的意愿和能力。这种意愿和能力通常受到政府运用资源时对最新技术和工具掌握情况的限制。

首先，政府效率是政府职能定位的基础，也会受到政府职能定位的影响。政治的特点决定政府职能的基本性质，而政府效率则是政府职能定位的基础。不同的政治制度、政治家及政治理念，会赋予政府职能不同的基本性质，但政府具体职能定位则要受到政府效率的限制，所以，同一国家，即便在相同的政治制度下，不同时期政府的具体职能定位也可能会大相径庭。现代政府在大政府和小政府之间的变化与其说是政治制度所致，倒不如说是经济形势因素所致，但背后的关键还是政府效率。在理性条件下，政府效率决定政府相应的职能，进而赋予政府相应的职权。因此，政府效率能体现政府内部运行逻辑，具体涉及行政制度的运行、政府的构建、政府的运行方式等，并影响政府提供公共服务的范围和偏好，决定政府具体职能定位甚至政府规模。

其次，政府效率反映政府自身建设的状况，影响政府与市场关系界定。政府自身建设对政府履行职能至关重要，因此其决定了政府效率的高低。政府自身建设的关键在于明确建设的理念、方向和目标，并进一步明确政府建设的逻辑机理，理顺政府内部管理体制和机制，以目标为导向适时推动政府组织与流程的再造。同时，政府自身建设要求协调好政府和市场的关系，明确政府与市场的分工合作方式。而政府效率对政府与市场的边界划分而言非常重要，合理的政府与市场的分工必须与政府效率相匹配，如当前提升我国政府效率必然要求有效市场和有为政府并重。这有利于发挥市场在资源配置中的决定性作用，也是政府效率提升的必然要求。因此，政府提供的公共服务的范围、水平和方式，都取决于政府效率的高低。

最后，政府效率是政府竞争力的重要体现。政府效率反映出政府充分运用所拥有的资源提供公共服务的能力，随着社会流动性的增强，这种能力越来越成为地方政府竞争的主要手段，它吸引老百姓用脚投票。无论是古代中国还是近代欧洲的历史，都证明正是因为有老百姓的用脚投票，政府才会不断变革制度、加强自身建设、改变运作方式、调整自身定位、调节政府与市场关系，其最终目的就是提升政府效率，推动政府完善治理、更好提供公共服务。这是政府效率成为政府竞争力一部分的最终体现。

（三）科技创新与政府效率提升相互关联

科技创新与政府效率提升相互关联。现代科技创新虽然更多表现为市场行为，但它却常常首先出现在政府效率高的区域。与此同时，政府效率提升虽然更多表现为政府内部行为的改变，但它几乎从来不会首先出现在科技创新落后的区域。实际上政府效率的每一次提升都和科技创新以及科技创新提供的治理新工具联系在一起。离开政府效率的提升，科技创新将进展缓慢；离开科技创新，政府效率提升将是无源之水。

1. 政府效率的提升往往依赖于科技创新

科技创新的水平决定着政府效率提升所能企及的高度。科技力量已经触及社会各个角落，不同声音、不同利益诉求都能借助科技力量得到反映，作为社会治理的主体，政府必然也需要越来越普遍地使用科技手段作为社会治理工具，而有效使用科技手段的水平则决定政府效率的高低。从传统农业国政府到现代工业国政府，再到电子政务、数字政府，进而到未来的智能政府的过程，代表着政府效率的不断跃升，而背后支撑则是科技创新，是科技手段在政府治理中的升级。传统农业国政府对应的是原始的、落后的农业技术，组织条块分割严重，部门各自为政、画地为牢，当好守夜人是此时社会治理的典型特征，政府效率极其低下。近代工业国政府对应的是工业革命技术，工业革命带来新的生产组织形式和社会资源利用方式，冲击政府组织形式、管理手段和治理能力，政府开始有能力和手段去提供基础设施、公共服务等，从而推动政府效率提升。电子政务对应的是信息时代，信息技术给政府带来全新的管制形式，因为更加高效的信息传递提高了政府内部运行效率，使政府效率进一步提升。数字政府对应的是大数据技术的普遍运用，它改变了政府与市场的关系，使单向的信息传递被双向的信息互动代替，大幅提升了政府效率。数字政府的出现也使得政府治理的对象所属范畴由线下转变为线上与线下。未来智能政府则与人工智能技术的新突破如 ChatGPT 等技术的发展和运用相关联。如果说数字政府是被动回应外部需求，智能政府则是政府主动引导和满足外部需求，将实现政府效率从量变到质变的飞跃。

2. 政府效率的提升越来越多地通过科技创新体现出来

作为政府履行职能时所呈现的效率，政府效率在政府职能履行的所有方面都有所体现，任何一种政府职能履行不到位或履行不佳都意味着政府效率还有提升空间。不过，在影响政府效率的因素中，科技创新的分量却越来越大，即政府效率提升情况越来越体现在科技创新的水平与速度上。这是因为现代科技创新需要的资源投入和面临的风险越来越大，这不仅是因为不少基础性科技创新和重大科技创新已不是单个企业所能承担的，更是因为这些基础性科技创新和重大科技创新具有很强的外溢性，这导致在没有政府支持的情况下企业单独进行投入的情况越来越少。因此，在基础性科技创新和重大科技创新中，政府引导与支持越来越频繁，政府以各种方式参与其中的频次越来越多、程度越来越深。这时的科技创新既体现一国的综合实力，也反映一个国家政府的效率，尤其是政府在科技创新上的效率。

3. 科技创新与政府效率提升路径相似

科技创新涉及科技生产要素的重新组合，意味着对原来的科技路线的突破、科技生产流程乃至传统组织的再造，因此科技创新常常会带来企业生产与生产组织形式的自我革命。科技创新要求企业领导不仅要有前瞻性、预见性，更要有自我革命的勇气。政府效率提升涉及政府提供公共服务时各要素的重新组合以及政府内部的流程再造，势必打破既有的利益分配格局，因此更需要领导者具有极强的魄力去推动政府组织结构自我革命，实现效率提升。

我国要走中国特色的社会主义科技创新之路，要走自主创新之路。一方面要遵循科技创新的基本规律，不能试图突破规律、突破现实条件限制去开展科技创新；另一方面要着眼国家发展战略，科技创新要有服务国家战略全局的意识。我国政府效率的提升也不能完全依赖于西方的经验和理论，我国的社会治理之道具有中国特色，必须扎根中国实际，立足中国大地做文章。这就使得我国科技创新及政府效率提升的路径都需要根据国情自主设计。

二　促进科技创新与政府效率提升面临的挑战

（一）促进科技创新面临的挑战

1. 科技创新引导机制相对不够完善

科技创新是系统性工程，科技创新引导机制也是系统性工程。补贴是各国政府引导科技创新的常规手段，旨在以补贴降低科技创新的成本和风险，加大对科技创新的激励力度。当前各国补贴科技创新的资金大幅增加，这与经济不景气大环境形成鲜明对比。如美国2022年8月生效的《芯片与科学法案》提出要为芯片与半导体行业提供2800亿美元补贴，随后欧盟、日本和韩国也相继推出430亿欧元、1.3万亿日元和300万亿韩元的芯片补贴计划。

除补贴资金外，西方国家还形成较为健全和完善的科技创新引导机制。如美国政府不仅向私立大学或其他机构提供科研资金引导它们参与科技创新，同时还通过公立实验室直接开展重大科技创新，并通过制定支持政策或鼓励制度以及建立监管机制引导私营部门加入政府设立的科技创新项目，引导私人科技创新方向与国家战略保持一致。完善的科技创新引导机制对美国一系列重大核心科技创新的实现和先进技术的诞生起到至关重要作用。

在科技创新领域，美国并不是自由市场国家，它除了有常态化的数额庞大的研发经费投资支持科技创新外，对科技创新领域的市场干预和管理经验也非常丰富，美国在科技创新机制建设方面有不少可供借鉴之处，如它形成了完善的系统性的政府科研管理体制、科技与产业政策并建立了机构、企业和大学的宏微观管理与运作机制。[①] 美国全国科学技术活动的最

---

① 向长河：《从ChatGPT看美国的科技创新机制》，光明网，2023年2月12日，https://m.gmw.cn/2023-02/12/content_36361180.htm。

高决策权与领导权在白宫，设有总统科学顾问和白宫科学技术政策办公室协助总统处理全国科学技术问题。20 世纪 90 年代美国成立内阁级的国家科技委员会，其重要职能之一是为国家科技发展制定明确的目标，并确保有关科技发展工作朝此目标进行。国家标准与技术研究院则担负着协调全美高科技产业发展的任务。美国 OpenAI 公司推出的 ChatGPT 吸引全世界眼球，带来强烈的震撼，被认为是现代信息产业、人工智能领域的重大突破，将给人类社会带来巨大变革，也将向现实世界发起重大挑战。ChatGPT 的出现被不少人认为再一次向世界证实了美国的市场优势以及美国公司的创新能力仍处于世界领先水平，意味着美国市场的创新能力被再次见证，美国在引领科技创新方面又一次走在世界前面。但实际上，ChatGPT 能够出现，美国市场未必能居头功，因为美国政府在背后的推动作用功不可没。据悉，美国政府近年来采取一系列措施引导人工智能领域的科技创新。例如，2016 年，美国将发展人工智能上升为国家战略，白宫科学技术政策办公室、国家科学基金会等多机构联合发布《国家人工智能研究与发展战略规划》，随后，美国陆军、国防部、海军等均发布自己在人工智能领域的发展与规划；2018 年，美国先后成立国防部联合人工智能中心和人工智能国家安全委员会；2019 年，美国发布行政令《保持美国在人工智能领域的领导地位》，明确指出维持美国在人工智能领域的领导地位对于维护美国的经济和国家安全的重要性和价值所在；2020 年，美国《2020 年国家人工智能计划法案》获表决通过；2021 年，美国白宫科学技术政策办公室成立国家人工智能计划办公室，美国商务部则相应成立国家人工智能咨询委员会，同年美国非国防领域人工智能预算超 15 亿美元，增长 40% 左右；2022 年，美国国家标准与技术研究院预算中有近 10 亿美元用于人工智能等方向的研究，美国国防预算中则有 630 亿美元用于包括人工智能在内的新兴技术的研发。

2. 促进科技创新的工具不够健全

尽管我国宏观调控能力强大，但促进科技创新的工具仍以财政补贴等传统手段为主，政府促进科技创新的工具尚不够健全，协调重大科技创新的组织和制度建设体系有待完善。与此相比，经过几百年的不断完善和调整，美国构建了相对完善的鼓励科技创新和促进技术转移的法律体系，建立健全了有利于科技创新的知识产权保护制度。在此基础上，美国还制定了《购买美国产品法》《联邦采购法》等法律，专门规定了针对创新技术和产品进行采购的内容，美国是最早利用政府采购对技术创新进行扶持和推动的国家之一。

不仅如此，美国政府还通过提供经费、促进公私联合、鼓励产学研结合等方式构建联邦政府、州政府、企业、科研机构和大学共同参与的联合研究开发生产机制，创造条件积极支持大学和科研机构向企业转让技术。为了更好推动科技成果产业化，美国政府积极鼓励风险投资，通过制订高技术产业发展计划、提供税收优惠等引导风险投资资金流向高技术企业，尤其鼓励科技专家利用风险投资资金创办高技术企业。

此外，美国政府还在移民政策、签证政策、留学政策等方面为外国科技专业人员大开绿色通道，并向他们提供高额的科研经费、优越的科研条件以及优厚的收入，以此吸引全世界优秀科学技术人才。这为美国持续在科技创新领域保持领先地位创造了极其有利的条件。

3. 基础领域科技创新投入严重不足

有人把基础研究形象比喻为“无用之用”，以形容它在构建科学知识体系方面的关键性作用：“没有基础研究的突破，不可能成为科技创新强国。”①在基础研究领域，投入和产出之间的关系常常具有不确定性，其结果无法预测，初始投入和经济收益之间的时差可能长达数年甚至数十年。由于基础研究取得的知识性成果在大多数情况下具有较强的外部性，私人投资者通常难以从投资中获得充足的收益，但是，基础科学产生的知识可能为新商业机会打开大门，而这些机会是更多的短期研发资助者无法获得的，其社会回报远

---

① 《中国基础研究投入总量不足结构不合理，迫切需要“无用之用”》，国家自然科学基金委员会科学传播与成果转化中心网站，2018 年 4 月 18 日，https://www.nsfc.gov.cn/csc/20340/20289/25652/index.html。

远大于私人回报。基于这个原因，基础科学历来与公共投入有更多联系，而产业研发则略微侧重于应用科学。但社会可以从基础领域科技创新中获得极大好处，因为基础领域科技创新可以带来多领域全方位的技术突破。

我国近年来不断增加基础领域研究投入，2013～2022 年年均增长近 15% 左右。2022 年，我国基础研究经费已经达到 1951 亿元，基础研究投入占总研发经费的比例约为 6.3%，系 10 年来最高水平，但与美国 18% 左右的占比水平相比还有很大差距，与其他发达国家也有明显的差距。基础研究投入不足不仅仅体现在总量上，还体现在结构中。我国基础研究投入 90% 以上来自中央本级财政，地方政府对基础研究投入仅占 7%，企业投入则几乎可以忽略不计，而美国联邦政府对基础研究投入仅占一半，剩下一半则由地方政府和社会资金完成。

同时，我国对基础研究的投入不仅在总量和结构上存在不足，而且激发基础科技创新的效率也有待提升。目前我国大量的科技创新集中在应用领域，关键性基础领域的科技创新有待突破。而从国外情况看，重大的、具有颠覆意义的原始创新通常都来自基础研究取得的革命性突破，且这种突破能在市场上快速找到跟随者。高等学校和企业都是美国基础研究的主要参与者，美国基础研究项目有一半左右是由高校完成的，它们接受了联邦政府的科技研发资金，如斯坦福大学约有 2/3 的研发支出资金是由联邦政府提供的，同时，2020 年美国和日本基础研究经费中企业执行占比也分别达 32.14%、47.07%，而同期中国的数据则仅为 6.52%。企业参与基础研究的不足严重限制了基础科技创新的效率。

4. 科技创新的国际环境不利

当前世界格局正在发生巨大变化，尽管和平与发展仍是当今世界的主题，但伴随着我国的发展，西方国家对我国的恐惧和敌意也在逐渐增强，以美国为首的西方国家从早期的试图脱钩，到脱钩不成又借口所谓供应链安全问题制定“中国＋1”的政策，而在科技创新领域，更是不惜一切代价试图对中国进行围堵，延缓中国科技创新的步伐。这种脱钩和围堵不是仅仅体现在对中国企业的所谓制裁和禁止产品出口上，而是从最开始的通过孟晚舟事件打压华为公司，到后来以不同理由对中国众多高科技企业进行围堵，进而限制中国学生在美国修读高科技相关专业，再到联合其他国家限制高技术投入品如芯片生产设备向中国的输出，试图从源头围堵限制中国高技术产业发展。因此，这种不利国际环境可能在短期内对我国科技创新目标的实现构成障碍。

（二）促进政府效率提升面临的挑战

1. 政府治理实践与理论创新不足

党的十八大以来，我国高度重视政府效率提升，提出实现国家治理体系与治理能力现代化战略，出台实现基层治理体系与治理能力现代化具体部署。尽管在顶层设计上创新社会治理、提升政府效率的目标意识强烈，但是在实践中政府治理创新不足。这主要表现在两方面：一是政府治理实践手段创新不足，二是政府治理理论指导创新不足。

首先，政府治理实践手段创新不足。以人民至上的理念在治理实践中的贯彻落实为例，治理实践手段创新不足导致人民至上理念在治理实践中难以得到全面有效的贯彻落实，尤其是在基层治理上。基层治理中常出现两个极端。一是治理实践手段简单粗暴。最简单的例子是对城市（已经扩张到乡镇）占道经营的治理，这是几十年来困扰中国城市治理的难题，但到了社会经济发展水平比较高的今天，很多城市对占道经营的治理依然较为粗暴。二是治理实践手段无为敷衍。基层治理仍存在不少乱象，并因此陷入息事宁人的恶性循环。这不仅使政府部门在基层治理中处于弱势，更导致基层治理许多困境和难题难以化解，甚至形成有规则难以遵循的恶习。政府治理既是一门艺术，也是一门科学。正如习近平总书记指出的那样，管得太死，一潭死水不行；管得太松，波涛汹涌也不行。[①] 在社会治

① 《习近平总书记系列重要讲话读本》，人民出版社、学习出版社，2014，第 179 页。

理中，政府必须始终坚持问题导向，聚焦实践中遇到的新问题，瞄准改革发展稳定中存在的深层次问题，关注人民群众急难愁盼的“小”问题，积极探索政府治理实践中的手段和策略创新。

其次，政府治理理论指导创新不足。改革开放40多年来，中国政府通过大量政策创新与试点重塑政府职能，优化治理结构，革新治理方式，化解治理困境，实现了长达数十年的高速经济增长和社会和谐发展的目标。然而，这些摸着石头过河的举措，扎根中国大地符合国情的“中国之治”经验，却没有在理论上获得应有的地位，基于中国式政府治理创新的理论总结不足。不少学者仍将我国政府治理创新的内在逻辑与创新成果放置于西方理论框架下，以西方的理论框架解释我国政府治理的制度变迁，忽视中国政府治理创新的根本性特点。

2. 科技创新赋能政府治理动力不强

历史上，正是科技创新赋能才使政府效率不断提升。2016 年 10 月 9 日，习近平总书记主持中央政治局第三十六次集体学习时指出，随着互联网特别是移动互联网发展，社会治理模式正从单向管理转向双向互动，从线下转向线上线下融合，从单纯的政府监管向更加注重社会协同治理转变。[①] 这种由管理向治理的转变是驱动生产生活和治理方式变革的关键力量。党的十八大以来，习近平总书记关于网络治理的核心理念，为地方政府治理充分利用数字赋能作用，在守正中推进治理创新提供了基本遵循。因此，利用科技创新特别是数字化赋能政府治理，从而构建社会治理新格局，提升政府效率，是地方政府应有之责。数字化可以向政府提供新的技术条件，建构统一的数据标准，按照全方位、系统性、一盘棋的要求构建一体化公共数据平台，确立科学有效的规则体系和制度支撑，构建开放共享的基层治理体系，从而推动条块数据的共建共享，提高政府整体治理能力和社会治理的智慧化水平，从而形成利用现代信息技术开启“中国之

---

① 《中共中央政治局就实施网络强国战略进行第三十六次集体学习》，中华人民共和国中央人民政府网站，2016 年 10 月 19 日，www. gov. cn/xinwen/2016 - 10/09/content_5116444. htm。

治”的新道路、新模式。

伴随社会主要矛盾的转化，我国社会流动性持续增强、社会结构日益复杂、线上线下融合渗透、群众诉求日趋多样、社会问题频发突发，对提升社会治理水平和治理能力提出迫切要求，[1] 但科技创新赋能政府治理不仅是日常事务、办公程序的简化和时间的节约，而且是社会治理的根本变革，是社会治理结构的根本调整，是社会治理效率的普遍提升，可以帮助政府及时适应社会治理新形势、构建社会治理新格局，真正做到科学决策、精准施策。但是，这会牵涉到多方主体利益的调整。科技创新赋能政府效率提升的动力并不强，现有治理效率不适应社会高质量发展的需要。具体表现在：政府主动破除科技创新赋能治理的障碍的意愿不强，如政府对跨区域跨部门数字化建设的顶层设计进展缓慢；政府内部在深层次的信息利用和数字治理中的统筹与协调力度不够，条块分割较为严重；最新信息技术在及时发现和感知群众需求与社会发展态势上应用明显不足，及时预测预警预防和快速处置突发事件的能力不强，致使政府预防和处理群体性事件时屡陷被动，给政府声誉带来冲击的负面事件时有发生。这需要进一步增强科技创新赋能政府治理的动力，提高网络管理水平，加快用网络信息技术完善社会治理，增强网络空间安全防御能力。

3. 政府效率提升与科技创新协同性不够

我国政府效率提升更多依赖于政府人力物力投入。这种粗放型投入带来的政府效率提升难以持久，也不利于科技创新，致使政府效率提升和科技创新协同性不够。实际上，政府效率提升和科技创新需要协同推进。政府在资源配置上的决策，包括对资源配置方向、配置手段乃至配置主体和客体的安排，会对社会资源的配置起到示范和引导作用。如果政府不遵照市场规律，而是按照计划或命令方式改变资源配置，则会导致政府资源配置和社会资源配置发生冲突，既降低政府效率，也损害市场效率，还降低

---

① 黄璜：《构筑共建共治共享的数字社会治理体系》，人民网，2022 年 1 月 29 日，http://finance.people.com.cn/GB/n1/2022/0129/c1004-32342976.html。

科技创新效率；如果政府在科技创新上的资源配置和市场协同，则能发挥“1 +1 >2”的效果。

当然，科技创新要和国家力量协同发展，如我国倡导要在科技创新领域尤其是关键核心技术领域中发挥新型举国体制优势，即希望实现科技创新和政府效率提升的协同。一方面我国在关键领域、基础领域、核心领域的科技创新投入严重不足；另一方面更多的企业在短期利润目标驱使下把资源投入应用领域，满足于应用领域所带来的短期效益。这从我国每年申请专利的情况中可见一斑。我国虽然在年度专利数量上已经远超欧美，但专利质量堪忧，因为我国在专利数量猛增的同时，以全要素生产率（TFP）为代表的创新能力却在持续下降。而从专利申请人的组成情况看，我国专利质量也相对较低。在基础领域、核心领域、关键领域坚持进行科技创新的企业极少，这使市场科技创新与国家科技创新战略目标不一致，二者不能很好呼应，企业对短期利润目标的追求分走了本可用于与国家战略目标相一致的科技创新的战略资源，提高了国家科技创新战略的实现难度。

三　进一步促进科技创新与政府效率提升的对策

（一）立足推动科技创新目标提升政府效率

1. 提升政府支持企业应对外部环境的效率

科技创新如果任由市场条件与环境决定，则在国际分工体系下必定会形成先发优势和后发路径依赖，发展中国家科技创新路径将被锁定，它们要么在全球科技创新中被边缘化，只做全球科技创新的代工厂；要么被锁定在非关键非核心的应用领域，失去科技创新自主权。以半导体领域为例，半导体产业链可以分为上游、中游和下游，其中上游包括半导体制造设备和零部件及半导体材料等；中游则是半导体产品的生产领域，包括芯片设计、制造和封测三大环节；下游主要是半导体的应用领域，包括通信、电子等。长期以来，我国在半导体领域的科技创新主要集中在半导体应用领域，上游基本分布在西方国家，中游则集中在少数几个国家和地区，我国少量参与中游部分环节。后来部分企业通过科技创新，在中游的芯片设计能力上获得领先地位，打破该领域原来的路径依赖，导致原来在这个领域具有优势的西方国家感受到威胁，为避免原有分工格局被彻底打破的风险，维持其竞争优势，它们开始限制中国企业获得芯片制造设备，并禁止在芯片设计领域对其构成威胁的企业获得开发设计所需要的基础工具，试图把中国企业打回最初的状态。

面对西方以国家力量压制企业发展的行为，单独的企业难以抵抗，这就需要政府积极作为，完善政府职能，提升政府支持企业应对外部环境的效率，以“去美化”为抓手为全行业、全链条上的科技创新突破创造条件，在最大程度上使科技创新有机会向上突破，形成科技创新链。我国相关支持政策客观上推动产业聚集，增强企业科技创新应对外部环境的集体力量。国外经验早已证明，产业聚集可以为科技创新提供更加便捷的市场，帮助科技创新更快获得更高回报，从而促进科技创新的良性循环。

2. 围绕健全新型举国体制提升政府效率及科技创新效率

我国是发展中国家，尽管在许多科技创新领域已居世界前列，但整体力量不强，尤其是基础知识和核心科技领域还没有形成关键性突破，存在不少“卡脖子”工程。市场、企业凭一己之力无法突破这些“卡脖子”的技术。例如，人工智能等新兴技术领域的科学研究、技术创新和产业发展三位一体日趋融合，已经成为各国科技创新的角力场，也是各国维护自身核心竞争力的关键所在。核心技术是用金钱换不来的，只能通过自力更生来获得。政府要以新型举国体制推进政府与市场在提升战略科技力量上的协同，在国际竞争日趋激烈的格局下充分发挥有为政府和有效市场的作用，利用我国产业链健全和市场规模超大的优势，增强创新能力、激发创新活力，提升科技创新一体化部署和发展的能力，促进产业链创新链深度融合，提升原创技术需求牵引、源头供给、资源配置、转化应用能力，打造原创技术策源地。举国体制是中国取得成功的秘诀之一，使我国在一穷二白、百废待兴基础上得以集中有限资源在最短时间内建立健全独立完整的工业体系，充分体现社会主义集中力量办大事的独特政治优势和制度优势，也与其建立时我国所处的独特历史阶段和基本国情相符合。2019 年 2 月，习近平总书记指出嫦娥四号任务是“探索建立新型举国体制的又一生动实践”[①]。党的十九届四中全会和《中华人民共和国国民经济和社会发展第十四个五年规划和 2035 年远景目标纲要》都提出要构建新型举国体制，党的二十大报告再次强调健全新型举国体制对提升国家创新体系整体效能的重要价值。新型举国体制将成为我国新形势下打破封锁推动重大科技创新的法宝。正如习近平总书记指出的，世界科技强国竞争，比拼的是国家战略科技力量。[②] 要打好关键核心技术攻坚战，提高创新链整体效能，就必须提升政府效率，推动国家实验室、国家科研机构、高水平研究型大学、科技领军企业等国家战略科技力量自觉履行高水平科技自立自强的使命担当。

传统举国体制依靠计划经济运行，依托行政命令进行国家全部资源的调配，集中力量服务于优先领域的需要。但新型举国体制面对的不再是一穷二白的中国，而是市场经济比较成熟、市场在资源配置中发挥决定性作用、科技创新已经具备良好基础的新时代。西方原有的治理理论也不符合新时代中国治理现代化的要求。这就要求创新政府治理手段，创新“中国之治”的理论体系，探索更好发挥有为政府和有效市场双重作用的方法，使二者在促进科技创新效率提升、改进科技创新资源配置等方面发挥最大优势。新型举国体制就是政府在科技创新领域的治理创新，要紧紧围绕国家战略目标布局准确定位，在基础领域下功夫，合理安排政府投入，聚焦关键核心领域，迅速、高效地调动各方面优势资源和力量，凝聚社会共识，加快建设创新型国家，彻底摆脱“卡脖子”的状态，把科技创新的命脉掌握在自己的手里。

---

① 《习近平会见探月工程嫦娥四号任务参研参试人员代表》，中华人民共和国中央人民政府网站，2019 年 2 月 20 日，https://www.gov.cn/xinwen/2019-02/20/content_5367237.htm。

② 《加快建设科技强国 实现高水平科技自立自强》，《求是》2022 年第 9 期。

（二）立足政府效率提升目标增强科技创新的服务意识和能力

1. 增强以科技创新服务政府效率提升的意识

各级政府要紧跟科技创新的脉搏，不仅要有在科技创新应用中走在前列的意识和担当，积极认识科技创新影响政府效率的方式和手段，树立通过科技创新服务政府效率提升的意识，而且要以政府效率为导向，和企业与市场合作，主动引导科技创新。积极采取措施不断激发企业通过科技创新参与改善政府治理工具的活力。企业和政府对接开展科技创新往往存在一定顾虑，参与意愿不高，因为政府在这种交易中处于强势地位，越是基层越是如此。这就需要政府围绕政企合作改善政府治理工具，明确实施细则，加大政企合作成果转化激励力度，进一步引导企业、科研机构和人员积极参与完善政府治理工具的技术交易及成果转化。

2. 增强科技赋能数字政府建设的能力

数字技术、人工智能技术促进社会发展的同时也给社会治理带来新的问题。解决这些问题需要科技创新赋能政府治理，加快数字政府建设。数字政府建设离不开数字技术、人工智能技术的支持，它可以推动实现治理主体的高效互动、治理决策的科学民主、治理程序的智能高效和治理领域的精细划分。数字政府建设的直接目标是推动国家治理体系和治理能力的现代化，为构筑国家竞争新优势提供有力支撑；最终目标则是“为以中国式现代化全面推进中华民族伟大复兴注入强大动力”。为增强科技赋能数字政府建设的能力，我国密集出台《中华人民共和国数据安全法》《“十四五”数字经济发展规划》《数字中国建设整体布局规划》等相关法律法规和政策文件，一方面是在加强数字技术、人工智能技术赋能数字政府建设的顶层设计，另一方面也是在以系统思维巩固科技创新基础，打造科学、理性、开放、共享的协同创新环境，推动科技创新基础设施和科技创新要素市场等公共品建设和制度设计，为面向政府效率提升的科技创新提供低成本的开发环境。随着科技创新节奏加快和数字政府日趋完善，国家治理的理念、规则、制度与方式将被重塑，科技创新将为此改进或提供新的治理技术、治理手段和治理模式。例如，科技创新将从根本上提升数字政府协同效率。政府效率提升谋在协同、根在发展。科技创新将推进数字政府建设中以促进政府部门协作与沟通为目的的“一张网”工程，通过政府机构内部不同授权下的信息共享与协作有效避免信息孤岛及信息安全问题，通过政府机构各项工作记录数据的汇聚整理、共享应用和智能化监管搭建部门协同感知和研判平台，推动政府治理流程再造和治理模式再优化，完善跨部门、跨区域、跨层级联动响应和协作机制，构建集分析、研判、预警、指挥于一体的决策指挥平台，提高科学决策和风险预判能力，为政府决策提供科学依据，为政府治理开启新格局，实现数字化治理向智能化管理模式转变。

第二章
地方政府效率研究报告缘起与创新

当今之世，科技创新能力已成为国家实力最关键的体现。科技创新包括知识创新、技术创新和现代科技引领的管理创新。管理创新既包括宏观管理层面上的创新——政治、经济等方面的管理制度创新，又包括微观管理层面上的创新，旨在实现科技引领的管理变革。这就要求各级政府在制度设计、政策集成、治理创新上积极作为，深化改革，更好发挥政府作用，提高政府效率。因此，科技创新与政府效率之间是相互关联的。

党的二十大报告指出，高质量发展是全面建设社会主义现代化国家的首要任务；要坚持创新在我国现代化建设全局中的核心地位，提升国家创新体系整体效能，加快实施创新驱动发展战略；要转变政府职能，优化政府职责体系和组织结构，提高行政效率，在发展中保障和改善民生。

这就表明，高质量发展、科技创新、民生改善等是当下我国地方政府履职的重要内容及时代使命。完成这一使命迫切需要各级地方政府加强自身建设、提高政策执行力和政府效率。因此，持续关注政府效率具有比较重要的现实意义及学术价值。本书编撰团队从 2011 年起研究、测度、分析地方政府效率，在国内率先、连续出版与发布 13 部《中国地方政府效率研究报告》，全面探究政府效率提升对策。为了方便读者阅读理解，系统阐明研究成果及影响，本书在此梳理、揭示 2011～2023 年《中国地方政府效率研究报告》的缘起、传承及创新。

一　地方政府效率研究报告缘起

（一）地方政府效率研究报告起源

《中国地方政府效率研究报告》肇始于2004年北京师范大学唐任伍与唐天伟的开创性论文——《政府效率的特殊性及其测度指标的选择》。该论文在国内最早建立了由政府公共服务、政府公共物品、政府规模与居民经济福利四个因素及其子因素构成的省级政府效率测度指标体系，评价了2002年中国省级政府效率。[①] 后来，有关中国地方政府效率，特别是省级政府效率的研究在2005～2011年主要以论文、著作等形式呈现，广泛探索了地方政府效率的相关理论与实践。比如，《政府效率测度》重点从经济学、管理学角度论证了政府效率的一般理论、基本特征，揭示了政府效率低下的症结及其消除路径。

《2011中国省级地方政府效率研究报告》从公共管理及省级地方政府投入与产出角度，总结国外提升地方政府效率的实践与经验，论证提升省级地方政府效率的关键意义，评估分析2011年中国内地31个省（区、市）的政府效率，揭示省级地方政府效率的三大特征、提升省级地方政府效率面临的困境及路径。

（二）地方政府效率研究报告产生及发展

以《2011中国省级地方政府效率研究报告》出版、发布为标志，《中国地方政府效率研究报告》正式诞生。研究报告最初是从义务教育服务、社会保障服务、政府投资、政府成本与规模等七个方面论述政府效率。后来，2012～2022年，《中国地方政府效率研究报告》分别以“社会鸿沟”

---

① 唐任伍、唐天伟：《政府效率的特殊性及其测度指标的选择》，《北京师范大学学报》（人文社科版）2004年第2期。

“政府腐败”“地方政府治理能力现代化”“简政放权”“脱贫攻坚”“乡村振兴”“统筹发展”等主题评价、论述中国地方政府效率状况及特征，持续、系统阐述地方政府效率提升对策。此外，相关专著《基本公共服务均等化视角下我国省级政府技术效率研究》《政府效率损失：定量分析与规避机制》从政府技术效率、政府效率损失等方面丰富发展了政府效率理论，为深化《中国地方政府效率研究报告》的研究提供了新的理论支撑。

二　《中国地方政府效率研究报告（2022）》的媒体反响

《中国地方政府效率研究报告（2022）》(以下简称《报告》) 传承 2011 年以来《中国地方政府效率研究报告》的基本思路与方法，是国内连续出版、发布的第 12 部《中国地方政府效率研究报告》。《报告》针对我国时政热点及政府履职重点，考察地方政府在统筹发展和安全、统筹疫情防控和经济社会发展、适应稳中求进工作总基调方面的状况，重点揭示统筹发展与地方政府效率之间的内在联系，论证全面推进统筹发展与提升政府效率面临的问题及其对策。

据不完全统计，《报告》相关内容被国内 44 家知名的主流媒体报道。比如，凤凰网 2022 年 12 月 23 日现场直播《报告》发布会实况；中国网 2022 年 12 月 23 日及时报道《报告》发布新闻；人民论坛网 2022 年 12 月 23 日详细报道《报告》发布内容；新浪财经 2022 年 12 月 24 日推介 2022 年我国地方政府效率“百高市”相关内容。同时，江苏、广东、海南、湖北、四川，以及广元市、东莞市、芜湖市、乌海市、攀枝花市、珠海市等的数十家地方政府网站及媒体也从不同层面关注、肯定《报告》及其发布会。

三　《中国地方政府效率研究报告（2023）》的传承与创新

在全面建设社会主义现代化国家新征程上，需要探索从教育强、人才强到科技强、产业强，进而到经济强、国家强的高质量发展路径。我们要坚持科技是第一生产力、人才是第一资源、创新是第一动力。以科技创新推动经济发展质量变革、效率变革、动力变革，提高全社会劳动生产率和全要素生产率。

在世界百年未有之大变局和推进中华民族伟大复兴的进程中，根据我国地方政府职能履行新特点及新要求，结合地方政府效率提升面临的新形势，《中国地方政府效率研究报告（2023）》（以下简称“本书”）注重研究的传承与创新，主要体现在两大方面。

（一）研究思路与方法传承

我国地方政府作为当地基本公共服务的主要供给者、辖区居民经济福利的主要保障者，既是地方财政的主要消费者，又是区域高质量发展的推动者及地区安全的守护者。因此，地方政府效率就集中体现在地方政府扮演这些角色所产生的成本与收益之间的对比关系中，也体现在地方政府之间效率水平的对比之中。地方政府效率水平高表现为以较小的政府规模（较小的政府成本）提供高质量的符合时代特点、经济社会发展环境要求和居民美好生活需求的辖区公共服务，全面实行地方政务公开，使当地居民享有更高的经济福利水平。

本书传承2011年以来《中国地方政府效率研究报告》的基本思路与方法。比如，建立、完善地方政府效率测度指标体系；利用来自省级政府、地级市政府、县级政府、区政府网站的公开信息及来自《中国统计年鉴2022》等的国内公开权威数据；采取标准离差法对测度指标原始数据进行标准化处理，加权计算并比较测度指标的标准化值，全面分析我国地方政府（省级、地级市、县级、区）效率及其相应的测度指标水平。

计算地方政府效率测度指标的标准差和标准化值的公式分别是：

$$S=\sqrt{\frac{1}{n}\sum_{i=1}^{n}(X_i-\overline{X}_i)^2}$$

$$(STD)_i = (X_i - \overline{X}_i)/S$$

其中，X_i 为 i 指标的原始值；$\overline{X}_i$ 为 i 指标的平均值；n 为地方政府效率测度样本数量；$(STD)_i$ 为标准化值，S 为标准差。

本书参考我国地方政府公共服务、政府规模、居民经济福利及政务公开情况等，完善地方政府效率测度指标体系，通过指标测度及运用标准离差法，测度、分析我国省级政府、地级市政府、县级政府、区政府效率，开展地方政府效率及其测度指标、子因素、因素的标准化值排名，定量评估、比较各地方政府效率的相对水平，发布中国地方政府效率“十高省”“百高市”“百高县”“百高区”等优秀排行榜。然后，深入剖析我国地方政府效率特征、面临问题及提升对策。有关地方政府效率的测度样本、测度指标体系及权重、测度指标数据来源及处理的说明见本书附录。

（二）研究内容创新

在传承、完善研究思路及方法的基础上，本书力图实现以下内容创新：进一步优化地方政府效率测度指标体系与数据来源，持续扩大地方政府效率研究样本规模。

1. 进一步优化地方政府效率测度指标体系与数据来源

本书紧扣党的二十大报告，结合 2023 年全国两会精神，针对中国式现代化、高质量发展、科技创新、民生改善、政府自身建设等时代要求，在沿用 2022 年地方政府效率测度指标体系及权重的总体框架，保留绝大部分测度因素、子因素及指标的基础上，进一步强化对地方政府在推动高质量发展、科技创新、优化营商环境、公共安全服务、民生改善、乡村振兴等方面的履职评价，进一步优化、调整地方政府效率测度相关因素及指标（见附录 1），主要体现在以下四个方面。

首先，本书进一步优化省级政府效率测度相关指标。一是优化测度因素“政府公共服务”及其所含相关指标：（1）在“科教文卫服务”测度子因素中，删去“专利申请量”指标，新增“研发（R&D）经费支出占地区生产总值比例”“研发（R&D）人员占年末常住人口的比例”“医疗卫生支出占地方一般公共预算支出比例”3个指标；（2）在“公共安全服务”测度子因素中，删去“统筹疫情防控与经济社会发展”指标，新增“公共安全支出占地方一般公共预算支出比例”“灾害防治及应急管理支出占地方一般公共预算支出比例”2个指标；（3）在“社会保障服务”测度子因素中，增加“参加基本养老保险人数占年末常住人口比例”“每万人口养老机构”“每千人口养老机构床位”3个指标；（4）在“经济发展服务”测度子因素中，新增“人均金融机构贷款余额”“数字经济发展”“产业结构高级化”3个指标；（5）在“乡村振兴服务”测度子因素中，新增“农林水事务支出占地方一般公共预算支出比例”“落实耕地保护责任”2个指标；（6）在“营商环境”测度子因素中，增加“高新技术企业数量”指标。二是在“居民经济福利”测度因素中，新增“人均金融机构存款余额”“居民人均生活消费支出”“全体居民恩格尔系数”3个指标。三是调整测度因素“政务公开”及其所含相关指标：（1）在“政务基本信息”测度子因素中，将“政府联系方式公开”调整为“领导信息公开”，将“政府主动信息公开完备程度”调整为“政府办公厅主动信息公开详尽程度”，并删去“‘十四五’规划公开”指标；（2）在“政务时效”测度子因素中，将“政府主动信息公开时效”调整为“政府办公厅主动信息公开时效”，将“政府信息公开年度报告时间”调整为“政府主动信息公开时效”，并新增“传达全国两会精神时间”指标（见附录1.1）。

其次，进一步完善地级市政府效率测度指标。一是完善测度因素“政府公共服务”及其所含相关指标：（1）在“科教文卫服务”测度子因素中，将“专利申请量”调整为“专利授权量”，新增“研发（R&D）经费支出占地区生产总值比例”“研发（R&D）人员占年末常住人口的比例”“医疗卫生支出占地方一般公共预算支出比例”3个指标；（2）在“公共安全服务”测度子因素中，删去“统筹疫情防控与经济社会发展”指标，新增“公共安全支出占地方一般公共预算支出比例”“灾害防治及应急管理支出占地方一般公共预算支出比例”2个指标；（3）在“社会保障服务”测度子因素中，增加“参加基本养老保险人数占年末常住人口比例”“每万人口养老机构”“每千人口养老机构床位”3个指标；（4）在“经济发展服务”测度子因素中，新增“人均金融机构贷款余额”“数字经济发展”“产业结构高级化”3个指标；（5）在“乡村振兴服务”测度子因素中，新增“农民人均肉类产量”“农林水事务支出占地方一般公共预算支出比例”“落实耕地保护责任”3个指标；（6）在“营商环境”测度子因素中，增加“高新技术企业数量”指标。二是在测度因素“居民经济福利”中，新增“人均金融机构存款余额”“居民人均生活消费支出”“全体居民恩格尔系数”3个指标。三是完善测度因素“政务公开”及其所含相关指标：（1）在“政务基本信息”测度子因素中，将“政府联系方式公开”调整为“领导信息公开”，将“政府主动信息公开完备程度”调整为“政府办公厅主动信息公开详尽程度”，并删去“‘十四五’规划公开”指标；（2）在“政务时效”测度子因素中，将“政府主动信息公开时效”调整为“政府办公室主动信息公开时效”，将“政府信息公开年度报告时间”调整为“政府主动信息公开时效”，并新增“传达全国两会精神时间”指标（见附录1.2）。

再次，进一步调整县级政府效率测度指标。一是调整测度因素“政府公共服务”及其所含相关指标：（1）在“社会保障服务”测度子因素中，将“社会保险基金支出占地方一般公共预算支出比例”调整为“参加基本养老保险人数占年末常住人口比例”；（2）在“经济发展服务”测度子因素中，删除“人均邮电业务量”指标，新增“人均金融机构贷款余额”“数字经济发展”2个指标。二是在测度因素“居民经济福利”中，新增“人均金融机构存款余额”“居民人均生活消费支出”“全体居民恩格尔系数”3个指标。三是调整测度因素“政务公开”及其所含相关指标：（1）在“政务基本信息”测度子因素中，将“政府主动信息公开完备程度”调整为“政府办公室主动信息公开详尽程度”，并删去“‘十四五’规划公开”指标；

（2）在“政务时效”测度子因素中，删去“政府常务会议公布时间”指标，将“政府主动信息公开时效”调整为“政府办公室主动信息公开时效”，新增“传达全国两会精神时间”指标，将“政府信息公开年度报告时间”调整为“政府主动信息公开时效”。四是完善测度因素“乡村振兴效率”及其所含指标：（1）在“乡村振兴服务”测度子因素中，增加“农林水事务支出占地方一般公共预算支出比例”“落实耕地保护责任”2个指标；（2）在“乡村产业”测度子因素中，新增“农民人均肉类产量”指标；（3）在“村治水平”测度子因素中，新增“乡村生态文明建设”指标（见附录1.3）。

最后，进一步调整优化区政府效率测度指标。一是调整优化测度因素“政府公共服务”及其所含相关指标：（1）在“科教文卫服务”测度子因素中，新增“医疗卫生支出占地方一般公共预算支出比例”指标；（2）在“公共安全服务”测度子因素中，新增“生产安全事故死亡人数占年末常住人口的比例”“公共安全支出占地方一般公共预算支出比例”“灾害防治及应急管理支出占地方一般公共预算支出比例”3个指标，删去“统筹疫情防控与经济社会发展”指标；（3）在“社会保障服务”测度子因素中，将“社会保险基金支出占地方一般公共预算支出比例”调整为“参加基本养老保险人数占年末常住人口比例”；（4）在“经济发展服务”测度子因素中，新增“人均金融机构贷款余额”“数字经济发展”2个指标。二是在测度因素“居民经济福利”中，新增“人均金融机构存款余额”“居民人均生活消费支出”2个指标。三是调整优化测度因素“政务公开”及其所含相关指标：（1）在“政务基本信息”测度子因素中，将“政府联系方式公开”调整为“领导信息公开”，将“政府主动信息公开完备程度”调整为“政府办公室主动信息公开详尽程度”，并删去“‘十四五’规划公开”指标；（2）在“政务时效”测度子因素中，将“政府主动信息公开时效”调整为“政府办公室主动信息公开时效”，新增“传达全国两会精神时间”指标，将“政府信息公开年度报告时间”调整为“政府主动信息公开时效”，并删去“政府常务会议公布时间”指标（见附录1.4）。

此外，本书在调整、优化地方政府效率测度指标的基础上，进一步完善、更新测度指标数据来源及处理方式（详见附录2）。

2. 持续拓展研究样本范围

“区”是我国直辖市或者地级市下属的行政区划，相当于县级行政区，是我国城市发展的核心和市域发展的中心。区政府效率是我国地方政府效率的重要代表，在一定程度上代表了我国城市政府效率水平。为了增强中国地方政府效率研究代表性、广泛性，本书再一次，即第六次大幅拓展地方政府效率研究样本，将北京市等4个直辖市所含的74个区政府（具体名单见附录3.4）纳入中国地方政府效率测度范围。然后参考地级市政府及县级政府效率的测度指标体系及权重，完善区政府效率测度指标体系并进行赋权（见附录1.4），运用地方政府效率测度思路及方法，定量评价、分析我国区政府效率。这样，本书基本囊括中国大陆所有具有代表性的区及以上地方政府，研究样本数量多达3207个，包括31个省级政府、333个地级市政府、1866个县级政府、977个区政府，连续第13年发布中国地方政府效率“十高省”“百高市”“百高县”“百高区”等优秀榜单，有利于全面、系统、立体展示新征程上中国地方政府效率状况及发展趋势，具有极强的代表性、广泛性、典型性及很高的参考价值。

四 地方政府效率研究报告的贡献

各级地方政府是执行国家权力、管理社会公共事务的重要组织，旨在推进辖区高质量发展、增进当地居民福利、维护一方平安，进而实现地方治理现代化，完成中华民族伟大复兴，而地方政府效率高低直接关系到地方政府履职目标完成质量及效果。有关政府效率的研究成果能为提高政府履职效率、推动区域经济社会高质量发展提供重要参考。连续出版、发布13年的《中国地方政府效率研究报告》在系统梳理我国地方政府效率状况及效率提升典型经验基础上，展示各级地方政府在中国行政管理中的重要作用，阐明提升地方政府效率对实现中华民族伟大复兴的重要意义。本书在吸收、借鉴国内外评价成果的基础上进行创新，设计、完善一套系统、科学评价地方政府效率的指标体系，全面诠释我国地方政府效率现状及特征，论述地方政府效率提升面临的困境与问题，阐明提高我国地方政府效率的参考路径，向世界展示中国地方政府“有为”“有效”“有位”形象，讲述中国政府“行政为民亲民”的动人故事，为提升包括中国在内的广大发展中国家及新兴国家的政府效率提供方案，彰显中国学者在政府效率研究中的国际话语权，有助于持续加快政府职能转变与效率提升，为建设更高质量的“有为政府”与“有效市场”贡献智慧，为开启全面建设社会主义现代化国家新征程、实现我国第二个百年奋斗目标提供动力。

（一）对学术研究的贡献

第一，进一步丰富地方政府效率研究理论，对发展新时代中国特色社会主义大国治理及公共管理理论具有比较重要的学术价值。目前学术界对地方政府效率的研究不多，相关评估样本数量较少，尤其缺乏超大样本的定量研究，政府效率测度指标体系及评价有待完善。同时，世界各国在政府治理上面临多中心性、治理对象的双重性等问题，这些问题与挑战制约政府治理效率的提升。对此，本书通过对地方政府效率评估的不断探索为后续研究提供参考，有助于促进中国地方政府治理现代化、提升中国地方政府治理效率、丰富新时代中国政府治理现代化及政府治理效率相关理论。

第二，目前有关地方政府效率的研究不够深入，研究方法有待完善，本书通过广泛搜集中国地方政府网站信息及数据，在梳理政府效率测度模型与方法的基础上，建立、完善评价地方政府效率的指标体系，做到定量与定性相结合，考察中国多层级地方政府效率，这有助于完善我国地方政府效率评价研究。同时，本书在对地方政府效率进行评价的基础上还深入分析影响地方政府效率的主要因素，并从基本公共服务、政务公开等重要维度论述我国地方政府效率提升面临的困境与问题，系统总结我国地方政府效率提升的实践经验。

（二）对推进政府治理现代化的贡献

第一，本书对地方政府科教文卫服务、公共安全服务、经济发展服务、社会保障服务、营商环境优化、乡村振兴服务、运行成本、政务时效等方面的评估分析，有助于进一步优化地方政府组织结构和管理系统，及时纠正地方政府治理偏差，引导政府行为不断走向科学化、法治化、专业化，持续提升政府治理能力及运行效率，建设更有效率、更有作为的服务型政府，推进政府治理体系及治理能力现代化，更好满足民众对美好生活的新期待。同时，本书也为考核地方政府履职过程质量与工作业绩提供科学依据，有利于激励地方政府及公职人员在服务市场主体及居民的过程中树立成本意识，有效配置公共资源，开展治理创新，提高执行力及工作效率。

第二，本书有助于提高政府应急管理与安全风险治理能力。当前，我国面临的需求收缩、供给冲击、预期转弱等三重压力比较大，外部环境动荡不安，给我国经济带来的冲击加大，各级地方政府需要应对的风险挑战、防范化解的矛盾问题比以往更加严峻或复杂。本书有关公共安全服务、经济发展服务、营商环境、居民经济福利等方面的比较分析，为地方政府在复杂环境条件下统筹区域发展与安全、完善区域之治提供实践方案。

第三，本书分层次深入剖析地方政府效率现状及提升经验，有利于为省级政府、地级市政府、县级政府、区政府进一步提高行政效率树立标杆、提供路径，进而提高我国地方政府整体治理、系统治理、协同治理质量，为各级地方政府推进区域高质量发展提供组织保障。

第三章 2023年中国地方政府效率“十高省”

2023 年中国地方政府（含省级政府、地级市政府、县级政府、区政府）效率测度指标数据及信息主要来源于四个方面：（1）相关省/市/县/区 2022 年国民经济和社会发展统计公报；（2）相关省/市/县/区关于 2022 年预算执行情况及 2023 年预算草案的报告、2023 年《政府工作报告》、关于 2022 年国民经济和社会发展计划执行情况及 2023 年国民经济和社会发展计划草案的报告；（3）2023 年地方政府网站政务公开等相关栏目内容或者政府官方媒体相关报道等；（4）《中国统计年鉴 2022》及相关省/市/县/区 2022 年统计年鉴。

此外，2023 年中国地方政府效率测度指标数据来源及处理说明参见附录 2。

本章根据政府效率研究思路与方法，结合省级政府在政府公共服务、政府规模、居民经济福利、政务公开等方面的履职情况，基于相应测度指标体系及数据，定量评估我国省级政府效率相对水平，公布、分析 2023 年效率测度结果排在全国前 10 名的省级政府（简称中国地方政府效率“十高省”）。2023 年省级政府效率测度指标体系及权重、测度指标数据来源及处理说明、测度样本名单参见附录 1.1、附录 2.1、附录 3.1。

一　效率“十高省”测度排名与分析

根据所设计的测度指标体系及方法，本书测度 2023 年我国 31 个省级政府的效率水平，公布 2023 年中国地方政府效率“十高省”的标准化值及排名，如表 3－1 所示。

表 3－1　2023 年中国地方政府效率“十高省”的标准化值及排名

省级政府	区域	标准化值	排名
上海市	华东	1.0042	1
北京市	华北	0.8482	2
浙江省	华东	0.3849	3
天津市	华北	0.2937	4
江苏省	华东	0.2231	5
广东省	中南	0.1954	6
湖北省	中南	0.1172	7
四川省	西南	0.0984	8
福建省	华东	0.0886	9
山东省	华东	0.0499	10

从表 3－1 看出，2023 年我国地方政府效率“十高省”分布有 3 个显著特征。

第一，省级政府效率标准化值排名总体上呈阶梯形分布。华东地区的上海市较为突出，不但居华东地区第 1 位，而且也居全国第 1 位。按照入围数量，我国地方政府效率“十高省”的区域分布大致呈现“华东—华北—中南—西南”的阶梯形分布趋势。政府效率“十高省”中，华东占有 5 席（上海、浙江、江苏、福建、山东）；华北占有 2 席（北京、天津）；中南占有 2 席（广东、湖北）；西南占有 1 席（四川）。

第二，同一区域内不同省级政府效率排名存在明显差异。有的省级政府效率排名明显低于同一区域内其他省级政府效率。例如，华东地区的上海市，其政府效率排名全国第 1，而该地区的安徽省没有进入 2023 年效率“十高省”序列。又如，华北地区的北京市，其政府效率排名全国第 2，而同区域的河北省也未进入效率“十高省”榜单。类似的情况还出现在中南和西南等地区，所以同一地区的不同省级政府效率排名具有较大的差异性。究其原因，主要与同一区域不同省级政府辖区的经济社会发展水平具有较大差异有关。例如，就华北的北京市和河北省而言，一方面，北京是我国首都，其经济社会发展水平很高，政府执行力较强，政府效率高；另一方面，河北是我国人口大省，目前其公共资源比较稀缺且配置不平衡，加之其存在社会保障体系不够完善、科技创新水平较低等问题，制约了该省经济高质量发展与政府公共服务水平提升，最终导致其政府效率不高。又如，对比华东的上海和安徽，一方面，上海是我国的经济金融中心，其经济社会发展水平很高，政府现代化治理能力较强，政府治理效率较高；另一方面，安徽经济发展服务和公共安全服务有待完善，政府治理质量与效率有待提升。

第三，省级政府效率排名与区域经济社会高质量发展有一定的正相关性。政府效率较高的省级政府辖区，经济社会发展质量也较高。例如，上海、北京、浙江、江苏等政府治理水平与效率很高，其所辖区域经济社会发展质量也较优；反之，政府效率排名靠后的省级政府，其辖区经济社会发展质量欠佳。因此，政府效率是影响区域经济社会能否高质量发展的重要因素。因此，为实现所辖区域经济社会持续高质量发展，各省级政府需要不断提高自身治理现代化水平与效率。

此外，政府公共服务、政府规模、居民经济福利、政务公开等是测度我国省级政府效率的 4 个因素，是提升省级政府效率的重要切入点，详细分析它们的排名及特征，有利于进一步提升省级政府效率水平。

二　效率“十高省”测度因素排名与分析

（一）2023年政府公共服务排名与分析

政府公共服务包括科教文卫服务等 6 个子因素，共包含 54 个指标，被赋予 0.60 的权重。这是影响省级政府效率最主要的因素，包含的指标数量多，反映了服务型政府的主要职能，是衡量省级政府效率的重要因素。2023 年省级政府公共服务全国前 10 名的标准化值及排名如表 3－2 所示。

表 3－2　2023 年省级政府公共服务全国前 10 名的标准化值及排名

省级政府	区域	标准化值	排名
北京市	华北	0. 6321	1
上海市	华东	0. 5388	2
浙江省	华东	0. 4044	3
广东省	中南	0. 3954	4
江苏省	华东	0. 2132	5
河南省	中南	0. 2062	6
四川省	西南	0. 1916	7
福建省	华东	0. 1529	8
湖北省	中南	0. 1336	9
江西省	华东	0. 1228	10

比较表 3－2 及表 3－1 后可知，省级政府公共服务与政府效率排名的分布基本类似，具有以下两个特征。一是政府公共服务排名靠前的绝大多数省级政府，其政府效率排名也相对靠前。例如，政府公共服务排前 10 名的省级政府中，北京、上海、浙江、广东、江苏、四川、福建、湖北的政府效率排名也比较靠前，是我国政府效率“十高省”。但也有例外，比如政府公共服务排名第 6 的河南省以及排名第 10 的江西省并没有进入我国政府效率“十高省”。二是政府公共服务排名靠后的省级政府，其政府效率排名都不靠前。例如，政府公共服务排名比较靠后的省级政府，如山西、黑龙江、海南、云南、西藏、宁夏、青海、新疆等，其政府效率排名都不靠前，没有进入全国前 10 名。

因此，政府公共服务排名基本反映了我国省级政府效率水平，这从侧面证明了我国建设服务型政府所取得的成效。进一步加快政府职能转变，深入推进公共服务便捷化、精准化，纵深推进“放管服”改革，加快营造市场化、法治化、国际化营商环境，真正还权于社会、还权于市场，不仅是提高公共服务质量的有效举措，而且是实现政府治理能力现代化及提升政府效率的重要方式。

（二）2023年政府规模排名与分析

政府规模包括地方一般公共预算支出、非税收入占地方一般公共预算收入比例、新增公务员人数3个指标，被赋予0.15的权重，反映了政府人员、政府消费的相对规模，直接体现政府成本，表征政府效率。本书综合考虑地方政府所辖区域的总人口及总面积，使政府规模这一因素及其相关测度指标比较符合地方政府治理需要及政府规模的实际情况，能比较科学地反映地方政府规模、政府成本及政府效率。2023年省级政府规模全国前10名的标准化值及排名如表3-3所示。

表3-3　2023年省级政府规模全国前10名的标准化值及排名

省级政府	区域	标准化值	排名
上海市	华东	3.2359	1
北京市	华北	1.6781	2
天津市	华北	1.5946	3
海南省	中南	0.3457	4
浙江省	华东	0.2120	5
陕西省	西北	0.1440	6
山西省	华北	0.0783	7
青海省	西北	0.0092	8
江苏省	华东	-0.0119	9
宁夏回族自治区	西北	-0.0180	10

注：政府规模是测度政府效率的逆指标，本书已将其转换成正指标，即政府规模测度标准化值越大，政府规模越小、排名越靠前，其相应政府效率越高。

分析表3-3数据，不难看出我国省级政府规模具有两个特征。

一是省级政府规模排名具有明显的区域性特征。比如，按照排名由高到低看，政府规模较小的省级政府主要分布在华东、华北、西北三个地区，因为政府规模排名前10的省级政府中，华东有3个（上海、浙江、江苏)，华北有3个（北京、天津、山西)，西北有3个（陕西、青海、宁夏)，中南有1个（海南)，而西南和东北则没有政府规模排名进入全国前10的省级政府。

二是同一区域的省级政府规模排名差异也比较明显。以华东地区为例，上海市的政府规模排名最高，为全国第1名，但是该地区的浙江省和江苏省的政府规模排名分别为全国第5、第9名，尽管也进入前10名，但和上海相比还是存在不小差距。政府规模偏大很有可能成为一些省级政府推进“放管服”改革、提升公共服务效率的瓶颈。因此，控制政府规模、压缩政府成本、加快职能转变仍然是实现地方政府治理能力现代化与提升治理效率的有效措施。

（三）2023年居民经济福利排名与分析

居民经济福利包括农村居民人均可支配收入、城镇居民人均可支配收入、居民消费价格上涨指数、城镇登记失业率、月最低工资标准、人均金融机构存款余额、居民人均生活消费支出以及全体居民恩格尔系数等8个指标，间接影响省级政府效率，被赋予0.10的权重。它不但表征省级政府辖区居民的生活水平，而且反映当地经济发展质量及政府治理成效，从侧面反映政府收益与产出，是衡量省级政府效率重要的外溢指标。2023年省级政府居民经济福利全国前10名的标准化值及排名如表3－4所示。

表3－4　2023年省级政府居民经济福利全国前10名的标准化值及排名

省级政府	区域	标准化值	排名
上海市	华东	2.0154	1
北京市	华北	2.0116	2
浙江省	华东	0.7302	3
天津市	华北	0.6527	4
江苏省	华东	0.5932	5

续表

省级政府	区域	标准化值	排名
山东省	华东	0. 2407	6
福建省	华东	0. 1704	7
内蒙古自治区	华北	0. 0624	8
河北省	华北	－0. 0198	9
贵州省	西南	－0. 0325	10

表 3 －4 揭示了我国省级政府居民经济福利排名具有两个明显特征。

一是区域之间差异性明显。比如，居民经济福利在全国排前 10 名的省级政府均来自华东、华北和西南地区，而中南、东北和西北地区省级政府的排名却相对滞后，没有进入全国前 10 位；排前 10 名的省级政府中，有 5 个来自华东地区（上海、浙江、江苏、山东、福建），有 4 个来自华北地区（北京、天津、内蒙古、河北），有 1 个来自西南地区（贵州）。

二是同区域内各省级政府之间的排名差异很大。比如，华东 7 个省级政府的居民经济福利两极分化严重。其中，上海市排名位居全国第 1，而江西、安徽却相对欠佳，其排名未进入前 10 名。

比较表 3 －1 及表 3 －4，本书认为，从区域角度看，居民经济福利对不同区域的省级政府效率具有双重影响。一方面，东北和西北地区经济欠发达，正处于经济加速增长阶段，居民经济福利水平的提升对政府效率的提高具有积极影响，加快当地经济社会发展，注重民生改善，不断提升居民经济福利水平，有利于提升政府效率；另一方面，在大力推动经济社会高质量发展形势下，华东等经济相对发达区域，由于产业转型升级、环境治理与保护等方面压力较大，省级政府在民生改善等居民经济福利方面投入过多会扩大政府消费支出规模，增加区域公共服务供给成本，降低公共服务质量，进而对政府效率提升产生不利影响。

因此，统筹区域经济社会发展，在提高居民经济福利水平的同时，不断创新政府治理方式、控制政府过度消费，有助于提升公共服务质量与政府效率。

（四）2023年政务公开排名与分析

政务公开包括政务基本信息、政务时效等2个子因素，共包含15个指标，是测度省级政府效率的重要指标，被赋予0.15的权重。2023年省级政府政务公开全国前10名的标准化值及排名如表3－5所示。

表3－5　2023年省级政府政务公开全国前10名的标准化值及排名

省级政府	区域	标准化值	排名
湖北省	中南	0.5923	1
重庆市	西南	0.5556	2
四川省	西南	0.3825	3
安徽省	华东	0.3763	4
天津市	华北	0.3379	5
黑龙江省	东北	0.3248	6
江苏省	华东	0.2514	7
浙江省	华东	0.2499	8
海南省	中南	0.2137	9
河南省	中南	0.1628	10

表3－5表明，我国省级政府政务公开情况总体较好，区域差异并不明显，表现在两个方面。一是区域之间排名差异不明显。比如，除西北地区以外，我国华东、华北、东北、中南、西南等五大地区都有排在政务公开前10名的省级政府。二是同一区域内部差异不明显。比如，华东的安徽省、江苏省和浙江省，分别位列全国第4、第7和第8，排名差异不大。又如，西南的重庆市、四川省分别位列全国第2、第3，排名比较靠前，而且相互差异不大。

三　效率“十高省”测度子因素排名与分析

（一）2023年科教文卫服务排名与分析

科教文卫服务包含科技支出占一般公共预算支出比例等11个指标，是省级政府效率测度因素政府公共服务的重要子因素，被赋予0.20的权重。2023年省级政府科教文卫服务全国前10名的标准化值及排名如表3－6所示。

表3－6　2023年省级政府科教文卫服务全国前10名的标准化值及排名

省级政府	区域	标准化值	排名
北京市	华北	1.6125	1
浙江省	华东	0.5952	2
广东省	中南	0.4975	3
上海市	华东	0.4207	4
江苏省	华东	0.3708	5
贵州省	西南	0.2693	6
山东省	华东	0.2670	7
陕西省	西北	0.2137	8
湖北省	中南	0.1816	9
福建省	华东	0.1757	10

比较表3－1及表3－6，可以看出我国省级政府的科教文卫服务排名具有两个特征。一是科教文卫服务全国排名居前、表现特别优秀的省级政府，如北京、浙江、广东、上海、江苏，其省级政府效率排名也比较靠前。同时，科教文卫服务排名滞后的省级政府，如新疆、西藏（新疆、西藏的科教文卫服务分别排在全国第31、第29名），其省级政府效率排名也比较靠后，没有进入效率“十高省”榜单。二是科教文卫服务排名具有明显的区域差异性。其中，华东、中南地区省级政府科教文卫服务表现较好，东北地区科教文卫服务形势不容乐观。例如，全国排名前10的省级政府中，华东地区有5个（浙江、上海、江苏、山东、福建），占华东省级政府效率测度样本的71%；中南地区有2个（广东、湖北），占中南省级政府效率测度样本的33%。而东北没有科教文卫服务排名进入全国前10的省级政府。

由此可见，科教文卫服务的优劣不仅影响地方政府效率高低，而且与区域经济社会发展质量有关。坚定不移地改善科技、教育、文化、医疗卫生等基本民生服务，不仅是促进区域经济社会高质量发展的前提，而且是推进科技创新、建设服务型政府及提升政府效率的有效措施。

（二）2023年公共安全服务排名与分析

公共安全服务包括生产安全事故死亡人数占年末常住人口的比例、落实总体国家安全观、灾害防治及应急管理支出占地方一般公共预算支出比例等5个指标，是省级政府公共服务的重要子因素，被赋予0.15的权重。2023年省级政府公共安全服务全国前10名的标准化值及排名如表3－7所示。

表3－7 2023年省级政府公共安全服务全国前10名的标准化值及排名

省级政府	区域	标准化值	排名
河南省	中南	0.7326	1
四川省	西南	0.5152	2
浙江省	华东	0.4969	3
广东省	中南	0.4862	4
甘肃省	西北	0.3630	5
北京市	华北	0.3469	6
云南省	西南	0.2917	7
天津市	华北	0.2881	8
吉林省	东北	0.2812	9
福建省	华东	0.2005	10

公共安全服务是政府公共服务的重要内容，旨在保障公众生产、生活安全，避免生产安全事故，减少生产安全损失，保证企业和个人拥有安全健康的生产及生活环境，维护社会稳定。

表3－7表明，2023年省级政府公共安全服务排名的区域差异不太明显。一是区域之间的差异不明显。比如，我国中南、西南、华东、西北、华北、东北等六大地区都有公共安全服务排全国前10名的省级政府。二是

同一区域内的差异不明显。比如，中南地区的河南省和广东省，分别位列全国第1、第4，差别不大；又如，华北地区的北京市、天津市分别位列全国第6、第8，排名差异也不大。值得关注的是，尽管上海、江苏等省级政府辖区经济社会发展水平及政府效率较高，但是其公共安全服务表现相对欠佳，排名未进入全国前10。

（三）2023年社会保障服务排名与分析

社会保障服务包括社会保障和就业支出占地方一般公共预算支出比例、新增转移农村劳动力、参加基本养老保险人数占年末常住人口比例等8个指标，是政府公共服务的重要子因素，被赋予0.15的权重。2023年省级政府社会保障服务全国前10名的标准化值及排名如表3－8所示。

表3－8　2023年省级政府社会保障服务全国前10名的标准化值及排名

省级政府	区域	标准化值	排名
吉林省	东北	1.1687	1
河南省	中南	1.0408	2
辽宁省	东北	0.9842	3
黑龙江省	东北	0.7538	4
江苏省	华东	0.6660	5
安徽省	华东	0.3929	6
四川省	西南	0.2887	7
重庆市	西南	0.2821	8
山东省	华东	0.2683	9
湖北省	中南	0.2218	10

表3－8表明，2023年省级政府社会保障服务排名的区域差异性比较明显。例如，经济欠发达的东北吉林、辽宁、黑龙江等省级政府社会保障服务排在全国前10名；而经济比较发达的华东地区的上海、浙江等省级政府社会保障服务欠佳，没有进入全国10名。这就表明，在推进中国式现代

化过程中，部分地区民生改善还不充分，省域经济增长水平与社会发展质量不协调。因此，我国省级政府社会保障服务存在不平衡性，社会保障等民生改善职能的履行有待加强。

（四）2023年经济发展服务排名与分析

经济发展服务包括旅客周转量、全年社会消费品零售总额增长率、人均GDP等14个指标，是省级政府公共服务的重要子因素，被赋予0.30的权重。2023年省级政府经济发展服务全国前10名的标准化值及排名如表3－9所示。

表3－9　2023年省级政府经济发展服务全国前10名的标准化值及排名

省级政府	区域	标准化值	排名
上海市	华东	1.0811	1
北京市	华北	0.8931	2
浙江省	华东	0.6894	3
广东省	中南	0.6724	4
江苏省	华东	0.4527	5
福建省	华东	0.4379	6
江西省	华东	0.1956	7
四川省	西南	0.1790	8
湖北省	中南	0.1374	9
重庆市	西南	0.1294	10

分析表3－9后发现，上海、北京、广东等来自华东、华北、中南等地区的省级政府，其辖区经济比较发达、经济总量大并非偶然，而是与当地重视提高政府效率与优化经济发展服务有关。同时，经济欠发达的江西等省级政府由于高度重视政府职能转变和优化营商环境，其经济发展服务水平也比较高，进入全国前10名。这些省份是我国省域经济社会高质量发展的亮丽风景线，其省级政府成为我国服务型政府建设及政府效率提升的优秀代表。

（五）2023年乡村振兴服务排名与分析

乡村振兴服务被赋予0.10的权重，包括乡村振兴政策、乡村振兴效果、农民人均粮食产量等9个指标，反映省级政府推进脱贫攻坚与乡村振兴有效衔接的效率。2023年省级政府乡村振兴服务全国前10名的标准化值及排名见表3－10。

表3－10　2023年省级政府乡村振兴服务全国前10名的标准化值及排名

省级政府	区域	标准化值	排名
吉林省	东北	0.8428	1
广东省	中南	0.5674	2
四川省	西南	0.5326	3
广西壮族自治区	中南	0.5222	4
黑龙江省	东北	0.5113	5
内蒙古自治区	华北	0.3593	6
湖南省	中南	0.3342	7
陕西省	西北	0.2710	8
安徽省	华东	0.2246	9
山东省	华东	0.1858	10

分析表3－10后发现，省级政府乡村振兴服务全国前10名的区域分布具有两大特点。其一，经济欠发达的东北吉林、黑龙江两省的省级政府表现突出，其乡村振兴服务分别排在全国第1、第5名。其二，经济比较发达的华东上海、江苏等省级政府乡村振兴服务相对滞后，其全面实现农业农村现代化的任务繁重。

习近平总书记在党的二十大报告中强调，全面建设社会主义现代化国家，最艰巨最繁重的任务仍然在农村。在当今世界局势紧张的背景下，不断优化各地省级政府乡村振兴服务对保障我国粮食安全和供应稳定、实现中华民族伟大复兴至关重要。

（六）2023年营商环境排名与分析

优化营商环境是当前我国省级政府的重要职能，营商环境包括权责清单等7个指标，是省级政府公共服务的重要子因素，被赋予0.10的权重。2023年省级政府营商环境全国前10名的标准化值及排名见表3－11。

表3－11　2023年省级政府营商环境全国前10名的标准化值及排名

省级政府	区域	标准化值	排名
上海市	华东	1.9957	1
北京市	华北	0.9246	2
浙江省	华东	0.6603	3
海南省	中南	0.4208	4
山西省	华北	0.4191	5
江西省	华东	0.2630	6
天津市	华北	0.2614	7
湖北省	中南	0.2309	8
安徽省	华东	0.1502	9
广西壮族自治区	中南	0.0774	10

分析表3－11，可以看出我国省级政府的营商环境排名区域差异显著。从省级政府营商环境排全国前10名的数量看，华东、华北、中南地区表现突出。华东地区有4个（上海、浙江、江西、安徽），华北地区有3个（北京、山西、天津），中南地区有3个（海南、湖北、广西），数量比较多；东北、西北、西南等地区的省级政府营商环境排名靠后，没有进入全国前10位。

因此，重视深化“放管服”改革、持续优化营商环境，是我国省级政府改善履职能力及提升政府效率的关键。

（七）2023年政务基本信息排名与分析

省级政府的政务基本信息包括领导信息公开、政府新媒体公开、三公经费公开等 9 个指标，是政务公开最主要的子因素，被赋予 0.80 的权重。政务基本信息是省级政府网站公布的最简单的基础信息，能够反映政府执行力及运行效率。2023 年省级政府政务基本信息全国前 10 名的标准化值及排名如表 3－12 所示。

表 3－12　2023 年省级政府政务基本信息全国前 10 名的标准化值及排名

省级政府	区域	标准化值	排名
重庆市	西南	0.6031	1
湖北省	中南	0.5628	2
黑龙江省	东北	0.4944	3
四川省	西南	0.4877	4
江苏省	华东	0.4049	5
海南省	中南	0.3857	6
安徽省	华东	0.3646	7
浙江省	华东	0.3572	8
天津市	华北	0.3441	9
湖南省	中南	0.3105	10

政务基本信息是政务公开的主要内容，是测度政府效率的重要指标，直接反映省级政府的执行力及效率。表 3－12 中的数据表明，我国省级政府的政务基本信息公开具有两个较为明显的特征。一是总体效果较好，比如，除西北地区外，我国华东等五大地区都有进入全国前 10 名的省级政府；二是经济比较发达的上海、北京等省级政府政务基本信息公开不充分，没有进入全国前 10 名。

实际上，对于我国 31 个省级政府而言，它们该指标的排名理应并列第 1，因为政务基本信息指标的考察内容基本来自 2022 年底或者 2023 年初召开地方两会时，由省级政府的相关领导在地方两会上向两会代表及委员所做的报告或者通报的数据，它们按理都应该及时在省级政府的政务网站上得到公开。但事与愿违，我国很多省级政府并没有及时公开这些基本的、简单的政务信息，或者公开不完全。

（八）2023年政务时效排名与分析

政务时效包括政府办事时效、传达当年全国两会精神时间等6个指标，是政务公开的重要子因素，直接体现省级政府效率，被赋予0.20的权重。2023年省级政府政务时效全国前10名标准化值及排名见表3-13。

表3-13　2023年省级政府政务时效全国前10名标准化值及排名

省级政府	区域	标准化值	排名
湖北省	中南	0.7100	1
江西省	华东	0.6448	2
山西省	华北	0.5516	3
云南省	西南	0.5186	4
北京市	华北	0.4941	5
甘肃省	西北	0.4586	6
安徽省	华东	0.4231	7
重庆市	西南	0.3655	8
贵州省	西南	0.3563	9
天津市	华北	0.3132	10

从表3-13可以看出，各地区省级政府的政务时效排名比较均衡。除东北地区外，我国华东等五大地区均有省级政府进入全国前10名。其中，华北有3个（山西、北京、天津），西南有3个（云南、重庆、贵州），华东有2个（江西、安徽），中南有1个（湖北），西北有1个（甘肃）。

这既反映出我国大多省级政府重视政务时效，又表明各地省级政府对政务时效的重视程度并不一致。

第四章 2023年中国地方政府效率“百高市”

本书以我国 333 个地级行政区作为地级市政府效率研究样本，包括 293 个地级市、7 个地区、30 个自治州、3 个盟，简称为“地级市政府”。它们来自我国六大地区，其中华东地区有 76 个、中南地区有 83 个、西南地区有 53 个、西北地区有 51 个、华北地区有 34 个、东北地区有 36 个。2023 年地级市政府效率测度指标体系及权重、指标数据来源及处理说明、测度样本详见附录 1. 2、附录 2. 2、附录 3. 2。

为了展示地方政府效率提升成果，本章公布政府效率测度结果排在全国前 100 名的地级市政府（简称中国地方政府效率“百高市”），并按照华东、中南、西南、西北、华北、东北等六个区域予以分析。

一 效率“百高市”测度排名与分析

根据地方政府效率研究的思路及方法，本节公布、分析 2023 年中国地方政府效率“百高市”的标准化值及排名（见表 4 – 1）。

表 4 – 1　2023 年中国地方政府效率“百高市”的标准化值及排名

地级市政府	标准化值	地区排名	全国排名	地级市政府	标准化值	地区排名	全国排名
华东地区							
杭州市	0. 7172	1	1	苏州市	0. 5685	3	4
南京市	0. 6097	2	3	宁波市	0. 5634	4	5

续表

地级市政府	标准化值	地区排名	全国排名	地级市政府	标准化值	地区排名	全国排名
徐州市	0.5197	5	7	扬州市	0.2148	30	44
济南市	0.4536	6	8	宁德市	0.2134	31	46
福州市	0.4250	7	9	芜湖市	0.2105	32	48
东营市	0.3925	8	10	吉安市	0.2029	33	49
淮南市	0.3923	9	11	龙岩市	0.2013	34	50
台州市	0.3895	10	12	漳州市	0.1980	35	51
舟山市	0.3827	11	13	宜春市	0.1947	36	52
青岛市	0.3694	12	15	三明市	0.1907	37	54
绍兴市	0.3618	13	16	泰州市	0.1791	38	56
金华市	0.3488	14	17	厦门市	0.1620	39	60
合肥市	0.3463	15	18	潍坊市	0.1587	40	62
南通市	0.3324	16	19	赣州市	0.1564	41	63
常州市	0.3267	17	20	上饶市	0.1525	42	64
马鞍山市	0.3211	18	22	盐城市	0.1509	43	65
温州市	0.3178	19	23	安庆市	0.1466	44	67
无锡市	0.3113	20	24	临沂市	0.1400	45	73
烟台市	0.3079	21	26	日照市	0.1377	46	74
泉州市	0.3018	22	27	德州市	0.1371	47	75
丽水市	0.2913	23	28	济宁市	0.1321	48	77
威海市	0.2858	24	30	宣城市	0.1235	49	79
嘉兴市	0.2578	25	35	衢州市	0.1179	50	82
淮安市	0.2538	26	36	滁州市	0.1156	51	86
南昌市	0.2457	27	38	连云港市	0.0882	52	94
湖州市	0.2347	28	40	滨州市	0.0870	53	95
淄博市	0.2267	29	41	池州市	0.0839	54	100
中南地区							
广州市	0.7066	1	2	深圳市	0.2224	7	42
郑州市	0.3751	2	14	恩施土家族苗族自治州	0.1823	8	55
武汉市	0.3224	3	21	南宁市	0.1301	9	78
东莞市	0.2911	4	29	孝感市	0.1164	10	85
焦作市	0.2758	5	31	海口市	0.1133	11	89
长沙市	0.2746	6	32	襄阳市	0.0963	12	92

续表

地级市政府	标准化值	地区排名	全国排名	地级市政府	标准化值	地区排名	全国排名
西南地区							
成都市	0. 5580	1	6	昆明市	0. 1327	10	76
拉萨市	0. 3098	2	25	德阳市	0. 1222	11	80
绵阳市	0. 2701	3	33	攀枝花市	0. 1202	12	81
泸州市	0. 2597	4	34	宜宾市	0. 1170	13	84
广元市	0. 2358	5	39	楚雄彝族自治州	0. 1038	14	90
达州市	0. 2212	6	43	玉溪市	0. 0865	15	96
贵阳市	0. 1592	7	61	乐山市	0. 0857	16	97
雅安市	0. 1500	8	66	凉山彝族自治州	0. 0857	17	98
自贡市	0. 1413	9	71				
西北地区							
西安市	0. 1656	1	59	宝鸡市	0. 1152	4	87
汉中市	0. 1448	2	68	伊犁哈萨克自治州	0. 0989	5	91
银川市	0. 1440	3	70				
华北地区							
石家庄市	0. 2137	1	45	太原市	0. 1445	5	69
包头市	0. 1946	2	53	呼和浩特市	0. 1406	6	72
呼伦贝尔市	0. 1775	3	57	乌兰察布市	0. 1172	7	83
鄂尔多斯市	0. 1705	4	58	唐山市	0. 0901	8	93
东北地区							
沈阳市	0. 2479	1	37	长春市	0. 1151	3	88
哈尔滨市	0. 2107	2	47	本溪市	0. 0845	4	99

通过分析表 4－1，可以看出我国地方政府效率“百高市”分布具有以下四个特征。

第一，我国六大地区之间的地级市政府效率总体差异比较明显，其中，华东、中南、西南地区的区政府效率整体上较高。比如，政府效率排名前 30 的地级市政府中，华东地区有杭州市等 24 个地级市政府、中南地区有广州市等4个地级市政府、西南地区有成都市等2个地级市政府，而西北地区、华北地区、东北地区没有地级市政府进入全国前30位。又如，政府效率排名前100的地级市政府中，华东有杭州市等54个地级市政府，约占华东地区76个地级市政府的71%；中南有广州市等12个地级市政府，约占中南地区83个地级市政府的14%；西南有成都市等17个地级市政府，约占西南地区53个地级市政府的32%；西北有西安市等5个地级市政府，约占西北地区51个地级市政府的10%；华北有石家庄市等8个地级市政府，约占华北地区34个地级市政府的24%；东北有沈阳市等4个地级市政府，约占东北地区36个地级市政府的11%。

第二，同一区域内不同地级市政府之间的政府效率差异十分突出。比如，在华东地区，排在全国第1名的杭州市与排在全国第100名的池州市差距较大，二者排名相差99名。又如，在中南地区，排在全国第2名的广州市与排在全国第92名的襄阳市排名相差90名。另外，西南地区的成都市（全国排名第6）与凉山彝族自治州（全国排名第98）之间、西北地区的西安市（全国排名第59）与伊犁哈萨克自治州（全国排名第91）之间、华北地区的石家庄市（全国排名第45）与唐山市（全国排名第93）之间、东北地区的沈阳市（全国排名第37）与本溪市（全国排名第99）之间的政府效率排名差距也非常大。

第三，虽然西南地区地级市政府效率排名总体不靠前，但成都市政府效率却比较高，排全国第6名。这不仅优于本地区其他地级市政府，而且优于经济比较发达的华东地区和中南地区的大多数地级市政府。比如，成都市政府效率排名高于本地区的拉萨市（全国排名第25）、昆明市（全国排名第76）等地级市，也高于华东地区的徐州市（全国排名第7）、济南市（全国排名第8）等地级市，还高于中南地区的郑州市（全国排名第14）、武汉市（全国排名第21）等地级市。

第四，区域之间地级市政府效率排名与经济社会高质量发展水平之间存在一定的正相关性。比如，总体上，经济社会发展质量较高的华东、中南地区地级市政府效率高于经济社会发展欠佳的东北、西北地区；同时，在华东、中南、西南等地区内部，不同地级市之间政府效率悬殊。因此，各地区地级市政府在推进经济社会高质量发展的同时，需要同步持续深化“放管服”改革、加快政府职能转变、重视提升自身治理质量与效率。

2023 年地级市政府效率测度指标体系由政府公共服务、政府规模、居民经济福利、政务公开等 4 个因素以及科教文卫服务等 8 个子因素和 78 个指标构成（见附录 1.2）。下文将具体分析政府效率测度因素及子因素排在全国前 100 名的地级市政府的情况。

二　效率“百高市”测度因素排名与分析

（一）2023年政府公共服务排名与分析

1. 地级市政府公共服务简介

政府公共服务（0.60）[①] 反映地级市政府提供基本公共服务的数量和质量，体现地级市政府的产出及收益，是测度政府效率的主要因素（一级指标），下设 6 个子因素（二级指标）和 52 个三级指标。6 个子因素分别是科教文卫服务（0.20）、公共安全服务（0.15）、社会保障服务（0.15）、经济发展服务（0.30）、乡村振兴服务（0.10）和营商环境（0.10）（见附录 1.2）。

2. 地级市政府公共服务全国前100名分析

2023 年地级市政府公共服务全国前 100 名的标准化值及排名如表 4－2 所示。

---

① 本书政府效率测度因素或子因素后括号里的数字表示其权重，下同。

表 4－2　2023 年地级市政府公共服务全国前 100 名的标准化值及排名

地级市政府	标准化值	地区排名	全国排名	地级市政府	标准化值	地区排名	全国排名
华东地区							
徐州市	0.7120	1	2	宁德市	0.2472	25	40
淮南市	0.7087	2	3	丽水市	0.2453	26	41
杭州市	0.7034	3	4	南通市	0.2431	27	42
南京市	0.6834	4	5	扬州市	0.2338	28	43
合肥市	0.5538	5	8	常州市	0.2302	29	44
苏州市	0.5395	6	9	南昌市	0.2284	30	45
宁波市	0.5320	7	10	新余市	0.2118	31	47
厦门市	0.4306	8	15	吉安市	0.2114	32	48
济南市	0.4093	9	17	漳州市	0.2097	33	49
台州市	0.3849	10	18	衢州市	0.1904	34	53
青岛市	0.3817	11	19	烟台市	0.1870	35	54
福州市	0.3727	12	20	嘉兴市	0.1818	36	57
宜春市	0.3494	13	22	镇江市	0.1693	37	62
赣州市	0.3175	14	23	龙岩市	0.1612	38	66
马鞍山市	0.3122	15	25	上饶市	0.1598	39	67
东营市	0.2993	16	28	湖州市	0.1519	40	69
威海市	0.2988	17	29	三明市	0.1471	41	71
无锡市	0.2875	18	30	芜湖市	0.1443	42	73
绍兴市	0.2758	19	33	潍坊市	0.1411	43	75
淮安市	0.2755	20	34	淄博市	0.1350	44	77
温州市	0.2697	21	35	宣城市	0.1242	45	80
泉州市	0.2653	22	36	泰州市	0.1180	46	82
舟山市	0.2572	23	37	盐城市	0.0986	47	90
金华市	0.2541	24	38	滁州市	0.0865	48	95
中南地区							
广州市	0.7667	1	1	珠海市	0.4160	5	16
焦作市	0.6189	2	6	武汉市	0.3058	6	26
深圳市	0.5165	3	11	恩施土家族苗族自治州	0.3030	7	27
郑州市	0.4880	4	13	东莞市	0.1971	8	51

续表

地级市政府	标准化值	地区排名	全国排名	地级市政府	标准化值	地区排名	全国排名
张家界市	0.1832	9	56	驻马店市	0.1092	14	85
十堰市	0.1810	10	58	鄂州市	0.1035	15	89
中山市	0.1763	11	59	孝感市	0.0874	16	94
海口市	0.1681	12	63	南宁市	0.0792	17	98
黄石市	0.1273	13	79	长沙市	0.0766	18	99
西南地区							
成都市	0.5745	1	7	广元市	0.1855	8	55
绵阳市	0.5110	2	12	黔南布依族苗族自治州	0.1739	9	61
拉萨市	0.4523	3	14	楚雄彝族自治州	0.1523	10	68
达州市	0.3725	4	21	雅安市	0.1495	11	70
泸州市	0.2820	5	31	攀枝花市	0.1400	12	76
贵阳市	0.2499	6	39	昆明市	0.1088	13	86
铜仁市	0.1952	7	52	乐山市	0.0760	14	100
西北地区							
伊犁哈萨克自治州	0.3131	1	24	汉中市	0.1167	6	83
宝鸡市	0.1747	2	60	商洛市	0.0911	7	91
西安市	0.1658	3	64	武威市	0.0826	8	96
嘉峪关市	0.1636	4	65	铜川市	0.0821	9	97
张掖市	0.1236	5	81				
华北地区							
太原市	0.2769	1	32	呼伦贝尔市	0.1070	3	87
运城市	0.1334	2	78	石家庄市	0.0902	4	92
东北地区							
沈阳市	0.2204	1	46	哈尔滨市	0.1136	5	84
鸡西市	0.1978	2	50	牡丹江市	0.1042	6	88
白城市	0.1458	3	72	本溪市	0.0897	7	93
佳木斯市	0.1413	4	74				

由表4－2可知，地级市政府公共服务全国前100名区域分布具有三个

明显特征。

第一，从次优层面看，我国六大地区的地级市政府公共服务总体上比较优良。比如，全国排名前100的地级市政府中，华东地区有48个，约占华东地区76个地级市政府的63%；中南地区有18个，约占中南地区83个地级市政府的22%；西南地区有14个，约占西南地区53个地级市政府的26%；西北地区有9个，约占西北地区51个地级市政府的18%；华北地区有4个，约占华北地区34个地级市政府的12%；东北地区有7个，约占东北地区36个地级市政府的19%。由此可见，我国每个地区至少有12%的地级市政府公共服务位居全国前100名，表明各地区的地级市政府公共服务水平比较均衡、总体表现比较好。

第二，从最优层面看，各地区的地级市政府公共服务排名差异特别明显。比如，在政府公共服务特别优秀，即排名全国前30的地级市政府中，华东有18个，约占该区域地级市政府总数的24%；中南有7个，约占该区域地级市政府总数的8%；西南有4个，约占该区域地级市政府总数的8%；西北有1个，约占该区域地级市政府总数的2%；而华北和东北则没有。

第三，我国部分地区的地级市政府公共服务水平提升迅速。比如，与2022年相比，2023年华东地区新增13个地级市政府进入全国前100名，表明该地区地级市政府特别重视优化公共服务。又如，西南地区的成都市政府公共服务排名从2022年的全国第13晋升至2023年的全国第7，进步明显。这是当地政府高效践行以人民为中心的发展理念、高质量建设服务型政府的表现。

可见，中央政府近年来持续推行的加快政府职能转变、建设公共服务型政府的政策已在很多地级市落地生根，推动了当地政府效率提升与市域经济社会高质量发展。

（二）2023年政府规模排名与分析

1. 地级市政府规模简介

政府规模反映政府消费的相对规模，表征政府成本，直接体现政府效率。政府规模是测度政府效率的主要因素，包括地方一般公共预算支出等3个指标，被赋予0.15的权重（见附录1.2）。该因素虽然包含的指标数量不多，却是构成政府成本的主要方面，对地级市政府效率影响较大。

2. 地级市政府规模全国前100名分析

2023年地级市政府规模全国前100名的标准化值及排名如表4－3所示。

表4－3　2023年地级市政府规模全国前100名的标准化值及排名

地级市政府	标准化值	地区排名	全国排名	地级市政府	标准化值	地区排名	全国排名
华东地区							
临沂市	0.4910	1	9	日照市	0.3262	8	68
赣州市	0.4126	2	31	菏泽市	0.3206	9	71
杭州市	0.3943	3	37	龙岩市	0.3039	10	84
六安市	0.3675	4	43	济宁市	0.3000	11	87
上饶市	0.3553	5	47	南通市	0.2986	12	89
潍坊市	0.3388	6	58	合肥市	0.2944	13	98
安庆市	0.3370	7	60				
中南地区							
郴州市	0.4117	1	32	柳州市	0.3124	9	77
驻马店市	0.4092	2	33	南宁市	0.3100	10	79
永州市	0.4016	3	35	南阳市	0.2978	11	91
怀化市	0.3804	4	41	襄阳市	0.2961	12	92
信阳市	0.3512	5	51	衡阳市	0.2958	13	93
商丘市	0.3503	6	52	周口市	0.2947	14	96
恩施土家族苗族自治州	0.3229	7	69	洛阳市	0.2894	15	100
黄冈市	0.3144	8	74				
西南地区							
拉萨市	0.4796	1	13	昌都市	0.4405	4	25
昆明市	0.4475	2	20	山南市	0.4138	5	30
遵义市	0.4430	3	23	成都市	0.3923	6	39

续表

地级市政府	标准化值	地区排名	全国排名	地级市政府	标准化值	地区排名	全国排名
阿里地区	0. 3638	7	44	文山壮族苗族自治州	0. 3296	14	65
阿坝藏族羌族自治州	0. 3529	8	49	红河哈尼族彝族自治州	0. 3217	15	70
凉山彝族自治州	0. 3512	9	50	保山市	0. 3120	16	78
毕节市	0. 3474	10	56	大理白族自治州	0. 3033	17	85
日喀则市	0. 3448	11	57	玉溪市	0. 2987	18	88
昭通市	0. 3365	12	61	普洱市	0. 2951	19	94
甘孜藏族自治州	0. 3355	13	62				
西北地区							
海西蒙古族藏族自治州	0. 6248	1	1	昌吉回族自治州	0. 4443	14	22
吐鲁番市	0. 5985	2	2	克拉玛依市	0. 4230	15	27
酒泉市	0. 5984	3	3	阿勒泰地区	0. 4181	16	28
巴音郭楞蒙古自治州	0. 5529	4	5	定西市	0. 3999	17	36
阿克苏地区	0. 5432	5	6	庆阳市	0. 3842	18	40
榆林市	0. 4913	6	8	兰州市	0. 3488	19	53
克孜勒苏柯尔克孜自治州	0. 4881	7	11	喀什地区	0. 3488	20	54
玉树藏族自治州	0. 4742	8	14	陇南市	0. 3476	21	55
伊犁哈萨克自治州	0. 4580	9	15	果洛藏族自治州	0. 3280	22	66
延安市	0. 4555	10	16	甘南藏族自治州	0. 3276	23	67
和田地区	0. 4513	11	17	海东市	0. 3159	24	72
海南藏族自治州	0. 4504	12	18	汉中市	0. 3085	25	80
塔城地区	0. 4499	13	19	天水市	0. 2905	26	99
华北地区							
鄂尔多斯市	0. 5609	1	4	通辽市	0. 4423	4	24
赤峰市	0. 4887	2	10	阿拉善盟	0. 4334	5	26
呼伦贝尔市	0. 4454	3	21	包头市	0. 4165	6	29

续表

地级市政府	标准化值	地区排名	全国排名	地级市政府	标准化值	地区排名	全国排名
锡林郭勒盟	0.4059	7	34	乌兰察布市	0.3338	13	63
吕梁市	0.3925	8	38	临汾市	0.3332	14	64
呼和浩特市	0.3679	9	42	承德市	0.3157	15	73
忻州市	0.3611	10	45	巴彦淖尔市	0.3127	16	76
兴安盟	0.3585	11	46	运城市	0.3031	17	86
晋中市	0.3533	12	48				
东北地区							
哈尔滨市	0.5295	1	7	大庆市	0.3045	6	82
长春市	0.4830	2	12	鸡西市	0.3044	7	83
沈阳市	0.3371	3	59	吉林市	0.2985	8	90
延边朝鲜族自治州	0.3132	4	75	朝阳市	0.2950	9	95
绥化市	0.3048	5	81	牡丹江市	0.2944	10	97

由表4－3可知，我国地级市政府规模全国前100名的区域分布具有两个特点。

一方面，大多数地区地级市政府规模表现比较优秀。比如，从政府规模极佳、排在全国前30名的地级市政府的区域分布看，华东地区有临沂市1个地级市政府，约占华东地区76个地级市政府的1.3%；西南地区有拉萨市等5个地级市政府，约占西南地区53个地级市政府的9%；西北地区有海西蒙古族藏族自治州等16个地级市政府，约占西北地区51个地级市政府的31%；华北地区有鄂尔多斯市等6个地级市政府，约占华北地区34个地级市政府的18%；东北地区有哈尔滨市等2个地级市政府，约占东北地区36个地级市政府的6%。这表明，除中南地区以外，我国华东等五大地区都有政府规模排在全国前30名、表现优秀的地级市，各地深化行政体制改革、建设有为政府的成效较好。

另一方面，地级市政府规模在地区之间表现不均衡，存在西高东低、北高南低现象。比如，从政府规模比较适度、排名全国前100的地级市政府区域分布看，西北地区有26个，约占西北地区地级市政府总数的51%；

西南地区有 19 个，约占西南地区地级市政府总数的 36%；华北地区有 17 个，约占华北地区地级市政府总数的 50%；东北地区有 10 个，约占东北地区地级市政府总数的 28%；中南地区有 15 个，约占中南地区地级市政府总数的 18%；华东地区有 13 个，约占华东地区地级市政府总数的 17%。

（三）2023年居民经济福利排名与分析

1. 地级市政府居民经济福利简介

居民经济福利因素由农村居民人均可支配收入等 8 个指标组成，体现政府民生改善及民生服务水平，间接反映政府运行质量和效率，被赋予 0. 10 的权重。

2. 地级市政府居民经济福利全国前100名分析

2023 年地级市政府居民经济福利全国前 100 名的标准化值及排名如表 4 -4 所示。

表 4 -4　2023 年地级市政府居民经济福利全国前 100 名的标准化值及排名

地级市政府	标准化值	地区排名	全国排名	地级市政府	标准化值	地区排名	全国排名
华东地区							
杭州市	2. 5105	1	1	温州市	1. 2303	14	20
南京市	2. 2935	2	2	南通市	1. 2214	15	21
苏州市	2. 2002	3	3	东营市	1. 1716	16	22
无锡市	1. 8783	4	5	镇江市	1. 1141	17	23
宁波市	1. 8129	5	7	青岛市	1. 0062	18	25
舟山市	1. 7896	6	8	扬州市	1. 0036	19	26
常州市	1. 6339	7	10	济南市	0. 9981	20	27
嘉兴市	1. 6216	8	11	泰州市	0. 9882	21	29
绍兴市	1. 5514	9	12	烟台市	0. 8407	22	32
厦门市	1. 5463	10	13	丽水市	0. 8373	23	33
湖州市	1. 3682	11	15	威海市	0. 7632	24	34
台州市	1. 3664	12	16	福州市	0. 7018	25	36
金华市	1. 3345	13	18	衢州市	0. 6419	26	40

续表

地级市政府	标准化值	地区排名	全国排名	地级市政府	标准化值	地区排名	全国排名
马鞍山市	0.6184	27	43	宣城市	0.3067	37	68
淄博市	0.6090	28	44	连云港市	0.2818	38	70
南昌市	0.6060	29	45	泰安市	0.2807	39	71
潍坊市	0.5694	30	49	新余市	0.2368	40	75
泉州市	0.5173	31	52	安庆市	0.1969	41	80
芜湖市	0.5119	32	53	济宁市	0.1777	42	85
淮安市	0.4797	33	56	滨州市	0.1687	43	87
盐城市	0.4371	34	58	日照市	0.1662	44	89
徐州市	0.4251	35	59	池州市	0.1064	45	100
铜陵市	0.3763	36	61				
中南地区							
深圳市	1.8881	1	4	惠州市	0.3114	12	67
珠海市	1.8219	2	6	益阳市	0.1964	13	81
广州市	1.6955	3	9	宜昌市	0.1832	14	82
长沙市	1.4064	4	14	岳阳市	0.1801	15	84
佛山市	1.3440	5	17	三亚市	0.1757	16	86
东莞市	1.2778	6	19	孝感市	0.1622	17	91
中山市	1.1123	7	24	三门峡市	0.1517	18	93
武汉市	0.9956	8	28	洛阳市	0.1483	19	94
郑州市	0.9010	9	30	安阳市	0.1293	20	95
株洲市	0.7401	10	35	衡阳市	0.1105	21	99
海口市	0.3467	11	64				
西南地区							
拉萨市	0.6255	1	42	自贡市	0.2286	5	77
成都市	0.5914	2	47	攀枝花市	0.2256	6	78
昆明市	0.5405	3	51	绵阳市	0.1646	7	90
德阳市	0.3646	4	62	广安市	0.1269	8	96
西北地区							
乌鲁木齐市	0.6346	1	41	西安市	0.2790	5	72
哈密市	0.5713	2	48	金昌市	0.2178	6	79
嘉峪关市	0.4199	3	60	海西蒙古族藏族自治州	0.1666	7	88
酒泉市	0.3129	4	66	兰州市	0.1587	8	92

续表

地级市政府	标准化值	地区排名	全国排名	地级市政府	标准化值	地区排名	全国排名
华北地区							
鄂尔多斯市	0.8825	1	31	乌海市	0.4935	8	55
石家庄市	0.6776	2	37	太原市	0.3220	9	65
包头市	0.6481	3	38	沧州市	0.2998	10	69
廊坊市	0.6429	4	39	保定市	0.2727	11	73
唐山市	0.6030	5	46	秦皇岛市	0.2321	12	76
阿拉善盟	0.5661	6	50	邯郸市	0.1242	13	97
呼和浩特市	0.4967	7	54	锡林郭勒盟	0.1157	14	98
东北地区							
长春市	0.4701	1	57	大连市	0.2482	3	74
沈阳市	0.3623	2	63	哈尔滨市	0.1808	4	83

居民经济福利表征了居民生活状况，从侧面反映了政府的收益与产出，是衡量政府效率的重要外溢指标。分析表4－4发现，我国地级市政府居民经济福利前100名的区域分布呈现三个显著特征。

第一，各地区排名差异明显。从居民经济福利最优、排在全国前30名的地级市政府的区域分布看，华东地区有杭州市等21个地级市政府，约占华东地级市政府总数的28%；中南地区有深圳市等9个地级市政府，约占中南地级市政府总数的11%；而西南、西北、华北、东北地区没有地级市政府进入全国前30名。同时，在华东、中南等地区内部，不同地级市政府居民经济福利也相差很大。

第二，居民经济福利存在较好、一般、欠佳等三级分布特点。华东地区、华北地区、中南地区的地级市政府居民经济福利较好，为一级；西北地区、西南地区地级市政府居民经济福利一般，为二级；东北地区地级市政府居民经济福利欠佳，为三级。从全国排名前100地级市政府的区域分布看，华东有45个，约占华东地区地级市政府总数的59%；华北有14个，约占华北地区地级市政府总数的41%；中南有21个，约占中南地区地级市政府总数的25%；西北有8个，约占西北地区地级市政府总数的16%；西南有8个，约占西南地区地级市政府总数的15%；东北有4个，约占东北地区地级市政府总数的11%。

第三，区域之间地级市政府居民经济福利排名与经济社会发展质量之间存在一定的正相关性。比如，居民经济福利优越、排在全国前10位的地级市政府都分布在经济社会发展质量较高的华东及中南地区，二者分别有7个、3个。

（四）2023年政务公开排名与分析

1. 地级市政府政务公开简介

政务公开是体现地级市政府效率的重要因素，能够直接反映地方政府执行力与效率，被赋予0.15的权重。其包括政务基本信息和政务时效等2个子因素以及领导信息公开等15个三级指标。

2. 地级市政府政务公开全国前100名分析

2023年地级市政府政务公开全国前100名的标准化值及排名如表4－5所示。

表4－5　2023年地级市政府政务公开全国前100名的标准化值及排名

地级市政府	标准化值	地区排名	全国排名	地级市政府	标准化值	地区排名	全国排名
华东地区							
福州市	0.6279	1	6	铜陵市	0.4817	13	25
阜阳市	0.6252	2	8	烟台市	0.4734	14	26
淄博市	0.6070	3	10	常州市	0.4570	15	30
马鞍山市	0.5991	4	11	宁德市	0.4351	16	33
德州市	0.5664	5	12	济宁市	0.4256	17	38
池州市	0.5595	6	14	连云港市	0.3727	18	44
临沂市	0.5552	7	15	三明市	0.3721	19	46
东营市	0.5410	8	16	景德镇市	0.3617	20	47
芜湖市	0.5395	9	17	蚌埠市	0.3500	21	51
济南市	0.5295	10	19	宿州市	0.3444	22	53
枣庄市	0.5158	11	21	丽水市	0.3434	23	55
莆田市	0.4971	12	24	龙岩市	0.3331	24	56

续表

地级市政府	标准化值	地区排名	全国排名	地级市政府	标准化值	地区排名	全国排名
日照市	0.3208	25	60	上饶市	0.2663	32	82
泉州市	0.3180	26	62	淮安市	0.2628	33	83
亳州市	0.3164	27	63	滁州市	0.2608	34	84
宁波市	0.3037	28	66	厦门市	0.2505	35	86
黄山市	0.3017	29	67	安庆市	0.2483	36	88
吉安市	0.2925	30	72	抚州市	0.2431	37	92
泰州市	0.2676	31	81	嘉兴市	0.2350	38	96
中南地区							
东莞市	0.6512	1	2	孝感市	0.3135	16	64
南阳市	0.5651	2	13	儋州市	0.3118	17	65
惠州市	0.5346	3	18	商丘市	0.3017	18	68
广州市	0.5264	4	20	长沙市	0.2995	19	70
湘潭市	0.4988	5	23	益阳市	0.2953	20	71
鄂州市	0.4712	6	27	平顶山市	0.2912	21	74
永州市	0.4293	7	36	韶关市	0.2871	22	75
深圳市	0.4218	8	39	怀化市	0.2824	23	76
南宁市	0.4149	9	40	柳州市	0.2812	24	77
邵阳市	0.4004	10	43	茂名市	0.2719	25	80
荆州市	0.3724	11	45	安阳市	0.2440	26	90
咸宁市	0.3534	12	49	珠海市	0.2436	27	91
郴州市	0.3521	13	50	桂林市	0.2422	28	93
三亚市	0.3235	14	59	汕尾市	0.2406	29	94
潮州市	0.3190	15	61	海口市	0.2310	30	99
西南地区							
广元市	0.7948	1	1	广安市	0.4465	7	31
成都市	0.6357	2	4	黔东南苗族侗族自治州	0.4406	8	32
宜宾市	0.6268	3	7	内江市	0.4276	9	37
自贡市	0.6099	4	9	泸州市	0.4089	10	41
南充市	0.4622	5	28	阿坝藏族羌族自治州	0.3564	11	48
巴中市	0.4620	6	29	雅安市	0.3478	12	52

续表

地级市政府	标准化值	地区排名	全国排名	地级市政府	标准化值	地区排名	全国排名
德阳市	0.3440	13	54	黔西南布依族苗族自治州	0.2372	16	95
大理白族自治州	0.2608	14	85	怒江傈僳族自治州	0.2347	17	97
攀枝花市	0.2488	15	87	眉山市	0.2288	18	100
西北地区							
安康市	0.6302	1	5	银川市	0.4074	4	42
延安市	0.5143	2	22	铜川市	0.2918	5	73
汉中市	0.4330	3	34	宝鸡市	0.2477	6	89
华北地区							
乌兰察布市	0.6440	1	3	呼伦贝尔市	0.3243	3	57
石家庄市	0.4297	2	35	锡林郭勒盟	0.2770	4	79
东北地区							
抚顺市	0.3240	1	58	营口市	0.2785	3	78
哈尔滨市	0.3004	2	69	盘锦市	0.2331	4	98

表4－5揭示了我国地级市政府政务公开前100名的区域分布的两个特征。

第一，同一区域内不同地级市政府之间政务公开差异明显。比如，在华东地区，排在全国第6名的福州市与排在全国第96名的嘉兴市之间差距十分明显，二者排名相差90名；又如，在中南地区，同属广东省的东莞市、汕尾市，其政务公开程度差距很大。排在全国第2名的东莞市与排在全国第94名的汕尾市排名相差92名。另外，西南地区的广元市（全国排名第1）与眉山市（全国排名第100）之间、东北地区的抚顺市（全国排名第58）与盘锦市（全国排名第98）之间的政务公开差距也很大。

第二，部分经济发达地区的地级市政府政务公开不够。比如，政务公开排在全国前5名的地级市政府分别是西南地区的广元市（第1名）、中南地区的东莞市（第2名）、华北地区的乌兰察布市（第3名）、西南地区的成都市（第4名）、西北地区的安康市（第5名），而经济比较发达的华东地区政务公开不充分，没有地级市政府进入全国前5名。因此，经济发达、地理位置优越的华东地区需要更加重视政务公开，才能更好推动区域治理现代化及经济社会高质量发展。

三　效率“百高市”测度子因素排名与分析

（一）2023年科教文卫服务排名与分析

科教文卫服务是地级市政府公共服务的重要子因素（二级指标），被赋予0.20的权重，包括科技支出占一般公共预算支出比例等11个指标（见附录1.2）。2023年地级市政府科教文卫服务全国前100名的标准化值及排名如表4－6所示。

表4－6　2023年地级市政府科教文卫服务全国前100名的标准化值及排名

地级市政府	标准化值	地区排名	全国排名	地级市政府	标准化值	地区排名	全国排名
华东地区							
合肥市	1.1853	1	2	威海市	0.4323	15	30
杭州市	1.0616	2	4	枣庄市	0.3928	16	35
徐州市	1.0195	3	5	常州市	0.3911	17	36
苏州市	0.8812	4	6	宁波市	0.3846	18	38
南京市	0.8643	5	8	绍兴市	0.3708	19	39
淮南市	0.8576	6	9	龙岩市	0.3682	20	40
马鞍山市	0.7649	7	10	湖州市	0.3426	21	41
宜春市	0.6342	8	15	滨州市	0.3372	22	42
济南市	0.5825	9	16	金华市	0.3326	23	45
芜湖市	0.5724	10	17	景德镇市	0.2979	24	50
赣州市	0.5615	11	18	日照市	0.2979	25	51
吉安市	0.5330	12	19	温州市	0.2866	26	55
济宁市	0.4974	13	24	南昌市	0.2820	27	57
厦门市	0.4820	14	25	漳州市	0.2755	28	58

续表

地级市政府	标准化值	地区排名	全国排名	地级市政府	标准化值	地区排名	全国排名
淄博市	0.2708	29	59	丽水市	0.2198	37	75
新余市	0.2567	30	62	潍坊市	0.2190	38	76
东营市	0.2536	31	63	鹰潭市	0.1989	39	79
嘉兴市	0.2436	32	65	福州市	0.1868	40	81
台州市	0.2421	33	67	泉州市	0.1718	41	84
衢州市	0.2414	34	68	三明市	0.1663	42	86
宁德市	0.2350	35	72	铜陵市	0.1516	43	89
无锡市	0.2229	36	74				
中南地区							
焦作市	0.7095	1	11	肇庆市	0.2701	11	60
珠海市	0.6896	2	13	濮阳市	0.2435	12	66
郑州市	0.5303	3	20	咸宁市	0.2376	13	70
十堰市	0.5008	4	22	周口市	0.1667	14	85
武汉市	0.4730	5	26	贵港市	0.1505	15	90
湘西土家族苗族自治州	0.4428	6	28	衡阳市	0.1484	16	92
长沙市	0.3851	7	37	茂名市	0.1446	17	93
新乡市	0.3367	8	43	益阳市	0.1429	18	94
湘潭市	0.3265	9	47	株洲市	0.1423	19	97
广州市	0.2889	10	53	恩施土家族苗族自治州	0.1400	20	98
西南地区							
绵阳市	1.4658	1	1	林芝市	0.2827	9	56
泸州市	1.1499	2	3	山南市	0.2480	10	64
达州市	0.7020	3	12	雅安市	0.2375	11	71
拉萨市	0.6718	4	14	贵阳市	0.2134	12	77
攀枝花市	0.4978	5	23	内江市	0.1561	13	87
黔东南苗族侗族自治州	0.4127	6	33	自贡市	0.1530	14	88
成都市	0.4127	7	34	铜仁市	0.1495	15	91
昌都市	0.2919	8	52				

续表

地级市政府	标准化值	地区排名	全国排名	地级市政府	标准化值	地区排名	全国排名
西北地区							
黄南藏族自治州	0.8777	1	7	金昌市	0.2399	8	69
嘉峪关市	0.5062	2	21	西安市	0.2327	9	73
张掖市	0.4363	3	29	汉中市	0.2037	10	78
平凉市	0.3361	4	44	商洛市	0.1825	11	82
伊犁哈萨克自治州	0.3256	5	48	海东市	0.1729	12	83
铜川市	0.3066	6	49	石嘴山市	0.1427	13	95
武威市	0.2870	7	54	西宁市	0.1423	14	96
华北地区							
太原市	0.4150	1	32	石家庄市	0.1352	4	99
唐山市	0.3270	2	46	沧州市	0.1331	5	100
邯郸市	0.1889	3	80				
东北地区							
吉林市	0.4488	1	27	沈阳市	0.2608	3	61
白山市	0.4238	2	31				

表4－6揭示了我国地级市政府科教文卫服务全国前100名的区域分布的三个特征。

第一，从最优层面看，我国地级市政府科教文卫服务排名的区域分布呈现三级态势，即华东、中南地区属于一级，其科教文卫服务最优；西南、西北地区属于二级，其科教文卫服务次优；东北、华北地区属于三级，其科教文卫服务欠佳。比如，在科教文卫服务最优、全国排名前30的地级市政府中，华东地区有合肥市等15个地级市政府，中南地区有焦作市等6个地级市政府；西南地区有绵阳市等5个地级市政府，西北地区有黄南藏族自治州等3个地级市政府；东北地区仅有吉林市1个地级市政府，华北地区则没有。

第二，从总体上看，地级市政府科教文卫服务也存在较好、一般、欠佳等三级分布的特点。其中，华东地区地级市政府很优秀，为一级；中南、西南、西北地区地级市政府比较优秀，为二级；华北地区、东北地区地级市政府表现欠佳，为三级。比如，全国前 100 名的地级市政府中，华东地区有 43 个，约占华东地区地级市政府总数的 57%；中南地区有 20 个，约占中南地区地级市政府总数的 24%；西南地区有 15 个，约占西南地区地级市政府总数的 28%；西北地区有 14 个，约占西北地区地级市政府总数的 27%；华北地区有 5 个，约占华北地区地级市政府总数的 15%；东北地区有 3 个，约占东北地区地级市政府总数的 8%。

第三，科教文卫服务全国排名居前的地级市政府往往属于知名度高、经济社会发展质量较高的区域中心城市。例如，全国排名靠前、位列华东地区前 5 的地级市政府为合肥市、杭州市、徐州市、苏州市、南京市。又如，全国排名靠前、位列中南地区前 5 名的地级市政府为焦作市、珠海市、郑州市、十堰市、武汉市。再如，排名位居全国前列、排在西南地区前 5 名的地级市政府为绵阳市、泸州市、达州市、拉萨市、攀枝花市。这些地级市知名度都比较高，是所在区域的中心城市。

（二）2023年公共安全服务排名与分析

公共安全服务是地级市政府公共服务的重要子因素，被赋予 0.15 的权重，包括生产安全事故死亡人数占年末常住人口的比例等 5 个指标。2023 年地级市政府公共安全服务全国前 100 名的标准化值及排名如表 4－7 所示。

表 4－7　2023 年地级市政府公共安全服务全国前 100 名的标准化值及排名

地级市政府	标准化值	地区排名	全国排名	地级市政府	标准化值	地区排名	全国排名
华东地区							
徐州市	2.7331	1	1	福州市	0.6668	5	14
淮南市	1.3854	2	3	赣州市	0.5694	6	22
新余市	0.8624	3	8	烟台市	0.5611	7	24
宜春市	0.8073	4	9	丽水市	0.5125	8	30

续表

地级市政府	标准化值	地区排名	全国排名	地级市政府	标准化值	地区排名	全国排名
宁波市	0.4664	9	35	安庆市	0.3036	20	65
青岛市	0.4278	10	39	嘉兴市	0.2946	21	69
上饶市	0.4242	11	41	莆田市	0.2716	22	74
吉安市	0.4086	12	44	扬州市	0.2161	23	83
南京市	0.4039	13	46	马鞍山市	0.2099	24	85
漳州市	0.3941	14	47	温州市	0.2016	25	89
合肥市	0.3573	15	54	宿州市	0.1966	26	91
淮安市	0.3204	16	58	宁德市	0.1870	27	93
抚州市	0.3099	17	59	泉州市	0.1744	28	96
宣城市	0.3096	18	60	台州市	0.1738	29	98
滁州市	0.3075	19	61	黄山市	0.1724	30	99
中南地区							
郑州市	2.1371	1	2	揭阳市	0.3866	11	48
恩施土家族苗族自治州	1.2193	2	4	东莞市	0.3694	12	51
中山市	0.8685	3	7	湛江市	0.3688	13	52
安阳市	0.6545	4	16	十堰市	0.3047	14	64
汕头市	0.6279	5	18	怀化市	0.2981	15	66
焦作市	0.6183	6	19	惠州市	0.2729	16	73
黄石市	0.5201	7	28	荆州市	0.2283	17	80
梅州市	0.5174	8	29	衡阳市	0.2138	18	84
驻马店市	0.4264	9	40	周口市	0.1989	19	90
汕尾市	0.4159	10	42	韶关市	0.1791	20	94
西南地区							
怒江傈僳族自治州	1.1039	1	5	达州市	0.6774	6	13
昌都市	0.8763	2	6	广安市	0.6567	7	15
黔南布依族苗族自治州	0.7660	3	10	乐山市	0.6311	8	17
拉萨市	0.7585	4	11	广元市	0.5906	9	20
泸州市	0.7125	5	12	南充市	0.5828	10	21

续表

地级市政府	标准化值	地区排名	全国排名	地级市政府	标准化值	地区排名	全国排名
林芝市	0.5659	11	23	德宏傣族景颇族自治州	0.3728	21	50
黔东南苗族侗族自治州	0.5543	12	25	阿坝藏族羌族自治州	0.3579	22	53
巴中市	0.5437	13	26	雅安市	0.3542	23	55
遂宁市	0.5289	14	27	甘孜藏族自治州	0.3322	24	56
攀枝花市	0.5015	15	31	宜宾市	0.3059	25	62
绵阳市	0.4815	16	33	德阳市	0.2964	26	67
凉山彝族自治州	0.4772	17	34	大理白族自治州	0.2898	27	71
毕节市	0.4589	18	36	自贡市	0.2377	28	79
保山市	0.4091	19	43	内江市	0.2270	29	81
西双版纳傣族自治州	0.3852	20	49	贵阳市	0.2055	30	88
西北地区							
陇南市	0.4833	1	32	黄南藏族自治州	0.2958	5	68
铜川市	0.4581	2	37	安康市	0.2096	6	86
汉中市	0.4043	3	45	天水市	0.1757	7	95
宝鸡市	0.3053	4	63	果洛藏族自治州	0.1713	8	100
华北地区							
张家口市	0.4558	1	38	邢台市	0.2670	3	75
沧州市	0.2929	2	70	晋中市	0.2164	4	82
东北地区							
伊春市	0.3282	1	57	鹤岗市	0.2408	5	78
鸡西市	0.2774	2	72	四平市	0.2092	6	87
通化市	0.2448	3	76	本溪市	0.1965	7	92
佳木斯市	0.2446	4	77	松原市	0.1744	8	97

分析表4-7，可以发现地级市政府公共安全服务全国前100名区域分布呈现两个特点。

第一，地级市政府公共安全服务呈现两级分布态势。一方面，中南、华东、西南、东北地区地级市政府公共安全服务较好，为优秀等级；另一方面，西北、华北地区地级市政府公共安全服务表现欠佳，为一般等级。比如，公共安全服务排在全国前 100 名的地级市政府中，西南地区有 30 个，占该地区 53 个地级市政府样本的 57%；华东地区有 30 个，占该地区 76 个地级市政府样本的 39%；中南地区有 20 个，占该地区 83 个地级市政府样本的 24%；东北地区有 8 个，占该地区 36 个地级市政府样本的 22%。同时，西北地区有 8 个，占该地区 51 个地级市政府样本的 16%；华北地区有 4 个，占该地区 34 个地级市政府样本的 12%。

第二，公共安全服务特别优秀、排在全国前 10 名的地级市政府来自华东、中南、西南等三大地区，分别是：华东地区的徐州市（第 1 名）、淮南市（第 3 名）、新余市（第 8 名）、宜春市（第 9 名），中南地区的郑州市（第 2 名）、恩施土家族苗族自治州（第 4 名）、中山市（第 7 名），西南地区的怒江傈僳族自治州（第 5 名）、昌都市（第 6 名）、黔南布依族苗族自治州（第 10 名），而华北、西北、东北地区没有地级市政府入选全国前 10 名。可见，政府公共安全服务特别优异的地级市多数经济欠发达、工商业产值较低、人口比较稀少，而经济较发达、工商业产值较高和人口密度较大的地级市，其公共安全服务的潜在风险较大。因此，经济发达、人口比较稠密的地区需要高度重视预防公共安全服务存在的风险，统筹发展与安全，重视提升公共安全治理质量与效率，才能确保区域经济高质量发展及社会和谐稳定。

（三）2023年社会保障服务排名与分析

社会保障服务是地级市政府公共服务的重要子因素，被赋予 0.15 的权重，包括社会保障和就业支出占地方一般公共预算支出比例等 8 个指标。2023 年地级市政府社会保障服务全国前 100 名的标准化值及排名如表 4－8 所示。

表 4－8　2023 年地级市政府社会保障服务全国前 100 名的标准化值及排名

地级市政府	标准化值	地区排名	全国排名	地级市政府	标准化值	地区排名	全国排名
华东地区							
淮南市	2.8395	1	1	东营市	0.2640	16	61
淮安市	0.9144	2	6	烟台市	0.2628	17	62
马鞍山市	0.6831	3	11	宜春市	0.2566	18	64
威海市	0.6302	4	16	淮北市	0.2496	19	65
宁德市	0.5975	5	21	菏泽市	0.2226	20	71
泰州市	0.5465	6	26	亳州市	0.2158	21	72
南通市	0.5097	7	27	黄山市	0.2137	22	73
池州市	0.4078	8	36	滁州市	0.2131	23	74
济南市	0.3870	9	39	铜陵市	0.2022	24	79
宣城市	0.3676	10	41	杭州市	0.1868	25	85
青岛市	0.3574	11	44	扬州市	0.1796	26	87
南京市	0.3205	12	49	宁波市	0.1508	27	93
滨州市	0.3078	13	53	绍兴市	0.1413	28	97
漳州市	0.2939	14	55	湖州市	0.1360	29	99
安庆市	0.2841	15	57				
中南地区							
张家界市	1.0983	1	4	新乡市	0.2108	8	75
永州市	0.8231	2	9	益阳市	0.1989	9	81
黄冈市	0.4704	3	28	焦作市	0.1941	10	82
开封市	0.4236	4	33	湘西土家族苗族自治州	0.1939	11	83
洛阳市	0.3570	5	45	许昌市	0.1690	12	88
韶关市	0.3155	6	52	孝感市	0.1630	13	91
商丘市	0.2369	7	68				
西南地区							
成都市	1.3862	1	3	广安市	0.6689	5	12
达州市	1.0307	2	5	楚雄彝族自治州	0.6391	6	15
绵阳市	0.8897	3	7	红河哈尼族彝族自治州	0.6108	7	18
贵阳市	0.7288	4	10	玉溪市	0.6092	8	19

续表

地级市政府	标准化值	地区排名	全国排名	地级市政府	标准化值	地区排名	全国排名
文山壮族苗族自治州	0.5649	9	24	资阳市	0.2404	15	67
大理白族自治州	0.4667	10	29	黔东南苗族侗族自治州	0.2251	16	70
自贡市	0.4379	11	32	铜仁市	0.1598	17	92
巴中市	0.4220	12	34	广元市	0.1414	18	96
临沧市	0.3667	13	42	凉山彝族自治州	0.1402	19	98
内江市	0.2418	14	66				
西北地区							
克拉玛依市	0.8897	1	8	石嘴山市	0.1884	6	84
宝鸡市	0.4548	2	30	海东市	0.1671	7	89
汉中市	0.3976	3	38	渭南市	0.1500	8	94
银川市	0.2585	4	63	西安市	0.1437	9	95
天水市	0.2097	5	77				
华北地区							
临汾市	0.4518	1	31	承德市	0.3201	4	50
巴彦淖尔市	0.3600	2	43	兴安盟	0.2004	5	80
赤峰市	0.3253	3	48	乌兰察布市	0.1639	6	90
东北地区							
鸡西市	1.4212	1	2	哈尔滨市	0.3803	11	40
抚顺市	0.6649	2	13	七台河市	0.3373	12	46
本溪市	0.6610	3	14	大连市	0.3298	13	47
锦州市	0.6226	4	17	齐齐哈尔市	0.3200	14	51
通化市	0.6081	5	20	辽阳市	0.2984	15	54
牡丹江市	0.5961	6	22	丹东市	0.2922	16	56
白山市	0.5754	7	23	双鸭山市	0.2826	17	58
佳木斯市	0.5589	8	25	沈阳市	0.2771	18	59
绥化市	0.4129	9	35	朝阳市	0.2708	19	60
长春市	0.4004	10	37	鞍山市	0.2321	20	69

续表

地级市政府	标准化值	地区排名	全国排名	地级市政府	标准化值	地区排名	全国排名
阜新市	0.2105	21	76	白城市	0.1825	23	86
延边朝鲜族自治州	0.2041	22	78	伊春市	0.1345	24	100

由表4－8可知，地级市政府社会保障服务全国前100名的区域分布具有两个特征。

第一，从各地区拥有的全国前100名地级市政府的占比和数量看，地级市政府社会保障服务水平从高到低呈现“东北—华东—西南—西北—华北—中南”的分布态势。比如，社会保障服务全国排名前100的地级市中，东北地区有24个，占该地区36个地级市政府样本的67%；华东地区有29个，占该地区76个地级市政府样本的38%；西南地区有19个，占该地区53个地级市政府样本的36%；西北地区有9个，占该地区51个地级市政府样本的18%；华北地区有6个，占该地区34个地级市政府样本的18%；中南地区有13个，占该地区83个地级市政府样本的16%。由此可见，社会保障服务较好的地区基本上是我国老重工业基地所在地，如东北地区。在加速产业转型升级背景下，这些地区的国有工业企业职工权益面临重大调整，只有加强社会保障服务，才能维持当地社会稳定与民生水平。这在某种程度有利于改善当地社会保障服务水平。

第二，中南等地区地级市政府的社会保障服务不但总体水平有待提高，而且与区域经济社会发展质量也不够协调。这种相对欠佳的社会保障服务成为当地地级市促进经济社会高质量发展的短板。如果不着力解决，将会严重阻碍中国式现代化战略在当地的实施。

（四）2023年经济发展服务排名与分析

经济发展服务是衡量地级市政府公共服务的重要子因素，被赋予0.30的权重，由全年社会消费品零售总额增长率等11个指标构成。2023年地级市政府经济发展服务全国前100名的标准化值及排名如表4－9所示。

表 4-9　2023 年地级市政府经济发展服务全国前 100 名的标准化值及排名

地级市政府	标准化值	地区排名	全国排名	地级市政府	标准化值	地区排名	全国排名
华东地区							
杭州市	1.4059	1	3	绍兴市	0.4820	21	38
南京市	1.3107	2	4	镇江市	0.3853	22	41
苏州市	1.2784	3	5	衢州市	0.3669	23	43
宁波市	1.1323	4	6	丽水市	0.3453	24	47
台州市	0.9739	5	9	盐城市	0.3323	25	49
无锡市	0.8469	6	11	湖州市	0.3160	26	51
舟山市	0.8466	7	12	威海市	0.2907	27	59
厦门市	0.7902	8	15	九江市	0.2819	28	60
东营市	0.7696	9	16	嘉兴市	0.2514	29	64
青岛市	0.7098	10	17	烟台市	0.2478	30	65
常州市	0.6557	11	19	景德镇市	0.2437	31	67
济南市	0.6333	12	21	徐州市	0.2398	32	69
南昌市	0.6147	13	22	龙岩市	0.1981	33	81
温州市	0.6001	14	23	三明市	0.1945	34	84
泉州市	0.5858	15	24	宁德市	0.1854	35	89
合肥市	0.5734	16	25	淄博市	0.1703	36	92
扬州市	0.5632	17	26	莆田市	0.1668	37	93
福州市	0.5587	18	28	淮安市	0.1610	38	96
金华市	0.5434	19	32	芜湖市	0.1596	39	98
南通市	0.5180	20	34				
中南地区							
广州市	2.3636	1	1	海口市	0.2768	10	61
深圳市	1.8355	2	2	鄂州市	0.2581	11	63
武汉市	0.9885	3	8	襄阳市	0.2435	12	68
珠海市	0.7987	4	14	宜昌市	0.2236	13	75
长沙市	0.6490	5	20	荆门市	0.1948	14	83
郑州市	0.3759	6	42	驻马店市	0.1888	15	87
南宁市	0.3586	7	45	东莞市	0.1870	16	88
张家界市	0.3497	8	46	黄石市	0.1561	17	100
佛山市	0.2958	9	55				

续表

地级市政府	标准化值	地区排名	全国排名	地级市政府	标准化值	地区排名	全国排名
西南地区							
拉萨市	0.9184	1	10	铜仁市	0.2909	6	57
成都市	0.8306	2	13	丽江市	0.2048	7	78
昆明市	0.4377	3	39	玉溪市	0.1635	8	95
普洱市	0.3174	4	50	绵阳市	0.1598	9	97
贵阳市	0.3016	5	54				
西北地区							
伊犁哈萨克自治州	1.0131	1	7	张掖市	0.2296	9	72
西安市	0.5626	2	27	武威市	0.2130	10	77
哈密市	0.5561	3	29	克拉玛依市	0.1924	11	85
金昌市	0.5027	4	35	博尔塔拉蒙古自治州	0.1906	12	86
嘉峪关市	0.3018	5	53	海西蒙古族藏族自治州	0.1784	13	90
甘南藏族自治州	0.2907	6	58	榆林市	0.1712	14	91
阿勒泰地区	0.2461	7	66	银川市	0.1645	15	94
庆阳市	0.2354	8	71				
华北地区							
太原市	0.6877	1	18	包头市	0.4940	6	37
呼和浩特市	0.5540	2	30	长治市	0.3856	7	40
鄂尔多斯市	0.5491	3	31	乌海市	0.2385	8	70
运城市	0.5344	4	33	朔州市	0.2233	9	76
石家庄市	0.4943	5	36	呼伦贝尔市	0.2021	10	79
东北地区							
沈阳市	0.3640	1	44	牡丹江市	0.2284	6	73
松原市	0.3422	2	48	本溪市	0.2256	7	74
伊春市	0.3036	3	52	鸡西市	0.1994	8	80
白城市	0.2915	4	56	大连市	0.1969	9	82
大庆市	0.2735	5	62	佳木斯市	0.1562	10	99

由表4－9可知，2023年我国地级市政府经济发展服务全国前100名

的区域分布呈现两个特征。

第一，从各地区进入全国前100名的地级市政府的占比看，我国地级市政府经济发展服务水平呈现高中低三级分布格局。其中，华东地区地级市政府经济发展服务最优，为高级；华北、西北、东北地区地级市经济发展服务次优，且基本相当，为中级；中南、西南地区地级市经济发展服务欠佳，为低级。比如，从经济发展服务排名全国前100的地级市政府的区域分布看，华东地区有39个排名全国前100的地级市政府，占该地区76个地级市政府的51%；华北地区有10个，占该地区34个地级市政府的29%；西北地区有15个，占该地区51个地级市政府的29%；东北地区有10个，占该地区36个地级市政府的28%；中南地区有17个，占该地区83个地级市政府的20%；西南地区有9个，占该地区53个地级市政府的17%。

第二，我国同一地区内的不同地级市政府经济发展服务差异较大。比如，华东地区的芜湖市（全国第98名）与该地区的杭州市（全国第3名）排名相差95名；中南地区的黄石市（全国第100名）与该地区的广州市（全国第1名）排名相差99名；西南地区的绵阳市（全国第97名）与该地区的拉萨市（全国第10名）排名相差87名；西北地区的银川市（全国第94名）和该地区的伊犁哈萨克自治州（全国第7名）排名相差87名；华北地区的呼伦贝尔市（全国第79名）和该地区的太原市（全国第18名）排名相差61名；东北地区的佳木斯市（全国第99名）与该地区的沈阳市（全国第44名）排名相差55名。

可见，进一步深化行政体制改革、纵深推进“放管服”改革、不断加强作风建设、持续优化经济发展服务是我国地级市提升政府效率、促进市域经济社会高质量发展的重要举措。

（五）2023年乡村振兴服务排名与分析

乡村振兴服务是地级市政府公共服务的重要子因素，被赋予0.10的权重，包括乡村振兴政策等10个三级指标。2023年地级市政府乡村振兴服务全国前 100 名的标准化值及排名如表 4 - 10 所示。

表 4 - 10　2023 年地级市政府乡村振兴服务全国前 100 名的标准化值及排名

地级市政府	标准化值	地区排名	全国排名	地级市政府	标准化值	地区排名	全国排名
华东地区							
淮南市	1.3774	1	2	蚌埠市	0.2828	12	60
上饶市	0.6320	2	11	宿州市	0.2804	13	62
合肥市	0.5288	3	15	淮安市	0.2641	14	66
安庆市	0.4664	4	20	吉安市	0.2596	15	69
潍坊市	0.4227	5	28	临沂市	0.2417	16	74
赣州市	0.4031	6	33	济南市	0.2360	17	75
德州市	0.3568	7	37	三明市	0.2275	18	78
济宁市	0.3548	8	38	南昌市	0.2045	19	85
滁州市	0.3206	9	45	黄山市	0.1814	20	91
泰州市	0.3095	10	49	东营市	0.1758	21	93
阜阳市	0.2942	11	56	宜春市	0.1713	22	97
中南地区							
焦作市	3.2535	1	1	河池市	0.2947	16	54
韶关市	0.7594	2	4	十堰市	0.2625	17	67
汕尾市	0.6564	3	8	南宁市	0.2541	18	71
湛江市	0.6469	4	9	鄂州市	0.2431	19	73
清远市	0.6156	5	13	岳阳市	0.2326	20	77
驻马店市	0.5660	6	14	云浮市	0.2208	21	79
梅州市	0.4748	7	18	益阳市	0.2184	22	80
中山市	0.4282	8	26	周口市	0.2154	23	82
茂名市	0.4207	9	29	东莞市	0.2064	24	84
贺州市	0.3989	10	35	揭阳市	0.2033	25	86
孝感市	0.3775	11	36	常德市	0.1983	26	87
钦州市	0.3517	12	39	玉林市	0.1919	27	89
怀化市	0.3435	13	40	新乡市	0.1805	28	92
邵阳市	0.3206	14	44	河源市	0.1725	29	95
开封市	0.3029	15	52	桂林市	0.1716	30	96

续表

地级市政府	标准化值	地区排名	全国排名	地级市政府	标准化值	地区排名	全国排名
西南地区							
凉山彝族自治州	0.7538	1	5	昭通市	0.3288	15	41
遵义市	0.7194	2	6	红河哈尼族彝族自治州	0.3271	16	42
毕节市	0.6818	3	7	泸州市	0.3163	17	47
广元市	0.6429	4	10	安顺市	0.3035	18	51
铜仁市	0.6224	5	12	广安市	0.2944	19	55
宜宾市	0.5262	6	16	楚雄彝族自治州	0.2842	20	59
曲靖市	0.5135	7	17	黔东南苗族侗族自治州	0.2805	21	61
德宏傣族景颇族自治州	0.4622	8	21	资阳市	0.2664	22	64
达州市	0.4515	9	22	德阳市	0.2347	23	76
黔南布依族苗族自治州	0.4469	10	23	黔西南布依族苗族自治州	0.2162	24	81
南充市	0.4381	11	24	拉萨市	0.1824	25	90
遂宁市	0.4245	12	27	文山壮族苗族自治州	0.1738	26	94
巴中市	0.4082	13	31	眉山市	0.1597	27	99
成都市	0.4075	14	32				
西北地区							
安康市	0.4353	1	25	白银市	0.2875	5	58
咸阳市	0.4133	2	30	渭南市	0.2527	6	72
伊犁哈萨克自治州	0.3122	3	48	吴忠市	0.1926	7	88
天水市	0.3074	4	50	陇南市	0.1582	8	100
华北地区							
呼伦贝尔市	1.3035	1	3	乌兰察布市	0.1602	3	98
运城市	0.3190	2	46				
东北地区							
佳木斯市	0.4718	1	19	长春市	0.3014	4	53
松原市	0.4019	2	34	白城市	0.2904	5	57
七台河市	0.3235	3	43	朝阳市	0.2750	6	63

续表

地级市政府	标准化值	地区排名	全国排名	地级市政府	标准化值	地区排名	全国排名
吉林市	0.2652	7	65	哈尔滨市	0.2561	9	70
齐齐哈尔市	0.2598	8	68	四平市	0.2098	10	83

分析表 4－10 发现，乡村振兴服务排在全国前 100 名的地级市政府的区域分布具有两个显著特点。

第一，我国地级市乡村振兴服务排名呈现三级分布态势，即西南地区属于一级，其乡村振兴服务最优；中南、华东、东北地区属于二级，其乡村振兴服务次优；西北、华北地区属于三级，其乡村振兴服务欠佳。比如，乡村振兴服务排全国前 100 名的地级市政府中，西南地区有 27 个，占该地区 53 个地级市政府样本的 51%；中南地区有 30 个，占该地区 83 个地级市政府样本的 36%；华东地区有 22 个，占该地区 76 个地级市政府样本的 29%；东北地区有 10 个，占该地区 36 个地级市政府样本的 28%；西北地区有 8 个，占该地区 51 个地级市政府样本的 16%；华北地区有 3 个，占该地区 34 个地级市政府样本的 9%。

第二，我国同一地区内部的不同地级市政府乡村振兴服务差距很大。比如，华东地区的宜春市（全国第 97 名）与该地区的淮南市（全国第 2 名）排名相差 95 名，中南地区的桂林市（全国第 96 名）与该地区的焦作市（全国第 1 名）排名相差 95 名，西南地区的眉山市（全国第 99 名）与该地区的凉山彝族自治州（全国第 5 名）排名相差 94 名，华北地区的乌兰察布市（全国第 98 名）和该地区的呼伦贝尔市（全国第 3 名）排名相差 95 名；而西北地区的陇南市（全国第 100 名）和该地区的安康市（全国第 25 名）排名相差 75 名，东北地区的四平市（全国第 83 名）与该地区的佳木斯市（全国第 19 名）排名相差 64 名。西北、东北地区与其他地区相比，人口密度较低，地区内部地级市政府乡村振兴服务水平差距较小，而其他地区人口较稠密，地区内部各地级市政府乡村振兴服务水平差距较大。因此，相较于人口稀疏地区，人口比较稠密地区更应重视统筹推进乡村振兴及经济社会高质量发展，这样才能持续提升当地政府效率。

（六）2023年营商环境排名与分析

营商环境是测度地级市政府效率的重要子因素。良好的营商环境有利于吸引优质企业投资，进一步提高政府效率及推动当地经济社会高质量发展。营商环境被赋予0.10的权重，包括权力清单等7个指标。2023年地级市政府营商环境全国前100名的标准化值及排名如表4－11所示。

表4－11　2023年地级市政府营商环境全国前100名的标准化值及排名

地级市政府	标准化值	地区排名	全国排名	地级市政府	标准化值	地区排名	全国排名
华东地区							
厦门市	1.7351	1	4	漳州市	0.4123	25	45
嘉兴市	0.9347	2	11	苏州市	0.3988	26	47
铜陵市	0.7704	3	16	宁德市	0.3689	27	53
鹰潭市	0.7209	4	18	扬州市	0.2845	28	59
青岛市	0.6928	5	20	新余市	0.2748	29	61
杭州市	0.6344	6	21	芜湖市	0.2641	30	62
湖州市	0.6333	7	22	三明市	0.2551	31	63
莆田市	0.6293	8	23	济南市	0.2473	32	64
绍兴市	0.6177	9	25	宜春市	0.2339	33	67
金华市	0.5907	10	27	赣州市	0.1989	34	74
无锡市	0.5875	11	28	吉安市	0.1965	35	76
镇江市	0.5703	12	30	龙岩市	0.1884	36	77
宁波市	0.5466	13	31	威海市	0.1838	37	78
福州市	0.5267	14	32	淄博市	0.1823	38	79
泉州市	0.5231	15	33	淮安市	0.1762	39	81
台州市	0.5133	16	34	东营市	0.1717	40	84
萍乡市	0.5024	17	35	上饶市	0.1525	41	89
丽水市	0.4919	18	37	南平市	0.1521	42	90
衢州市	0.4763	19	38	南通市	0.1462	43	91
南京市	0.4641	20	39	马鞍山市	0.1434	44	92
合肥市	0.4627	21	40	枣庄市	0.1424	45	93
温州市	0.4490	22	41	日照市	0.1342	46	95
常州市	0.4355	23	43	滨州市	0.1258	47	97
舟山市	0.4293	24	44				

续表

地级市政府	标准化值	地区排名	全国排名	地级市政府	标准化值	地区排名	全国排名
中南地区							
深圳市	2.2007	1	1	汕头市	0.3689	15	52
珠海市	1.8757	2	2	防城港市	0.3644	16	54
海口市	1.8387	3	3	潮州市	0.3130	17	56
东莞市	1.5400	4	6	江门市	0.2032	18	72
儋州市	1.5385	5	7	焦作市	0.1969	19	75
商丘市	1.3701	6	8	惠州市	0.1758	20	82
中山市	1.0956	7	10	许昌市	0.1721	21	83
鄂州市	0.8414	8	14	揭阳市	0.1687	22	85
三亚市	0.7965	9	15	韶关市	0.1587	23	88
恩施土家族苗族自治州	0.7657	10	17	黄石市	0.1414	24	94
佛山市	0.7204	11	19	安阳市	0.1201	25	98
漯河市	0.4475	12	42	南宁市	0.1094	26	99
鹤壁市	0.3837	13	49				
广州市	0.3787	14	50				
西南地区							
丽江市	1.5720	1	5	广元市	0.1304	2	96
西北地区							
巴音郭楞蒙古自治州	1.1713	1	9	西安市	0.2356	5	66
商洛市	0.3870	2	48	宝鸡市	0.2088	6	70
哈密市	0.2957	3	57	咸阳市	0.1027	7	100
嘉峪关市	0.2758	4	60				
华北地区							
晋城市	0.5717	1	29	吕梁市	0.2013	5	73
乌海市	0.5017	2	36	朔州市	0.1802	6	80
太原市	0.3472	3	55	临汾市	0.1615	7	86
阳泉市	0.2442	4	65	呼和浩特市	0.1602	8	87

续表

地级市政府	标准化值	地区排名	全国排名	地级市政府	标准化值	地区排名	全国排名
东北地区							
铁岭市	0.9223	1	12	沈阳市	0.3724	6	51
黑河市	0.9008	2	13	长春市	0.2910	7	58
阜新市	0.6219	3	24	哈尔滨市	0.2282	8	68
四平市	0.5947	4	26	延边朝鲜族自治州	0.2163	9	69
七台河市	0.4070	5	46	营口市	0.2051	10	71

由表4－11可知，2023年地级市政府营商环境全国前100名区域分布呈现两个特点。

第一，从各地区全国前100名地级市政府数量及占比看，呈现最优、次优、欠佳三级分布态势。其中，华东地区地级市政府营商环境最优，中南、东北和华北等地区地级市政府营商环境次优，而西北和西南地区地级市政府营商环境欠佳。例如，从营商环境排全国前100名的地级市政府的区域分布看，华东地区有47个，占该地区76个地级市政府的62%；中南地区有26个，占该地区83个地级市政府的31%；东北地区有10个，占该地区36个地级市政府的28%；华北地区有8个，占该地区34个地级市政府的24%；西北地区有7个，占该地区51个地级市政府的14%；西南地区有2个，占该地区53个地级市政府的4%。

第二，同一地区内部不同地级市政府营商环境差异较大。例如，华东地区的滨州市（全国第97名）与该地区的厦门市（全国第4名）相差93名；中南地区的南宁市（全国第99名）与该地区的深圳市（全国第1名）相差98名；西南地区的广元市（全国第96名）与该地区的丽江市（全国第5名）相差91名；西北地区的咸阳市（全国第100名）与该地区的巴音郭楞蒙古自治州（全国第9名）相差91名；华北地区的呼和浩特市（全国第87名）与该地区的晋城市（全国第29名）相差58名；东北地区的营口市（全国第71名）与该地区的铁岭市（全国第12名）相差59名。

可见，我国不同地区地级市政府营商环境存在明显差距，而同一地区内部不同地级市政府营商环境差距更加显著。因此，纵深推进“放管服”改革，打造法治化、国际化、便利化的营商环境是我国各地级市政府提升政府效率及促进经济社会高质量发展的重要举措。

（七）2023年政务基本信息排名与分析

政务基本信息是政务公开的重要子因素，被赋予0.80的权重，包括领导信息公开等9个指标。地级市政务基本信息能够直接反映地级市政府信息公开质量。2023年地级市政府政务基本信息全国前100名的标准化值及排名如表4－12所示。

表4－12　2023年地级市政府政务基本信息全国前100名的标准化值及排名

地级市政府	标准化值	地区排名	全国排名	地级市政府	标准化值	地区排名	全国排名
华东地区							
淄博市	0.7558	1	4	烟台市	0.4497	20	43
阜阳市	0.6582	2	9	蚌埠市	0.4151	21	52
池州市	0.6582	3	9	三明市	0.4091	22	53
马鞍山市	0.6176	4	13	宁波市	0.4047	23	54
莆田市	0.6152	5	15	宿州市	0.4037	24	55
临沂市	0.6098	6	16	滁州市	0.3818	25	60
福州市	0.6038	7	18	泰州市	0.3818	26	60
德州市	0.5874	8	20	安庆市	0.3818	27	60
济南市	0.5710	9	21	吉安市	0.3794	28	64
枣庄市	0.5656	10	22	丽水市	0.3477	29	69
东营市	0.5517	11	24	日照市	0.3477	30	69
铜陵市	0.5473	12	25	亳州市	0.3388	31	74
芜湖市	0.5200	13	27	黄山市	0.2907	32	83
连云港市	0.5200	14	27	南平市	0.2704	33	89
宁德市	0.5176	15	31	上饶市	0.2607	34	92
龙岩市	0.5176	16	31	淮安市	0.2413	35	96
常州市	0.4859	17	36	抚州市	0.2413	36	96
济宁市	0.4680	18	39	威海市	0.2389	37	98
景德镇市	0.4497	19	43	绍兴市	0.2316	38	100

续表

地级市政府	标准化值	地区排名	全国排名	地级市政府	标准化值	地区排名	全国排名
中南地区							
东莞市	0.7875	1	2	咸宁市	0.3770	17	65
南阳市	0.7558	2	4	荆州市	0.3581	18	67
惠州市	0.6062	3	17	邵阳市	0.3490	19	68
广州市	0.5541	4	23	潮州市	0.3477	20	69
湘潭市	0.5395	5	26	柳州市	0.3477	21	69
南宁市	0.5200	6	27	孝感市	0.3453	22	73
岳阳市	0.4716	7	38	娄底市	0.3274	23	76
三亚市	0.4680	8	39	安阳市	0.3176	24	78
深圳市	0.4632	9	42	益阳市	0.2970	25	81
鄂州市	0.4497	10	43	珠海市	0.2808	26	85
永州市	0.4429	11	47	商丘市	0.2774	27	87
长沙市	0.4424	12	48	襄阳市	0.2772	28	88
海口市	0.4250	13	51	桂林市	0.2629	29	90
儋州市	0.3977	14	56	百色市	0.2606	30	93
韶关市	0.3873	15	58	怀化市	0.2473	31	95
平顶山市	0.3818	16	60				
西南地区							
广元市	0.7935	1	1	内江市	0.4453	10	46
成都市	0.7443	2	7	雅安市	0.4424	11	48
宜宾市	0.7443	3	7	黔东南苗族侗族自治州	0.4279	12	50
自贡市	0.6582	4	9	阿坝藏族羌族自治州	0.3828	13	59
巴中市	0.6582	5	9	攀枝花市	0.3690	14	66
德阳市	0.6176	6	13	大理白族自治州	0.3250	15	77
广安市	0.5200	7	27	怒江傈僳族自治州	0.3045	16	80
南充市	0.5130	8	33	黔西南布依族苗族自治州	0.2368	17	99
泸州市	0.4872	9	35				

续表

地级市政府	标准化值	地区排名	全国排名	地级市政府	标准化值	地区排名	全国排名
西北地区							
安康市	0.7716	1	3	西宁市	0.3071	5	79
汉中市	0.6038	2	18	铜川市	0.2967	6	82
延安市	0.4919	3	34	商洛市	0.2787	7	86
银川市	0.4680	4	39				
华北地区							
乌兰察布市	0.7558	1	4	呼伦贝尔市	0.3293	3	75
石家庄市	0.4838	2	37	锡林郭勒盟	0.2614	4	91
东北地区							
抚顺市	0.3977	1	56	营口市	0.2561	3	94
葫芦岛市	0.2834	2	84				

政务基本信息是政务公开的重要内容，是测度地方政府效率的主要指标，是地方政府应该公布的最简单、最基本的信息，其数据来自各地级市政府网站。分析表 4－12，可以得出三个结论。

第一，同一区域内地级市政府政务基本信息排名差距较大。例如，华东地区的淄博市（全国第 4 名）与该地区的绍兴市（全国第 100 名）相差 96 名；西南地区的广元市（全国第 1 名）与该地区的黔西南布依族苗族自治州（全国第 99 名）相差 98 名；中南地区的东莞市（全国第 2 名）与该地区的怀化市（全国第 95 名）相差 93 名；西北地区的安康市（全国第 3 名）与该地区的商洛市（全国第 86 名）相差 83 名；华北地区的乌兰察布市（全国第 4 名）与该地区的锡林郭勒盟（全国第 91 名）相差 87 名；东北地区的抚顺市（全国第 56 名）与该地区的营口市（全国第 94 名）相差 38 名。可见，同一区域内部各地级市政府的政务基本信息公开差距较大。

第二，一些地级市经济发展水平和政府政务基本信息排名不匹配。比如，南京市的经济发展水平较高，但是其政务基本信息排名却比较靠后；又如，广元市的经济发展欠佳，但是其政务基本信息排名却很靠前。

第三，不少地级市政府的政务基本信息公开不全面、不及时。本书涉及的政务基本信息都是地级市政府应依法公开的最简单、最基本的信息，从理论上来说都应及时在地级市政府网站公开，但实际上并非如此。部分地级市政府网站及其相关网页甚至无法访问。可见，我国地级市政府实现政务基本信息完全公开面临障碍较大。

（八）2023年政务时效排名与分析

政务时效是政府网站回应公众咨询及为居民办事的时效，反映居民或企业所体验到的政府服务的质量与效果，直接体现地级市政府效率。政务时效是政务公开的主要子因素，被赋予0.20的权重，包括政府办公室主动信息公开时效等6个指标。2023年地级市政府政务时效全国前100名的标准化值及排名如表4－13所示。

表4－13 2023年地级市政府政务时效全国前100名的标准化值及排名

地级市政府	标准化值	地区排名	全国排名	地级市政府	标准化值	地区排名	全国排名
华东地区							
泉州市	0.7480	1	4	宜春市	0.3918	16	54
苏州市	0.7288	2	5	合肥市	0.3723	17	59
福州市	0.7245	3	7	聊城市	0.3722	18	60
芜湖市	0.6176	4	13	湖州市	0.3661	19	62
萍乡市	0.6091	5	16	济南市	0.3636	20	65
烟台市	0.5683	6	21	淮安市	0.3488	21	70
马鞍山市	0.5250	7	27	黄山市	0.3455	22	73
东营市	0.4982	8	28	常州市	0.3415	23	74
阜阳市	0.4931	9	31	临沂市	0.3368	24	76
德州市	0.4821	10	35	嘉兴市	0.3368	25	76
金华市	0.4533	11	36	镇江市	0.3262	26	82
南昌市	0.4388	12	38	丽水市	0.3259	27	83
厦门市	0.4337	13	39	枣庄市	0.3165	28	84
南京市	0.4337	14	39	滨州市	0.2916	29	90
盐城市	0.3963	15	51	上饶市	0.2884	30	91
宜春市	0.3918	16	54				

续表

地级市政府	标准化值	地区排名	全国排名	地级市政府	标准化值	地区排名	全国排名
中南地区							
郴州市	1.2316	1	1	许昌市	0.4101	18	47
濮阳市	0.8707	2	2	商丘市	0.3987	19	49
汕尾市	0.6499	3	11	河源市	0.3959	20	53
茂名市	0.6121	4	14	永州市	0.3746	21	57
洛阳市	0.6101	5	15	常德市	0.3746	22	57
邵阳市	0.6060	6	17	荆门市	0.3640	23	64
驻马店市	0.5790	7	20	武汉市	0.3624	24	66
鄂州市	0.5571	8	22	江门市	0.3530	25	69
株洲市	0.5470	9	24	云浮市	0.3476	26	71
衡阳市	0.5415	10	26	黄石市	0.3475	27	72
佛山市	0.4971	11	29	湘潭市	0.3360	28	78
阳江市	0.4474	12	37	益阳市	0.2884	29	91
焦作市	0.4322	13	41	湛江市	0.2829	30	95
荆州市	0.4295	14	42	随州市	0.2763	31	96
怀化市	0.4230	15	43	咸宁市	0.2589	32	99
郑州市	0.4230	16	43	深圳市	0.2562	33	100
广州市	0.4155	17	46				
西南地区							
广元市	0.7998	1	3	达州市	0.3656	6	63
眉山市	0.7116	2	8	甘孜藏族自治州	0.3585	7	67
黔东南苗族侗族自治州	0.4915	3	33	内江市	0.3570	8	68
自贡市	0.4167	4	45	遵义市	0.3097	9	85
红河哈尼族彝族自治州	0.3818	5	55	南充市	0.2590	10	98
西北地区							
延安市	0.6038	1	18	克孜勒苏柯尔克孜自治州	0.3064	4	86
宝鸡市	0.3963	2	51	吐鲁番市	0.2956	5	89
武威市	0.3334	3	80	铜川市	0.2723	6	97

续表

地级市政府	标准化值	地区排名	全国排名	地级市政府	标准化值	地区排名	全国排名
华北地区							
晋中市	0.7258	1	6	鄂尔多斯市	0.4069	7	48
长治市	0.6226	2	12	临汾市	0.3805	8	56
衡水市	0.5900	3	19	锡林郭勒盟	0.3396	9	75
赤峰市	0.5568	4	23	呼伦贝尔市	0.3046	10	87
包头市	0.5466	5	25	唐山市	0.2876	11	93
廊坊市	0.4935	6	30	阳泉市	0.2876	12	93
东北地区							
哈尔滨市	0.6880	1	9	营口市	0.3683	6	61
七台河市	0.6647	2	10	本溪市	0.3356	7	79
白城市	0.4921	3	32	盘锦市	0.3273	8	81
辽阳市	0.4826	4	34	锦州市	0.3004	9	88
沈阳市	0.3987	5	50	绥化市	0.2562	10	100

分析表4－13，可以发现政务时效排在全国前100名的地级市政府的区域分布呈现两个特点。

第一，同一地区不同地级市政府政务时效差异较大。例如，华东地区的上饶市（全国第91名）与该地区的泉州市（全国第4名）相差87名；中南地区的深圳市（全国第100名）与该地区的郴州市（全国第1名）相差99名；西南地区的南充市（全国第98名）与该地区的广元市（全国第3名）相差95名；西北地区的铜川市（全国第97名）与该地区的延安市（全国第18名）相差79名；华北地区的阳泉市（全国第93名）与该地区的晋中市（全国第6名）相差87名；东北地区的绥化市（全国第100名）与该地区的哈尔滨市（全国第9名）相差91名。

第二，经济发展水平和政务时效并没有得到同步发展。政务时效排名靠前的地级市政府，其辖区经济社会发展质量并不经常处于较高水平；经济社会发展质量欠佳的地级市，其政府政务时效排名却有可能比较靠前。

第五章 2023年中国地方政府效率“百高县”

县级政府（不含市辖区）的基础及特殊地位，使县级政府效率成为地方政府效率的重要方面，并直接影响我国地方政府效率整体水平，因此评价、分析县级政府效率具有重要意义及价值。本书将我国31个省级政府所含的县级政府（不含市辖区，共1866个）纳入政府效率评价样本，包括1419个县、394个县级市、49个旗、3个自治旗、1个县级特区。它们来自我国六大地区，其中，华东地区有356个县级政府，中南地区有395个县级政府，西南地区有390个县级政府，西北地区有289个县级政府，华北地区有289个县级政府，东北地区有147个县级政府。2023年县级政府效率测度指标体系及权重、指标数据来源及处理说明、测度样本名单分别见附录1.3、附录2.3、附录3.3。

学先进、比典型、重推广是本书的初心及追求的目标。本章公布政府效率较高、测度结果排在全国前100名的县级政府（简称中国地方政府效率“百高县”），并按照华东、中南、西南、西北、华北、东北等六大地区予以分析。

一　效率“百高县”测度排名与分析

根据地方政府效率测度思路与方法，本书测度2023年我国1866个县级政府效率，发布2023年中国地方政府效率“百高县”的标准化值及排名，见表5－1。

表 5－1　2023 年中国地方政府效率“百高县”的标准化值及排名

县级政府	标准化值	地区排名	全国排名	县级政府	标准化值	地区排名	全国排名
华东地区							
嵊泗县	3.5211	1	1	桐乡市	0.7412	30	33
昆山市	1.9844	2	3	永康市	0.7175	31	34
东阳市	1.5656	3	4	靖江市	0.7151	32	35
张家港市	1.1982	4	5	溧阳市	0.7127	33	36
江阴市	1.1979	5	6	嵊州市	0.7032	34	38
太仓市	1.1717	6	7	海安市	0.6761	35	39
义乌市	1.0692	7	9	宁海县	0.6417	36	41
岱山县	1.0073	8	10	象山县	0.6267	37	42
嘉善县	0.9764	9	11	武义县	0.6150	38	44
常熟市	0.9364	10	12	建德市	0.6142	39	45
玉环市	0.9246	11	13	如东县	0.6086	40	46
诸暨市	0.9204	12	14	肥东县	0.6063	41	47
扬中市	0.9197	13	15	淳安县	0.6014	42	48
桐庐县	0.9140	14	16	仪征市	0.6003	43	49
宜兴市	0.8749	15	17	龙游县	0.5967	44	50
慈溪市	0.8740	16	18	广饶县	0.5826	45	51
余姚市	0.8563	17	20	瑞安市	0.5787	46	52
长兴县	0.8473	18	21	常山县	0.5769	47	53
海宁市	0.8362	19	22	如皋市	0.5715	48	54
海盐县	0.8334	20	23	长丰县	0.5603	49	56
乐清市	0.8295	21	24	丹阳市	0.5602	50	57
平湖市	0.8160	22	25	平阳县	0.5556	51	59
温岭市	0.8154	23	26	句容市	0.5347	52	60
安吉县	0.8092	24	27	景宁畲族自治县	0.5220	53	61
新昌县	0.8039	25	28	缙云县	0.5219	54	62
晋江市	0.7979	26	29	开化县	0.5129	55	63
石狮市	0.7623	27	30	江山市	0.5026	56	65
临海市	0.7554	28	31	启东市	0.5010	57	66
德清县	0.7454	29	32	松阳县	0.4960	58	67

续表

县级政府	标准化值	地区排名	全国排名	县级政府	标准化值	地区排名	全国排名
天台县	0.4707	59	70	泰兴市	0.4375	67	85
福清市	0.4647	60	72	莱西市	0.4305	68	89
兰溪市	0.4642	61	73	当涂县	0.4259	69	90
肥西县	0.4594	62	74	仙居县	0.4238	70	91
永嘉县	0.4577	63	76	胶州市	0.4238	71	92
龙港市	0.4565	64	77	浦江县	0.4212	72	94
共青城市	0.4560	65	78	庆元县	0.4140	73	97
遂昌县	0.4404	66	83	三门县	0.4128	74	99
中南地区							
南澳县	2.0302	1	2	宜都市	0.4524	6	80
长沙县	0.7116	2	37	巩义市	0.4469	7	82
义马市	0.6201	3	43	温县	0.4385	8	84
济源市	0.5122	4	64	赤壁市	0.4318	9	88
浏阳市	0.4746	5	68	津市市	0.4218	10	93
西南地区							
仁怀市	0.5668	1	55	垫江县	0.4184	3	95
彭州市	0.4743	2	69				
西北地区							
阿拉山口市	0.6686	1	40	神木市	0.4347	4	86
吴堡县	0.5594	2	58	麟游县	0.4347	5	87
佛坪县	0.4493	3	81	德令哈市	0.4179	6	96
华北地区							
容城县	1.1376	1	8	侯马市	0.4557	4	79
准格尔旗	0.4672	2	71	安平县	0.4138	5	98
伊金霍洛旗	0.4583	3	75	大厂回族自治县	0.4117	6	100
东北地区							
长海县	0.8568	1	19				

透过表5－1，可看出我国地方政府效率“百高县”分布具有以下三个显著特点。

第一，在区域分布上，我国县级政府效率呈现三级分布态势。一方面，政府效率排名全国前30的县级政府中，华东地区有嵊泗县、昆山市、东阳市等27个县级政府，其数量占绝对优势，该区域县级政府效率表现卓越，属于一级，即特优；中南、华北、东北地区也有个别县级政府进入全国前30名，比如，中南地区的南澳县、华北地区的容城县、东北地区的长海县，因此这些区域县级政府效率也比较高，属于二级，即次优；而西北和西南地区县级政府效率表现欠佳，属于三级，即一般，因为这两个区域没有县级政府进入全国前30名。另一方面，从政府效率排名全国前100的县级政府的区域分布看，也存在三级分布态势。其中，华东地区为一级：该地区有74个县级政府进入全国前100名，约占华东地区测度样本（356个县级政府）的21%。中南、西北、华北地区为二级：中南地区有10个县级政府进入全国前100名，约占该区测度样本（395个县级政府）的3%；西北地区有6个县级政府进入全国前100名，约占该区测度样本（289个县级政府）的2%；华北地区有6个县级政府进入全国前100名，约占该区测度样本（289个县级政府）的2%。西南、东北地区为三级：西南地区有3个县级政府进入全国前100名，约占该区测度样本（390个县级政府）的0.8%；东北地区有1个县级政府进入全国前100名，约占该区测度样本（147个县级政府）的0.7%。

第二，中南、西北、华北及东北地区的个别县级政府效率表现突出，排名不仅高于本地区其他县级政府，而且高于华东地区大部分县级政府。例如，中南地区的南澳县，其政府效率较高，位居全国第2。又如，西北地区的阿拉山口市（全国第40名）、华北地区的容城县（全国第8名）、东北地区的长海县（全国第19名），其政府效率高于其他地区的大多数县级政府。来自这些欠发达地区县级政府的提升政府效率的实践经验尤其宝贵，特别值得其他县级政府借鉴。

第三，县级政府效率与区域经济社会发展质量具有一定的正相关性。比如，浙江省嵊泗县政府效率很高（全国排名居前），其县域经济社会发展质量也较高；又如，江苏省昆山市经济社会发展质量较高，其政府效率也很高。因此，推动经济社会高质量发展有助于提高县级政府效率，提升政府效率也会促进县域经济社会高质量发展。

二　效率“百高县”测度因素排名与分析

（一）2023年政府公共服务排名与分析

1. 县级政府公共服务简介

政府公共服务是县级政府效率主要测度因素（一级指标），被赋予 0.55 的权重，包括科教文卫服务等 4 个子因素（二级指标）以及科技支出占地方一般公共预算支出比例等 28 个三级指标。相关指标体系及权重、指标数据来源及处理说明详见附录 1.3、附录 2.3。

2. 县级政府公共服务全国前100名分析

2023 年县级政府公共服务全国前 100 名的标准化值及排名见表 5－2。

表 5－2　2023 年县级政府公共服务全国前 100 名的标准化值及排名

县级政府	标准化值	地区排名	全国排名	县级政府	标准化值	地区排名	全国排名
华东地区							
昆山市	2.4302	1	1	慈溪市	0.9512	13	14
东阳市	2.2953	2	2	海宁市	0.9487	14	15
张家港市	1.3512	3	4	晋江市	0.9460	15	16
江阴市	1.3462	4	5	宜兴市	0.9184	16	17
太仓市	1.2150	5	6	临海市	0.8756	17	18
诸暨市	1.1873	6	7	安吉县	0.8735	18	19
义乌市	1.1611	7	8	乐清市	0.8439	19	20
嘉善县	1.1011	8	9	永康市	0.8194	20	23
常熟市	1.0568	9	10	玉环市	0.7893	21	24
新昌县	1.0060	10	11	靖江市	0.7608	22	25
桐庐县	0.9755	11	12	桐乡市	0.7449	23	26
余姚市	0.9717	12	13	温岭市	0.7435	24	27

续表

县级政府	标准化值	地区排名	全国排名	县级政府	标准化值	地区排名	全国排名
长兴县	0.7407	25	28	龙游县	0.5496	48	61
石狮市	0.7345	26	29	共青城市	0.5477	49	62
武义县	0.7338	27	30	常山县	0.5246	50	65
岱山县	0.7311	28	31	如皋市	0.5241	51	66
嵊州市	0.7306	29	32	惠安县	0.5230	52	67
肥东县	0.7154	30	33	平阳县	0.5213	53	68
长丰县	0.6961	31	35	樟树市	0.5089	54	71
福清市	0.6777	32	37	缙云县	0.5053	55	73
德清县	0.6699	33	38	新沂市	0.4947	56	74
海盐县	0.6681	34	39	井冈山市	0.4887	57	75
溧阳市	0.6453	35	41	松阳县	0.4876	58	76
瑞安市	0.6381	36	42	象山县	0.4841	59	77
建德市	0.6374	37	43	瑞昌市	0.4829	60	79
海安市	0.6351	38	44	仪征市	0.4791	61	81
淳安县	0.6194	39	45	肥西县	0.4717	62	84
广饶县	0.5976	40	47	如东县	0.4545	63	87
扬中市	0.5976	41	48	高安市	0.4492	64	90
句容市	0.5895	42	51	资溪县	0.4427	65	93
丹阳市	0.5769	43	53	遂昌县	0.4335	66	95
丰县	0.5704	44	56	开化县	0.4323	67	96
平湖市	0.5695	45	57	三门县	0.4312	68	97
胶州市	0.5609	46	59	横峰县	0.4272	69	100
宁海县	0.5580	47	60				
中南地区							
长沙县	0.8357	1	21	义马市	0.4436	4	92
济源市	0.7079	2	34	浠水县	0.4406	5	94
麻城市	0.6620	3	40	宜都市	0.4279	6	99
西南地区							
彭州市	0.8267	1	22	西昌市	0.5905	3	49
仁怀市	0.6796	2	36	垫江县	0.5744	4	54

续表

县级政府	标准化值	地区排名	全国排名	县级政府	标准化值	地区排名	全国排名
马尔康市	0.4833	5	78	个旧市	0.4492	8	89
大理市	0.4562	6	86	岗巴县	0.4310	9	98
罗平县	0.4506	7	88				
西北地区							
神木市	0.5903	1	50	德令哈市	0.5171	5	69
察布查尔锡伯自治县	0.5815	2	52	茫崖市	0.4764	6	83
若羌县	0.5364	3	63	麟游县	0.4654	7	85
阿拉山口市	0.5266	4	64				
华北地区							
容城县	1.8789	1	3	沁水县	0.4828	5	80
阳城县	0.5981	2	46	土默特左旗	0.4772	6	82
迁安市	0.5636	3	58	阿尔山市	0.4455	7	91
安平县	0.5107	4	70				
东北地区							
灯塔市	0.5728	1	55	延吉市	0.5088	2	72

政府公共服务反映了县级政府提供基本公共服务的数量及质量，表征县级政府产出，是体现政府效率的重要指标。表 5－2 揭示了我国县级政府公共服务全国前 100 名分布的两个特点。

第一，县级政府公共服务水平呈现两级分布态势。一方面，政府公共服务卓越、全国排名前 30 的县级政府分布情况可以印证这一点。其中，华东地区进入全国前 30 名的县级政府数量最多，有昆山市、东阳市等 27 个县级政府，为高级；其他地区为一般。比如，西南、华北、中南地区各有 1 个县级政府进入全国前 30 名，分别是彭州市、容城县、长沙县，而东北和西北地区没有县级政府进入全国前 30 名。另一方面，公共服务全国前 100 名的县级政府数量在不同区域所占比例也呈现两级分布态势。其中，华东地区有 69 个，约占该地区样本（356 个县级政府）的 19%，政府公共服务优秀，为高级；其他地区表现次优，为一般。比如，中南地区有6个进入全国前100名的县级政府，约占该地区测度样本数量（395个县级政府）的2%；西南地区有9个，约占该地区样本（390个县级政府）的2%；西北地区有7个，约占该地区样本（289个县级政府）的2%；东北地区有2个，约占该地区样本（147个县级政府）的1%；华北地区有7个，约占该地区样本（289个县级政府）的2%。

第二，经济社会高质量发展基础欠佳、产业转型升级压力较大的西南、西北等地区，其县级政府公共服务却保持较高水平。这表明，在我国高质量发展战略引领下，我国经济欠发达地区县级政府主动谋划，持续深化“放管服”改革，全力加强有为政府及服务型政府建设，加快政府职能转变，通过提供更高质量的公共服务，满足当地居民更美好的生活需求，着力推进政府效率提升及区域治理现代化。

（二）2023年政府规模排名与分析

1. 县级政府规模简介

政府规模反映了县级政府消费的相对规模，表征政府成本，直接体现政府效率。该因素包括地方一般公共预算支出等3个指标，虽然所含指标不多，却是反映政府成本的主要指标，对县级政府效率影响较大，被赋予0.15的权重（详见附录1.3）。

2. 县级政府规模全国前100名分析

2023年县级政府规模全国前100名的标准化值及排名见表5-3。

表5-3　2023年县级政府规模全国前100名的标准化值及排名

县级政府	标准化值	地区排名	全国排名	县级政府	标准化值	地区排名	全国排名
华东地区							
嵊泗县	18.5993	1	1	扬中市	1.9762	4	12
岱山县	2.5664	2	8	柘荣县	1.4834	5	19
昆山市	2.2084	3	9	东山县	1.4573	6	22

续表

县级政府	标准化值	地区排名	全国排名	县级政府	标准化值	地区排名	全国排名
金门县	1.3103	7	25	嘉善县	0.8758	17	50
石狮市	1.2803	8	27	横峰县	0.8355	18	54
玉环市	0.9774	9	37	金湖县	0.8318	19	55
平湖市	0.9768	10	38	莲花县	0.7869	20	59
湖口县	0.9567	11	40	常山县	0.7703	21	61
共青城市	0.9259	12	41	云和县	0.7643	22	63
海盐县	0.9256	13	42	平潭县	0.7567	23	65
景宁畲族自治县	0.9209	14	45	清流县	0.6861	24	80
太仓市	0.8925	15	47	龙港市	0.6198	25	97
龙游县	0.8829	16	49				
中南地区							
南澳县	13.8645	1	2	新乡县	0.8394	12	53
义马市	2.8266	2	7	凭祥市	0.7596	13	64
连山壮族瑶族自治县	1.5275	3	17	温县	0.6946	14	76
韶山市	1.4139	4	23	桂东县	0.6886	15	79
云梦县	1.4081	5	24	舞钢市	0.6786	16	82
五指山市	1.2304	6	28	海丰县	0.6589	17	85
津市市	1.0577	7	33	连南瑶族自治县	0.6581	18	86
陆河县	0.9762	8	39	应城市	0.6354	19	92
合山市	0.9235	9	44	平远县	0.6180	20	98
冷水江市	0.8645	10	51	孟州市	0.5997	21	100
陵水黎族自治县	0.8610	11	52				
西南地区							
玉屏侗族自治县	1.4772	1	20	蒲江县	0.7331	6	70
曲松县	0.9038	2	46	琼结县	0.7197	7	72
水富市	0.7752	3	60	盐亭县	0.6581	8	87
蓬溪县	0.7465	4	68	青神县	0.6199	9	96
开江县	0.7422	5	69				

续表

县级政府	标准化值	地区排名	全国排名	县级政府	标准化值	地区排名	全国排名
西北地区							
吴堡县	3.7206	1	4	三原县	0.8102	11	58
阿拉山口市	2.9392	2	6	子洲县	0.7689	12	62
临夏市	2.0740	3	11	崇信县	0.7518	13	67
长武县	1.8572	4	13	麟游县	0.7160	14	73
佛坪县	1.4620	5	21	湟源县	0.7067	15	74
潼关县	1.2852	6	26	镇坪县	0.6942	16	77
霍尔果斯市	1.2148	7	30	礼泉县	0.6614	17	83
留坝县	1.1078	8	32	彬州市	0.6257	18	93
两当县	0.9244	9	43	华阴市	0.6241	19	94
黄陵县	0.8285	10	56	尖扎县	0.6163	20	99
华北地区							
大厂回族自治县	3.4309	1	5	香河县	0.8200	12	57
武乡县	2.1566	2	10	河津市	0.7519	13	66
侯马市	1.8400	3	14	娄烦县	0.7328	14	71
大宁县	1.7390	4	15	安泽县	0.6957	15	75
高邑县	1.6591	5	16	孟村回族自治县	0.6930	16	78
永和县	1.4946	6	18	满洲里市	0.6791	17	81
新河县	1.2262	7	29	介休市	0.6611	18	84
深泽县	1.0263	8	34	柏乡县	0.6544	19	88
新绛县	1.0045	9	35	清徐县	0.6462	20	90
曲沃县	0.9951	10	36	浮山县	0.6431	21	91
古县	0.8857	11	48	平乡县	0.6230	22	95
东北地区							
长海县	5.3699	1	3	绥芬河市	0.6517	3	89
调兵山市	1.2148	2	31				

根据表5－3，我国县级政府规模全国前100名分布具有两个典型特征。

一方面，我国大多数地区县级政府规模总体上比较适度，表现优良。比如，从政府规模进入全国前 100 名的县级政府的数量看，华东、华北、中南、西北等四大地区分别有 25 个、22 个、21 个、20 个，可见当地县级政府规模比较适度。这表明党的十八大以来，我国县级政府认真落实自身过紧日子以便让老百姓过好日子的行政方略，持续加强自身作风建设，严格落实中央八项规定，不断优化政府规模。

另一方面，各地县级政府规模存在差异、表现不均衡，部分地区县级政府规模欠佳，有待进一步优化。比如，从政府规模极佳、排名全国前 50 的县级政府在各区域中所占的比例看，华东有嵊泗县等 17 个县级政府排名全国前 50，约占华东样本总数的 5%；华北有大厂回族自治县等 11 个县级政府排名全国前 50，约占华北样本总数的 4%；西北有吴堡县等 9 个县级政府排名全国前 50，约占西北样本总数的 3%；中南有南澳县等 9 个县级政府排名全国前 50，约占中南样本总数的 2%；东北有长海县等 2 个县级政府排名全国前 50，约占东北样本总数的 1%；西南有玉屏侗族自治县等 2 个县级政府排名全国前 50，约占西南样本总数的 0.5%。

由此可见，自党的十八大以来，我国各地县级政府持续深化“放管服”改革，持续加强自身建设，取得了较好实效，彰显了基层政府履职效率及县域治理现代化能力。

（三）2023年居民经济福利排名与分析

1. 县级政府居民经济福利简介

居民经济福利是测度县级政府效率的重要因素（一级指标），包括农村居民人均可支配收入等 7 个指标，间接反映服务型政府运行质量和效率，被赋予 0.10 的权重。

2. 县级政府居民经济福利全国前100名分析

2023 年县级政府居民经济福利全国前 100 名的标准化值及排名见表 5 – 4。

表 5-4　2023 年县级政府居民经济福利全国前 100 名的标准化值及排名

县级政府	标准化值	地区排名	全国排名	县级政府	标准化值	地区排名	全国排名
华东地区							
张家港市	3.6984	1	1	象山县	2.3617	30	30
昆山市	3.4250	2	2	嵊泗县	2.3524	31	31
太仓市	3.4128	3	3	桐乡市	2.3149	32	32
义乌市	3.3916	4	4	如东县	2.2557	33	33
常熟市	3.3858	5	5	岱山县	2.2027	34	35
慈溪市	3.1973	6	6	新昌县	2.1604	35	36
玉环市	3.1845	7	7	启东市	2.0953	36	37
江阴市	3.1111	8	8	青田县	2.0651	37	38
桐庐县	3.0019	9	9	临海市	2.0590	38	39
余姚市	2.9642	10	10	丹阳市	2.0254	39	41
温岭市	2.9375	11	11	招远市	1.9750	40	42
德清县	2.8510	12	12	晋江市	1.8446	41	44
长兴县	2.8180	13	13	海安市	1.8232	42	45
扬中市	2.8008	14	14	永嘉县	1.8222	43	46
乐清市	2.7641	15	15	遂昌县	1.8195	44	47
平湖市	2.7348	16	16	淳安县	1.8128	45	48
宜兴市	2.7016	17	17	广饶县	1.8094	46	49
海宁市	2.6872	18	18	靖江市	1.8020	47	50
海盐县	2.6767	19	19	仪征市	1.7752	48	51
嘉善县	2.6392	20	20	句容市	1.7487	49	52
宁海县	2.6088	21	21	如皋市	1.7463	50	53
溧阳市	2.5651	22	22	江山市	1.7402	51	54
瑞安市	2.5548	23	23	石狮市	1.6582	52	56
安吉县	2.4986	24	24	缙云县	1.6164	53	58
东阳市	2.4865	25	25	肥西县	1.6064	54	59
诸暨市	2.4704	26	26	荣成市	1.5916	55	60
永康市	2.4453	27	27	龙口市	1.5831	56	61
建德市	2.4209	28	28	武义县	1.5646	57	62
嵊州市	2.3909	29	29	浦江县	1.5616	58	63

续表

县级政府	标准化值	地区排名	全国排名	县级政府	标准化值	地区排名	全国排名
龙港市	1.5601	59	64	松阳县	1.3312	70	85
龙泉市	1.5504	60	66	胶州市	1.3232	71	86
三门县	1.5301	61	67	泰顺县	1.3214	72	87
诸城市	1.5224	62	68	天长市	1.3130	73	88
文成县	1.5181	63	69	东台市	1.3114	74	89
平阳县	1.5150	64	70	寿光市	1.3001	75	91
天台县	1.5034	65	71	磐安县	1.2771	76	93
仙居县	1.4810	66	73	龙游县	1.2646	77	94
莱州市	1.4371	67	75	惠安县	1.2570	78	95
海阳市	1.4011	68	78	苍南县	1.2564	79	96
兰溪市	1.3739	69	81	青州市	1.2340	80	99
中南地区							
浏阳市	1.7265	1	55	宁乡市	1.3848	3	80
长沙县	1.5587	2	65	攸县	1.2959	4	92
西南地区							
马尔康市	1.3686	1	82	蒲江县	1.3596	2	84
西北地区							
肃北蒙古族自治县	1.4249	1	76	神木市	1.3632	2	83
华北地区							
准格尔旗	2.2407	1	34	东乌珠穆沁旗	1.4152	7	77
伊金霍洛旗	2.0324	2	40	额济纳旗	1.3849	8	79
二连浩特市	1.9541	3	43	阿拉善右旗	1.3014	9	90
迁安市	1.6327	4	57	三河市	1.2462	10	97
锡林浩特市	1.4815	5	72	西乌珠穆沁旗	1.2462	11	98
阿拉善左旗	1.4534	6	74	鄂托克前旗	1.2339	12	100

表5-4表明，我国县级政府居民经济福利全国前100名区域分布呈现两个显著特征。

第一，县级政府居民经济福利区域分布呈现两级态势。其中，华东地区居民经济福利最高，为一级；而其他地区居民经济福利欠佳，为二级。比如，居民经济福利很高、全国排名前30的县级政府均来自华东地区，而华北、中南、西南、西北、东北等地区没有县级政府进入居民经济福利全国前30名。

第二，我国县级政府居民经济福利地区差异十分明显，特别是华东地区与其他地区之间存在很大差异。从全国排名前100的县级政府区域分布及所占比例看，华东有80个，约占华东样本总数（356个县级政府）的22%；华北有12个，约占华北样本总数（289个县级政府）的4%；中南有4个，约占中南样本总数（395个县级政府）的1%；西北有2个，约占西北样本总数（289个县级政府）的0.7%；西南有2个，约占西南样本总数（390个县级政府）的0.5%；东北没有县级政府进入我国县级政府居民经济福利前100名。这表明，尽管个税、医疗等领域的改革惠民政策正在提升各地县域居民经济福利水平，并极大提高了县级政府效率，但是居民经济福利县域差异仍然突出。因此，着力促进东北、西南、西北等地区高质量发展，全面实施乡村振兴及共同富裕战略具有比较迫切的现实意义。

（四）2023年政务公开排名与分析

1. 县级政府政务公开简介

政务公开是县级政府效率测度因素（一级指标），直接影响县级政府效率水平，被赋予0.10的权重，包括政务基本信息、政务时效2个子因素（二级指标）以及领导信息公开、三公经费公开等14个三级指标。

2. 县级政府政务公开全国前100名分析

2023年县级政府政务公开全国前100名的标准化值及排名见表5－5。

表 5－5　2023 年县级政府政务公开全国前 100 名的标准化值及排名

县级政府	标准化值	地区排名	全国排名	县级政府	标准化值	地区排名	全国排名
华东地区							
宁国市	1.0711	1	1	定远县	0.7047	31	49
泾县	0.9896	2	2	苍南县	0.7024	32	50
霍山县	0.9564	3	5	江阴市	0.7008	33	51
广德市	0.9413	4	6	莒南县	0.7002	34	52
漳浦县	0.8840	5	8	滕州市	0.6947	35	55
德化县	0.8686	6	10	兰溪市	0.6883	36	58
桐城市	0.8668	7	11	休宁县	0.6857	37	59
绩溪县	0.8621	8	12	舒城县	0.6827	38	62
象山县	0.8559	9	13	利津县	0.6788	39	64
霍邱县	0.8522	10	14	兴国县	0.6751	40	65
云霄县	0.8309	11	17	长丰县	0.6719	41	67
石台县	0.8303	12	18	南陵县	0.6664	42	70
宿松县	0.8117	13	19	怀宁县	0.6612	43	73
金寨县	0.8029	14	20	诏安县	0.6610	44	74
来安县	0.7994	15	22	广昌县	0.6572	45	76
旌德县	0.7886	16	24	石城县	0.6565	46	78
莒县	0.7795	17	26	武夷山市	0.6512	47	82
歙县	0.7777	18	28	新泰市	0.6480	48	83
东至县	0.7746	19	29	濉溪县	0.6460	49	84
平邑县	0.7712	20	30	涡阳县	0.6446	50	85
全椒县	0.7680	21	31	萧县	0.6442	51	86
灌云县	0.7598	22	32	将乐县	0.6423	52	88
沂源县	0.7581	23	33	太仓市	0.6399	53	89
太和县	0.7572	24	34	建瓯市	0.6396	54	90
青阳县	0.7522	25	36	蒙阴县	0.6286	55	92
灵璧县	0.7467	26	38	栖霞市	0.6264	56	93
开化县	0.7439	27	39	莱阳市	0.6259	57	94
临泉县	0.7340	28	41	龙港市	0.6243	58	96
海安市	0.7227	29	43	明光市	0.6207	59	100
邹平市	0.7096	30	47				

续表

县级政府	标准化值	地区排名	全国排名	县级政府	标准化值	地区排名	全国排名
中南地区							
神农架林区	0.9120	1	7	赤壁市	0.6666	4	69
长沙县	0.8409	2	15	济源市	0.6539	5	81
郧西县	0.7777	3	27				
西南地区							
苍溪县	0.9860	1	3	雷山县	0.6902	12	57
旺苍县	0.9779	2	4	垫江县	0.6831	13	61
剑阁县	0.8791	3	9	开阳县	0.6730	14	66
武定县	0.8365	4	16	道真仡佬族苗族自治县	0.6709	15	68
贵定县	0.7976	5	23	绥阳县	0.6581	16	75
三都水族自治县	0.7313	6	42	青川县	0.6570	17	77
禄丰市	0.7194	7	44	忠县	0.6557	18	79
酉阳土家族苗族自治县	0.7086	8	48	兴仁市	0.6549	19	80
锦屏县	0.6980	9	53	沿河土家族自治县	0.6257	20	95
德昌县	0.6978	10	54	射洪市	0.6220	21	97
峨山彝族自治县	0.6914	11	56	湄潭县	0.6219	22	98
西北地区							
扶风县	0.8003	1	21	富蕴县	0.6639	4	72
山丹县	0.7810	2	25	麟游县	0.6428	5	87
石泉县	0.6808	3	63				
华北地区							
固阳县	0.7556	1	35	扎赉特旗	0.7104	5	46
乌兰浩特市	0.7493	2	37	正蓝旗	0.6846	6	60
化德县	0.7419	3	40	苏尼特左旗	0.6663	7	71
陈巴尔虎旗	0.7132	4	45	二连浩特市	0.6320	8	91
东北地区							
绥滨县	0.6219	1	99				

政务公开是体现政府效率的重要因素，其数据来源于各县级政府官方网站公布的基本信息，直接反映县级政府执行力与效率。表5-5体现了我

国县级政府政务公开的三大特点。

第一，县级政府政务公开区域分布呈现高低两级态势。从政务公开全国前 100 名县级政府的区域分布看，华东、西南、华北地区各有 59 个、22 个、8 个，多于其他地区，其政务公开比较优秀，为高级；中南、西北、东北等地区进入全国前 100 名的县级政府分别仅有 5 个、5 个、1 个，其政务公开欠佳，为一般级。同时，从区域分布看，政务公开表现很好、全国排名前 30 的县级政府也具有高低两级分布态势。其中，华东、西南、中南、西北地区的县级政府政务公开表现比较好，为高级，而华北、东北地区表现欠佳，为一般级。比如，政务公开全国前 30 名的县级政府中有 20 个来自华东地区，有 5 个来自西南地区，有 3 个来自中南地区，有 2 个来自西北地区，而华北、东北地区没有县级政府进入政务公开全国前 30 名。

第二，我国县级政府政务公开的区域差异比较突出。从各区域政务公开全国排名前 100 的县级政府的数量看，华东地区数量最多，政务公开最优；西南地区次之；华北、中南、西北、东北地区表现欠佳。从县级政府政务公开全国前 100 名的占比看，区域之间也存在明显差距，其中华东地区有 59 个排名全国前 100 的县级政府，约占华东样本总数的 17%；西南地区有 22 个，约占西南样本总数的 6%；华北地区有 8 个，约占华北样本总数的 3%；西北地区有 5 个，约占西北样本总数的 2%；中南地区有 5 个，约占中南样本总数的 1%；东北地区有 1 个，约占东北样本总数的 0.7%。这表明，政务公开在区域之间差距较大，部分地区县级政府政务公开任务异常艰巨。

第三，我国县级政府政务公开不充分。比如，部分县级政府网站没有公开其最基本的政务信息、基本的经济社会发展统计数据，或者外界无法从其政府官网找到基本的政务信息。测度结果表明，虽然中央政府一再要求地方政府全面公开政务信息、提升县级政府工作的透明度，但是部分地区县级政府仍然没有按照上级要求公开其最基本的政务信息。

可见，政务公开仍然是影响我国县级政府效率的最大短板。因此，实现县级政府政务全面公开、提高县级政府工作的透明度、统筹推进政务服务体系建设，是各县级政府深入推进行政审批体制改革、提升政府效率的重要措施。

（五）2023年乡村振兴效率排名与分析

1. 县级政府乡村振兴效率简介

乡村振兴效率是县级政府落实乡村振兴战略的效率，是县级政府效率重要测度因素，被赋予0.10的权重，包括乡村振兴服务等3个子因素（二级指标）以及乡村振兴政策等12个指标。

2. 县级政府乡村振兴效率全国前100名分析

2023年县级政府乡村振兴效率全国前100名的标准化值及排名见表5－6。

表5－6　2023年县级政府乡村振兴效率全国前100名的标准化值及排名

县级政府	标准化值	地区排名	全国排名	县级政府	标准化值	地区排名	全国排名
华东地区							
嵊泗县	2.2698	1	4	全椒县	0.6227	20	47
颍上县	1.1206	2	10	岳西县	0.5972	21	54
濉溪县	1.0699	3	11	万安县	0.5837	22	57
五河县	0.9879	4	13	天长市	0.5663	23	60
临泉县	0.8589	5	16	江山市	0.5564	24	63
涡阳县	0.8483	6	17	金乡县	0.5538	25	64
灵璧县	0.7911	7	21	东海县	0.5442	26	67
寿县	0.7899	8	22	睢宁县	0.5357	27	68
蒙城县	0.7634	9	23	临清市	0.5321	28	70
无为市	0.7547	10	24	金寨县	0.5287	29	71
泗县	0.7446	11	25	武城县	0.5101	30	79
当涂县	0.7180	12	29	明光市	0.5089	31	80
怀远县	0.6830	13	33	涟水县	0.5085	32	81
固镇县	0.6779	14	34	霍邱县	0.5077	33	83
东明县	0.6714	15	35	凤阳县	0.4997	34	86
利辛县	0.6602	16	38	如皋市	0.4971	35	88
定远县	0.6379	17	44	冠县	0.4882	36	93
和县	0.6312	18	45	凤台县	0.4869	37	94
宁都县	0.6238	19	46	潜山市	0.4814	38	100

续表

县级政府	标准化值	地区排名	全国排名	县级政府	标准化值	地区排名	全国排名
中南地区							
昌江黎族自治县	4.3117	1	1	沙洋县	0.6185	15	48
温县	3.4361	2	2	宜都市	0.6096	16	51
孟州市	2.2213	3	5	长垣市	0.6071	17	52
沁阳市	1.6908	4	6	当阳市	0.5644	18	62
博爱县	1.6653	5	7	应城市	0.5497	19	65
南澳县	1.3639	6	9	建始县	0.5334	20	69
灵山县	1.0323	7	12	新乡县	0.5201	21	73
赤壁市	0.7967	8	19	英德市	0.5084	22	82
天门市	0.7383	9	26	佛冈县	0.4929	23	89
兴山县	0.7235	10	28	伊川县	0.4906	24	91
滑县	0.6993	11	30	连南瑶族自治县	0.4850	25	95
云梦县	0.6650	12	36	武陟县	0.4849	26	96
江陵县	0.6504	13	39	唐河县	0.4820	27	99
叶县	0.6486	14	40				
西南地区							
耿马傣族佤族自治县	1.6234	1	8	大方县	0.5487	7	66
金沙县	0.9874	2	14	营山县	0.5185	8	74
仪陇县	0.8634	3	15	青川县	0.4990	9	87
南华县	0.8362	4	18	旺苍县	0.4904	10	92
剑阁县	0.7241	5	27	岗巴县	0.4829	11	98
禄劝彝族苗族自治县	0.6170	6	49				
西北地区							
扶风县	0.6614	1	37	长武县	0.5115	6	78
静宁县	0.5871	2	55	民勤县	0.5063	7	84
古浪县	0.5861	3	56	伊宁县	0.5057	8	85
甘谷县	0.5747	4	58	环县	0.4927	9	90
三原县	0.5652	5	61				

续表

县级政府	标准化值	地区排名	全国排名	县级政府	标准化值	地区排名	全国排名
华北地区							
阿荣旗	0.6396	1	43	深泽县	0.5176	4	75
科尔沁右翼中旗	0.6133	2	50	扎赉特旗	0.5136	5	77
安平县	0.5282	3	72				
东北地区							
长岭县	2.7478	1	3	巴彦县	0.6399	6	42
长海县	0.7924	2	20	拜泉县	0.6020	7	53
甘南县	0.6954	3	31	孙吴县	0.5730	8	59
依安县	0.6876	4	32	榆树市	0.5175	9	74
法库县	0.6414	5	41	延寿县	0.4831	10	97

乡村振兴效率能够反映县级政府履行乡村振兴服务职能的质量与效率，其数据来自各县级政府官网公布的相关报道、统计年鉴等基本信息。表5－6揭示了我国乡村振兴效率“百高县”具有两个特点。

第一，我国县级政府乡村振兴效率总体较高、地区差异不大。比如，华东、中南、东北地区县级政府进入乡村振兴效率全国前100名的数量和比例相差不大，其中，华东地区有38个县级政府进入全国前100名，占该地区样本总数的11%；中南地区有27个，占该地区样本总数的7%；东北地区有10个，占该地区样本总数的7%。

第二，有些地区县级政府乡村振兴效率相对不够高，提升压力较大。比如西南地区由于受自然环境制约，农业转型升级比较困难，提升乡村振兴效率及实现农业农村现代化的形势比较严峻。

三　效率“百高县”测度子因素排名与分析

（一）2023年科教文卫服务排名与分析

科教文卫服务是县级政府提供的基础公共服务，反映了县级政府提供的基本公共服务数量及质量，是县级政府公共服务的重要子因素（二级指标），被赋予0.25的权重，包括科技支出占地方一般公共预算支出比例等9个三级指标。2023年县级政府科教文卫服务全国前100名的标准化值及排名见表5－7。

表5－7　2023年县级政府科教文卫服务全国前100名的标准化值及排名

县级政府	标准化值	地区排名	全国排名	县级政府	标准化值	地区排名	全国排名
华东地区							
昆山市	2.7219	1	2	安吉县	0.7432	21	54
横峰县	1.9739	2	3	溧阳市	0.7284	22	57
长丰县	1.8059	3	4	大余县	0.7202	23	59
张家港市	1.4074	4	11	扬中市	0.7111	24	62
桐庐县	1.3847	5	12	海宁市	0.7086	25	63
太仓市	1.2941	6	15	建德市	0.6776	26	65
新昌县	1.2331	7	18	晋江市	0.6641	27	67
嘉善县	1.1943	8	20	南靖县	0.6608	28	68
靖安县	1.1891	9	21	义乌市	0.6494	29	71
永康市	1.1477	10	24	磐安县	0.6428	30	72
武义县	1.1403	11	25	缙云县	0.6391	31	73
淳安县	0.9819	12	32	于都县	0.6265	32	77
海盐县	0.8758	13	37	德清县	0.6185	33	81
上杭县	0.8757	14	38	龙游县	0.6097	34	84
共青城市	0.8753	15	39	资溪县	0.6070	35	85
嘉祥县	0.8616	16	40	龙泉市	0.6036	36	86
宁海县	0.8551	17	43	嵊州市	0.6019	37	87
慈溪市	0.8284	18	45	将乐县	0.6005	38	89
余姚市	0.8116	19	47	长兴县	0.5998	39	90
邳州市	0.7626	20	50				
中南地区							
西林县	1.6196	1	6	吉首市	0.9198	3	34
义马市	1.1743	2	22	五指山市	0.7564	4	51

续表

县级政府	标准化值	地区排名	全国排名	县级政府	标准化值	地区排名	全国排名
宁远县	0.7544	5	52	醴陵市	0.6250	12	78
炎陵县	0.7307	6	56	道县	0.6244	13	79
原阳县	0.7164	7	61	龙川县	0.6111	14	83
镇平县	0.6539	8	69	博罗县	0.5929	15	96
长沙县	0.6536	9	70	琼中黎族苗族自治县	0.5917	16	97
永城市	0.6373	10	74	金秀瑶族自治县	0.5906	17	98
凤山县	0.6273	11	76				
西南地区							
隆昌市	1.6278	1	5	石棉县	0.8450	11	44
岗巴县	1.3570	2	13	凯里市	0.8210	12	46
彭州市	1.2597	3	16	三穗县	0.7487	13	53
北川羌族自治县	1.2403	4	17	炉霍县	0.6681	14	66
马尔康市	1.2196	5	19	香格里拉市	0.6119	15	82
兴仁市	1.0904	6	28	剑河县	0.5971	16	91
石柱土家族自治县	1.0315	7	29	大理市	0.5946	17	93
南部县	0.9320	8	33	错那市	0.5938	18	94
梓潼县	0.9092	9	35	丹巴县	0.5901	19	99
松桃苗族自治县	0.8811	10	36	浪卡子县	0.5869	20	100
西北地区							
布尔津县	1.5703	1	8	博湖县	0.7317	7	55
铁门关市	1.5610	2	9	静宁县	0.7191	8	60
秦安县	1.3077	3	14	吴堡县	0.6951	9	64
天峻县	1.0009	4	30	黄龙县	0.6008	10	88
阿图什市	0.8596	5	41	华池县	0.5961	11	92
肃北蒙古族自治县	0.7820	6	49				

续表

县级政府	标准化值	地区排名	全国排名	县级政府	标准化值	地区排名	全国排名
华北地区							
容城县	3.8832	1	1	安平县	0.8557	5	42
尚义县	1.1534	2	23	乌兰浩特市	0.6337	6	75
平顺县	1.1238	3	27	涉县	0.6232	7	80
望都县	0.9899	4	31	迁西县	0.5930	8	95
东北地区							
灯塔市	1.5950	1	7	临江市	0.7873	4	48
瓦房店市	1.5127	2	10	富裕县	0.7228	5	58
通河县	1.1272	3	26				

表5－7揭示了我国县级政府科教文卫服务全国前100名具有两个特征。

第一，从科教文卫服务全国排名前100的县级政府的区域分布看，华东地区县级政府表现最优。在全国排名前100的县级政府中，华东地区有39个，明显多于其他地区；西南地区有20个，中南地区有17个，西北地区有11个，华北地区有8个，东北地区只有5个。

第二，从科教文卫服务全国排名靠前、表现优秀的县级政府的区域分布和在各区域所占比例看，我国东北、西南、西北、华北等四大地区的差异不大。例如，科教文卫服务排名全国前30的县级政府中，东北地区有灯塔市等3个县级政府，约占东北地区样本总数（147个县级政府）的2.04%；西南地区有隆昌市等7个县级政府，约占该地区样本总数（390个县级政府）的1.79%；西北地区有布尔津县等4个县级政府，约占西北地区样本总数（289个县级政府）的1.38%；华北地区有容城县等3个县级政府，约占华北地区样本总数（289个县级政府）的1.04%。

（二）2023年社会保障服务排名与分析

社会保障服务也是政府公共服务的重要子因素（二级指标），包括社会保障和就业支出占地方一般公共预算支出比例等 5 个三级指标，被赋予 0.15 的权重。2023 年县级政府社会保障服务全国前 100 名的标准化值及排名见表 5－8。

表 5－8　2023 年县级政府社会保障服务全国前 100 名的标准化值及排名

县级政府	标准化值	地区排名	全国排名	县级政府	标准化值	地区排名	全国排名
华东地区							
砀山县	2.7115	1	4	慈溪市	0.9695	14	59
定远县	2.2388	2	6	江阴市	0.9695	15	60
郓城县	2.1600	3	7	泾县	0.9641	16	62
沂水县	1.9089	4	10	东海县	0.9623	17	63
诸暨市	1.8320	5	11	灌南县	0.9583	18	64
安丘市	1.7126	6	14	义乌市	0.9422	19	68
乳山市	1.5010	7	18	阳信县	0.9300	20	71
南靖县	1.4850	8	20	莱州市	0.9243	21	74
海宁市	1.1207	9	38	界首市	0.9146	22	76
鄄城县	1.0265	10	48	巢湖市	0.8956	23	80
昆山市	1.0113	11	52	涡阳县	0.8897	24	81
常熟市	1.0064	12	53	东阳市	0.8311	25	95
蒙城县	0.9859	13	55	莱西市	0.8058	26	98
中南地区							
麻城市	3.3736	1	1	监利市	0.9452	9	67
民权县	1.5407	2	17	郧西县	0.9369	10	69
夏邑县	1.3865	3	23	竹山县	0.9051	11	77
武穴市	1.1952	4	29	大冶市	0.8830	12	83
固始县	1.1661	5	32	临高县	0.8442	13	89
蕲春县	1.0544	6	46	凤凰县	0.8390	14	91
浠水县	1.0180	7	51	天门市	0.8352	15	92
邓州市	0.9851	8	56	黄梅县	0.7982	16	99
西南地区							
奉节县	2.0695	1	8	乐至县	1.6996	5	15
邻水县	2.0082	2	9	安岳县	1.4944	6	19
广南县	1.8201	3	12	三台县	1.4693	7	21
岳池县	1.7575	4	13	大理市	1.3076	8	25

续表

县级政府	标准化值	地区排名	全国排名	县级政府	标准化值	地区排名	全国排名
腾冲市	1.2208	9	26	施甸县	1.0215	22	50
禄丰市	1.2077	10	27	永善县	0.9848	23	57
建水县	1.1998	11	28	祥云县	0.9774	24	58
平昌县	1.1648	12	33	松桃苗族自治县	0.9685	25	61
通江县	1.1621	13	34	盘州市	0.9562	26	66
凤庆县	1.1384	14	35	开远市	0.9297	27	72
师宗县	1.1303	15	37	江油市	0.9274	28	73
大姚县	1.1103	16	39	新平彝族傣族自治县	0.8890	29	82
个旧市	1.1062	17	41	武胜县	0.8498	30	88
永胜县	1.1015	18	42	岗巴县	0.8429	31	90
长宁县	1.0671	19	43	牟定县	0.8318	32	94
楚雄市	1.0608	20	45	西昌市	0.8297	33	96
砚山县	1.0408	21	47				
西北地区							
蓝田县	2.7766	1	2	静宁县	0.9040	4	78
阿勒泰市	1.1726	2	31	吉木萨尔县	0.8694	5	85
镇原县	0.9891	3	54	富平县	0.7958	6	100
华北地区							
原平市	1.1806	1	30	突泉县	0.9572	5	65
怀安县	1.1315	2	36	商都县	0.9006	6	79
土默特右旗	1.1089	3	40	宁城县	0.8753	7	84
阳高县	1.0621	4	44				
东北地区							
灯塔市	2.7356	1	3	永吉县	0.9363	7	70
塔河县	2.2647	2	5	通榆县	0.9172	8	75
肇东市	1.6954	3	16	舒兰市	0.8563	9	86
榆树市	1.4197	4	22	柳河县	0.8522	10	87
公主岭市	1.3443	5	24	北票市	0.8335	11	93
盘山县	1.0222	6	49	萝北县	0.8221	12	97

社会保障服务指标反映了县级政府提供的基本社会保障服务数量及质量，是体现县级政府效率的重要指标。分析表5-8可以发现，我国县级政府社会保障服务全国前100名具有以下两个特点。

第一，从区域分布看，我国县级政府社会保障服务水平具有层次性，呈现两级分布格局。一是我国西南、东北及华东等三大地区县级政府社会保障服务都比较好。比如，社会保障服务排名全国前100的县级政府中，西南地区有33个，占西南地区样本总数（390个县级政府）的8%；东北地区有12个，占东北地区样本总数（147个县级政府）的8%；华东地区有26个，约占华东地区样本总数（356个县级政府）的7%。二是我国中南、华北、西北等三大地区的县级政府社会保障服务欠佳。比如，中南地区有16个排名全国前100的县级政府，占中南地区样本总数（395个县级政府）的4%；华北地区仅有7个，占华北地区样本总数（289个县级政府）的2%；西北地区仅有6个，占西北地区样本总数（289个县级政府）的2%。

第二，同一级别内部不同地区的县级政府社会保障服务水平相对比较均衡。一是我国西南、东北、华东等三大区域县级政府社会保障服务水平比较均衡、相互差距不大。比如，社会保障服务全国排名前100的县级政府在西南地区占8%，在东北地区占8%，在华东地区占7%。二是我国中南、华北、西北等三大区域县级政府社会保障服务水平也基本相当。比如，社会保障服务全国排名前100的县级政府在中南地区占4%，在华北地区占2%，在西北地区占2%。

（三）2023年经济发展服务排名与分析

经济发展服务是政府公共服务的重要子因素，被赋予0.45的权重，包括全年社会消费品零售总额增长率等10个指标。2023年县级政府经济发展服务全国前100名的标准化值及排名见表5-9。

表5－9　2023年县级政府经济发展服务全国前100名的标准化值及排名

县级政府	标准化值	地区排名	全国排名	县级政府	标准化值	地区排名	全国排名
华东地区							
昆山市	3.2029	1	1	肥东县	0.9757	30	47
江阴市	2.4361	2	3	嵊州市	0.9694	31	49
张家港市	2.0076	3	5	海盐县	0.9332	32	51
岱山县	1.9106	4	6	松阳县	0.9294	33	52
太仓市	1.7678	5	7	广饶县	0.9256	34	55
宜兴市	1.7427	6	8	溧阳市	0.9247	35	56
义乌市	1.6935	7	9	吉水县	0.9214	36	57
诸暨市	1.5878	8	10	嵊泗县	0.9104	37	58
临海市	1.5658	9	11	三门县	0.9088	38	59
常熟市	1.5639	10	12	长兴县	0.8996	39	60
乐清市	1.4805	11	14	德清县	0.8985	40	61
嘉善县	1.4775	12	15	南城县	0.8929	41	62
晋江市	1.4554	13	16	南安市	0.8832	42	63
新昌县	1.4085	14	17	遂昌县	0.8823	43	64
安吉县	1.3558	15	19	海安市	0.8656	44	67
温岭市	1.2269	16	23	桓台县	0.8592	45	68
余姚市	1.2165	17	24	仪征市	0.8548	46	69
慈溪市	1.1733	18	27	如东县	0.8441	47	71
桐庐县	1.1599	19	28	建德市	0.8402	48	72
句容市	1.1489	20	29	石狮市	0.8342	49	74
海宁市	1.1400	21	32	崇义县	0.8089	50	76
玉环市	1.1364	22	33	樟树市	0.8044	51	77
丹阳市	1.1356	23	34	庆元县	0.7734	52	78
惠安县	1.1138	24	35	胶州市	0.7429	53	79
靖江市	1.0557	25	37	开化县	0.7413	54	80
肥西县	1.0417	26	39	龙港市	0.7316	55	82
桐乡市	1.0141	27	41	永康市	0.7303	56	84
南昌县	0.9993	28	42	平阳县	0.7283	57	85
扬中市	0.9830	29	46	东阳市	0.7231	58	86

续表

县级政府	标准化值	地区排名	全国排名	县级政府	标准化值	地区排名	全国排名
磐安县	0.7188	59	87	平湖市	0.7023	64	93
井冈山市	0.7172	60	88	高安市	0.7010	65	94
丰县	0.7145	61	90	资溪县	0.7009	66	95
新沂市	0.7089	62	91	建湖县	0.6928	67	96
贵溪市	0.7066	63	92				
中南地区							
长沙县	1.0326	1	40	枝江市	0.8365	4	73
宜都市	0.9905	2	44	罗定市	0.8213	5	75
济源市	0.8490	3	70	南漳县	0.7350	6	81
西南地区							
仁怀市	1.5514	1	13	西昌市	0.7154	3	89
彭州市	1.1454	2	31	宝兴县	0.6893	4	99
西北地区							
阿拉山口市	2.1368	1	4	府谷县	0.9273	7	54
神木市	1.3480	2	20	察布查尔锡伯自治县	0.8667	8	66
茫崖市	1.2517	3	22	吉木萨尔县	0.7307	9	83
霍尔果斯市	1.2097	4	25	延川县	0.6908	10	97
肃南裕固族自治县	0.9695	5	48	塔城市	0.6897	11	98
麟游县	0.9290	6	53	德令哈市	0.6891	12	100
华北地区							
容城县	2.5959	1	2	黄骅市	1.0720	6	36
乌审旗	1.3768	2	18	固阳县	1.0522	7	38
沁水县	1.2719	3	21	鄂托克旗	0.9892	8	45
准格尔旗	1.1756	4	26	土默特左旗	0.9530	9	50
伊金霍洛旗	1.1463	5	30	鄂托克前旗	0.8775	10	65
东北地区							
延吉市	0.9959	1	43				

提供良好的经济发展服务是我国县级政府履职的第一要务，既是落实党的二十大精神、发挥市场对资源配置决定性作用的重要举措，又是提升政府效率、促进经济高质量发展的主要抓手。根据表5－9可知，我国县级

政府经济发展服务全国前 100 名具有三个特点。

第一，从区域分布看，华东地区县级政府在经济发展服务上具有绝对优势。一方面，从排在全国前 100 名的县级政府的区域分布看，华东地区有 67 个，其数量明显多于其他地区，而西北地区有 12 个，华北地区有 10 个，中南地区有 6 个，西南地区有 4 个，东北地区有 1 个。另一方面，从经济发展服务表现特别优秀、排名全国前 30 的县级政府的分布看，华东地区有 20 个，数量最多。

第二，除了华东地区外，我国西北、华北地区的县级政府经济发展服务比较优良，彼此间差距不大。比如，经济发展服务排在全国前 100 名的县级政府中，西北、华北分别有 12 个、10 个；排在全国前 30 名的县级政府中，西北、华北分别有 4 个和 5 个。

第三，东北地区县级政府经济发展服务表现欠佳。当地只有延吉市进入全国前 100 名。可见，千方百计改善服务环境、促进县域经济社会高质量发展是我国东北地区县级政府面临的最紧迫任务。。

综上所述，持续改善经济发展服务不仅是我国六大地区县级政府始终肩负的重要使命，也是提升其政府效率的重要路径。

（四）2023年营商环境排名与分析

营商环境是政府公共服务的重要子因素，被赋予 0.15 的权重，包括权责清单等 4 个指标。2023 年县级政府营商环境全国前 100 名的标准化值及排名见表 5 – 10。

表 5 – 10　2023 年县级政府营商环境全国前 100 名的标准化值及排名

县级政府	标准化值	地区排名	全国排名	县级政府	标准化值	地区排名	全国排名
华东地区							
东阳市	11.5084	1	1	武义县	2.2538	4	8
石狮市	2.7174	2	5	龙游县	1.9543	5	10
福清市	2.5613	3	6	泰和县	1.8990	6	11

续表

县级政府	标准化值	地区排名	全国排名	县级政府	标准化值	地区排名	全国排名
永修县	1.3511	7	28	绩溪县	0.7473	25	63
靖江市	1.2557	8	32	常熟市	0.7468	26	64
仙游县	1.2347	9	33	嘉善县	0.7118	27	67
淳安县	1.1084	10	37	常山县	0.6960	28	70
昆山市	1.0449	11	40	周宁县	0.6687	29	72
永康市	1.0395	12	41	定南县	0.6686	30	73
兰溪市	0.9512	13	44	顺昌县	0.6680	31	74
永泰县	0.9440	14	45	义乌市	0.6357	32	78
晋江市	0.9428	15	46	平湖市	0.6339	33	79
共青城市	0.8806	16	49	长兴县	0.6295	34	81
瑞安市	0.8465	17	51	连江县	0.6067	35	84
安义县	0.8460	18	52	海宁市	0.6031	36	85
瑞昌市	0.8384	19	53	嵊州市	0.5852	37	88
江山市	0.8292	20	54	建宁县	0.5707	38	90
新昌县	0.8046	21	57	闽侯县	0.5525	39	92
余姚市	0.7998	22	58	会昌县	0.5482	40	94
太仓市	0.7973	23	59	胶州市	0.5442	41	98
长丰县	0.7568	24	61				
中南地区							
新县	2.5180	1	7	济源市	0.8151	6	56
凭祥市	2.2055	2	9	兴山县	0.6818	7	71
长沙县	1.2186	3	34	遂溪县	0.5445	8	97
永城市	0.8635	4	50	远安县	0.5410	9	100
民权县	0.8245	5	55				
西南地区							
垫江县	3.1392	1	3	日土县	0.6180	7	82
罗平县	1.8651	2	12	城口县	0.6108	8	83
荔波县	1.6295	3	19	永平县	0.5993	9	86
兴仁市	1.6029	4	20	景洪市	0.5744	10	89
桑日县	1.0535	5	39	大邑县	0.5486	11	93
普兰县	0.7279	6	66				

续表

县级政府	标准化值	地区排名	全国排名	县级政府	标准化值	地区排名	全国排名
西北地区							
轮台县	1.7396	1	13	和静县	1.1801	9	35
和硕县	1.6729	2	15	新和县	0.9316	10	47
博湖县	1.6543	3	16	绥德县	0.7310	11	65
库尔勒市	1.5655	4	21	呼图壁县	0.6390	12	77
焉耆回族自治县	1.5055	5	22	塔城市	0.6302	13	80
若羌县	1.4524	6	24	兴平市	0.5470	14	95
且末县	1.4109	7	25	铁门关市	0.5463	15	96
尉犁县	1.3615	8	27				
华北地区							
阳城县	2.9986	1	4	阜城县	1.0250	6	42
武强县	1.6437	2	17	蒲县	0.6992	7	68
巴林右旗	1.6338	3	18	高平市	0.6967	8	69
迁安市	1.3748	4	26	二连浩特市	0.5876	9	87
邱县	1.2723	5	30				
东北地区							
绥芬河市	4.0263	1	2	嫩江市	0.9049	9	48
朝阳县	1.7381	2	14	北安市	0.7716	10	60
昌图县	1.4641	3	23	珲春市	0.7563	11	62
开原市	1.3056	4	29	逊克县	0.6598	12	75
西丰县	1.2721	5	31	同江市	0.6500	13	76
调兵山市	1.1397	6	36	孙吴县	0.5636	14	91
铁岭县	1.0558	7	38	黑山县	0.5413	15	99
五大连池市	0.9581	8	43				

改善营商环境是县级政府公共服务的重要内容，营商环境是县域有效开展对外交流、合作与竞争的重要依托，是县域发展软实力的重要体现，是县级政府提高自身竞争力的重要领域。良好的营商环境能吸引更多投资、引致更多消费、提高政府效率。剖析表 5 - 10 有利于揭示我国县级政府营商环境全国前 100 名所具有的两个特点。

第一，从区域上看，我国县级政府营商环境排名呈现三级分布态势。首先，华东及东北地区县级政府营商环境比较优越，为第一级。其中，华东地区有 41 个县级政府进入全国前 100 名，约占该地区测度样本数量（356 个县级政府）的 12%；东北地区有 15 个县级政府进入全国前 100 名，约占测度样本数量（147 个县级政府）的 10%。其次，西北地区县级政府营商环境次之，为第二级。该地区有 15 个县级政府进入全国前 100 名，约占测度样本（289 个县级政府）的 5%。最后，西南、华北、中南地区表现欠佳，为第三级。比如，西南地区有 11 个县级政府进入全国前 100 名，约占测度样本（390 个县级政府）的 3%；华北地区有 9 个，约占测度样本（289 个县级政府）的 3%；中南地区有 9 个县级政府进入全国前 100 名，约占测度样本（395 个县级政府）的 2%。

第二，我国各地县级政府进一步优化营商环境面临较大挑战。本书用于测度营商环境的数据源于县级政府应公布的最基本的信息，包括 2022 ~ 2023 年应公开的权责清单等数据，但是大多数县级政府都没有公开或者更新这些数据。

（五）2023年政务基本信息排名与分析

政务基本信息是政务公开的重要子因素，被赋予 0.80 的权重，包括领导信息公开等 8 个指标。由于政务基本信息排名并列的县级政府数量很多，在此仅公布 2023 年政务基本信息全国排名较靠前的 101 个县级政府的标准化值及排名，如表 5 – 11 所示。

表 5 – 11　2023 年政务基本信息全国排名较靠前的 101 个县级政府的标准化值及排名

县级政府	标准化值	地区排名	全国排名	县级政府	标准化值	地区排名	全国排名
华东地区							
霍山县	1.1106	1	1	莒县	0.9337	8	13
泾县	1.1106	1	1	平邑县	0.9337	8	13
宁国市	1.1106	1	1	青阳县	0.8821	10	16
广德市	0.9851	4	6	霍邱县	0.8730	11	17
绩溪县	0.9570	5	7	舒城县	0.8517	12	20
象山县	0.9357	6	10	金寨县	0.8517	12	20
漳浦县	0.9357	6	10	德化县	0.8517	12	20

续表

县级政府	标准化值	地区排名	全国排名	县级政府	标准化值	地区排名	全国排名
桐城市	0.8356	15	24	建瓯市	0.7285	36	64
歙县	0.8356	15	24	邹平市	0.7285	36	64
全椒县	0.8356	15	24	兴国县	0.7109	38	67
临泉县	0.8356	15	24	兴化市	0.7089	39	69
石台县	0.8356	15	24	利津县	0.7072	40	70
旌德县	0.8356	15	24	苍南县	0.6980	41	75
云霄县	0.8356	15	24	霞浦县	0.6876	42	76
灌云县	0.8104	22	33	蒙阴县	0.6839	43	77
武夷山市	0.7877	23	35	兰溪市	0.6820	44	78
东至县	0.7821	24	36	连江县	0.6784	45	81
平阴县	0.7821	24	36	禹城市	0.6767	46	83
宿松县	0.7768	26	38	开化县	0.6748	47	86
沂源县	0.7768	26	38	定远县	0.6748	47	86
滕州市	0.7768	26	38	溧阳市	0.6607	49	90
海安市	0.7729	29	43	太仓市	0.6607	49	90
怀宁县	0.7625	30	47	长丰县	0.6607	49	90
休宁县	0.7608	31	48	南陵县	0.6607	49	90
莒南县	0.7588	32	53	含山县	0.6607	49	90
来安县	0.7516	33	54	濉溪县	0.6607	49	90
太和县	0.7516	33	54	古田县	0.6607	49	90
嵊州市	0.7431	35	58	嘉祥县	0.6607	49	90
中南地区							
郧西县	0.9403	1	9	绥宁县	0.7431	5	58
神农架林区	0.9357	2	10	济源市	0.7058	6	72
长沙县	0.8449	3	23	恭城瑶族自治县	0.6804	7	80
赤壁市	0.7729	4	43	远安县	0.6643	8	89
西南地区							
苍溪县	1.0571	1	4	凤庆县	0.8356	4	24
旺苍县	1.0535	2	5	武定县	0.8356	5	24
剑阁县	0.9337	3	13	德昌县	0.7748	6	41

续表

县级政府	标准化值	地区排名	全国排名	县级政府	标准化值	地区排名	全国排名
开阳县	0.7516	7	54	酉阳土家族苗族自治县	0.7072	13	70
道真仡佬族苗族自治县	0.7516	7	54	巫山县	0.7000	14	74
峨山彝族自治县	0.7421	9	60	屏边苗族自治县	0.6820	15	78
禄丰市	0.7421	9	60	绥阳县	0.6784	16	81
中江县	0.7359	11	62	贵定县	0.6767	17	83
兴仁市	0.7249	12	66	大姚县	0.6748	18	86
西北地区							
富蕴县	0.7981	1	34	山丹县	0.7353	4	63
扶风县	0.7729	2	43	石泉县	0.7106	5	68
子长市	0.7729	2	43				
华北地区							
乌兰浩特市	0.9517	1	8	苏尼特右旗	0.7608	8	48
苏尼特左旗	0.8608	2	18	多伦县	0.6767	9	83
正蓝旗	0.8608	3	18	土默特右旗	0.6607	10	90
化德县	0.7745	4	42	二连浩特市	0.6607	10	90
固阳县	0.7608	5	48	东乌珠穆沁旗	0.6607	10	90
陈巴尔虎旗	0.7608	5	48	正镶白旗	0.6607	10	90
扎赉特旗	0.7608	5	48				
东北地区							
绥滨县	0.7053	1	73				

政务基本信息是政务公开的重要内容，是测度县级政府效率的主要指标，是县级政府应该公布的最简单、最基本的信息，其数据来自各县级政府网站公布的基本信息。分析表5－11，可得出以下两个结论。

第一，不同地区县级政府政务基本信息公开情况存在差距。其中，华东地区县级政府政务基本信息表现最优，该地区有56个县级政府进入表5－11，约占该地区测度样本数量（356个县级政府）的16%。西南和华北地区次之，西南地区有18个县级政府进入表5－11，约占测度样本

（390 个县级政府）的 5%；华北地区有 13 个县级政府进入表 5－11，约占测度样本（289 个县级政府）的 4%。中南、西北、东北地区表现欠佳，中南地区有 8 个县级政府进入表 5－11，约占测度样本（395 个县级政府）的 2%；西北地区有 5 个，约占测度样本（289 个县级政府）的 2%；东北地区也有 1 个，约占测度样本（147 个县级政府）的 0.7%。这反映了我国县级政府普遍重视政务基本信息公开工作的情况，但也表明各地推进政务基本信息公开程度不同。

第二，总体上看，我国县级政府政务基本信息测度结果较好，但这样的结果也揭示了县级政府在基本政务信息方面所存在的弊端。因为本书有关政务基本信息的数据都来自 2022 年底或者 2023 年初在各县召开地方两会时由县级政府主要负责人、县财政局局长和发改委主任等在县两会上向两会代表及委员所做的报告或者通报的数据，都是最简单的信息，从理论上应该 100% 及时在县级政府网站公开。但是实际远非如此，真正做到及时公开政务基本信息、实现政务工作透明的县级政府数量不多。可见，我国县级政府落实中央有关全面实行政务公开的要求的举措急需加强。

（六）2023年政务时效排名与分析

政务时效也是政务公开的重要子因素，被赋予 0.20 的权重，下设政府办公室主动信息公开时效等 6 个指标。2023 年县级政府政务时效全国前 100 名的标准化值及排名见表 5－12。

表 5－12　2023 年县级政府政务时效全国前 100 名的标准化值及排名

县级政府	标准化值	地区排名	全国排名	县级政府	标准化值	地区排名	全国排名
华东地区							
贵溪市	1.3834	1	6	灵璧县	1.2293	4	11
博兴县	1.3752	2	7	广昌县	1.1938	5	15
瑞金市	1.3481	3	9	石城县	1.1902	6	17

续表

县级政府	标准化值	地区排名	全国排名	县级政府	标准化值	地区排名	全国排名
江阴市	1.1685	7	19	德兴市	0.9527	24	56
灌南县	1.1190	8	20	宿松县	0.9515	25	57
新干县	1.0932	9	21	平和县	0.9494	26	58
开化县	1.0207	10	30	将乐县	0.9389	27	61
定南县	1.0199	11	31	德化县	0.9361	28	62
铜鼓县	1.0136	12	32	五莲县	0.9222	29	64
全南县	1.0135	13	33	泗洪县	0.9158	30	67
三门县	1.0077	14	36	宁国市	0.9132	31	69
天台县	1.0023	15	38	金溪县	0.9026	32	74
长汀县	0.9941	16	41	寻乌县	0.8991	33	77
宜黄县	0.9941	17	41	莱阳市	0.8957	34	79
桐城市	0.9913	18	44	吉安县	0.8819	35	82
来安县	0.9905	19	45	砀山县	0.8734	36	84
颍上县	0.9878	20	46	吉水县	0.8684	37	87
高安市	0.9842	21	49	明溪县	0.8643	38	88
张家港市	0.9662	22	51	石狮市	0.8489	39	90
平原县	0.9641	23	52	晋江市	0.8461	40	92
中南地区							
环江毛南族自治县	1.4294	1	5	茶陵县	0.9082	11	73
田东县	1.2034	2	13	监利市	0.9006	12	76
天等县	1.0605	3	25	东兴市	0.8988	13	78
广水市	1.0081	4	35	五峰土家族自治县	0.8743	14	83
天门市	1.0025	5	37	巩义市	0.8699	15	85
阳西县	0.9997	6	39	洪湖市	0.8454	16	93
阳春市	0.9951	7	40	兴宁市	0.8426	17	95
京山市	0.9921	8	43	宜章县	0.8425	18	96
横州市	0.9592	9	54	固始县	0.8392	19	99
惠来县	0.9097	10	71				

续表

县级政府	标准化值	地区排名	全国排名	县级政府	标准化值	地区排名	全国排名
西南地区							
富宁县	1.6373	1	2	罗甸县	0.9305	11	63
三都水族自治县	1.4883	2	3	筠连县	0.9097	12	71
从江县	1.3619	3	8	屏山县	0.8894	13	80
贵定县	1.2808	4	10	锦屏县	0.8688	14	86
安龙县	1.0901	5	22	忠县	0.8499	15	89
石林彝族自治县	1.0856	6	23	布拖县	0.8454	16	93
垫江县	0.9871	7	48	都匀市	0.8405	17	97
叙永县	0.9807	8	50	武定县	0.8398	18	98
织金县	0.9558	9	55	南部县	0.8381	19	100
雷山县	0.9465	10	60				
西北地区							
库车市	1.6675	1	1	山丹县	0.9636	6	53
麟游县	1.1860	2	18	富平县	0.9473	7	59
永登县	1.0816	3	24	扶风县	0.9099	8	70
定边县	1.0328	4	28	蓝田县	0.8876	9	81
巩留县	0.9871	5	47	民勤县	0.8470	10	91
华北地区							
滦州市	1.1980	1	14	阿拉善左旗	1.0100	4	34
滦南县	1.0346	2	26	沁县	0.9194	5	65
临城县	1.0233	3	29	馆陶县	0.9013	6	75
东北地区							
东港市	1.4831	1	4	勃利县	1.0331	4	27
汤旺县	1.2145	2	12	阜新蒙古族自治县	0.9183	5	66
磐石市	1.1936	3	16	肇源县	0.9158	6	67

政务时效是指县级政府网上回应公众咨询及为居民办事的时效，能反映居民或企业所享受的政府服务的质量，直接体现县级政府办事效率。分析表5-12，可得出以下两个结论。

第一，我国县级政府政务时效排名呈现三级分布态势。其中，华东地区县级政府政务时效表现最佳，为最优级。比如，华东地区有40个县级政府进入全国前100名，约占该地区测度样本数量（356个县级政府）的11%，位居六大地区之首。同时，中南、西南、东北表现较好，为次优级。比如，中南地区有19个县级政府进入全国前100名，约占该地区测度样本（395个县级政府）的5%；西南地区有19个县级政府进入全国前100名，约占该地区测度样本（390个县级政府）的5%；东北地区有6个县级政府进入全国前100名，约占该地区测度样本（147个县级政府）的4%。此外，西北、华北地区表现一般，为欠佳级。比如，西北地区有10个县级政府进入全国前100名，约占该地区测度样本（289个县级政府）的3%；华北地区有6个县级政府进入全国前100名，约占该地区测度样本（289个县级政府）的2%。

第二，县级政府政务时效不高。从样本测度结果看，我国县级政府在提高政务时效方面仍不够积极主动，部分县级政府信息公开不及时，甚至不公开，严重影响县级政府效率提升。

（七）2023年乡村振兴服务排名与分析

乡村振兴服务是乡村振兴效率的重要子因素之一，被赋予0.25的权重，包括乡村振兴政策等4个指标。2023年县级政府乡村振兴服务全国前100名的标准化值及排名见表5－13。

表5－13　2023年县级政府乡村振兴服务全国前100名的标准化值及排名

县级政府	标准化值	地区排名	全国排名	县级政府	标准化值	地区排名	全国排名
华东地区							
荣成市	1.6083	1	11	冠县	1.1592	5	54
泾县	1.3105	2	32	永泰县	1.0949	6	69
当涂县	1.2315	3	39	霍邱县	1.0533	7	87
仙游县	1.1626	4	52	高唐县	1.0134	8	96

续表

县级政府	标准化值	地区排名	全国排名	县级政府	标准化值	地区排名	全国排名
中南地区							
田林县	1.9961	1	3	资源县	1.1973	16	45
昭平县	1.6957	2	5	遂溪县	1.1914	17	46
浏阳市	1.4926	3	15	钟山县	1.1628	18	51
南雄市	1.4839	4	16	麻阳苗族自治县	1.1424	19	59
大新县	1.4813	5	17	汝阳县	1.1402	20	60
赤壁市	1.4362	6	21	新丰县	1.1348	21	63
昌江黎族自治县	1.4339	7	22	南召县	1.1130	22	66
融水苗族自治县	1.3996	8	23	环江毛南族自治县	1.0905	23	70
竹溪县	1.3172	9	30	沙洋县	1.0814	24	75
富川瑶族自治县	1.3112	10	31	滑县	1.0792	25	76
凤山县	1.2739	11	36	灌阳县	1.0709	26	78
凭祥市	1.2558	12	37	东兰县	1.0566	27	86
祁阳市	1.2238	13	40	临高县	1.0492	28	90
兴业县	1.2131	14	41	永兴县	1.0310	29	93
宁明县	1.2102	15	42	融安县	0.9966	30	100
西南地区							
岗巴县	3.2275	1	1	剑阁县	1.4519	11	19
仁布县	2.1259	2	2	勐海县	1.3902	12	24
仪陇县	1.6701	3	6	会理市	1.3505	13	26
平武县	1.6621	4	7	青川县	1.3380	14	28
普兰县	1.6587	5	8	巫溪县	1.3254	15	29
三台县	1.6402	6	9	墨江哈尼族自治县	1.3084	16	33
萨迦县	1.6274	7	10	江城哈尼族彝族自治县	1.3025	17	34
金平苗族瑶族傣族自治县	1.5923	8	12	大方县	1.2557	18	38
永仁县	1.5095	9	14	仁寿县	1.1701	19	50
南华县	1.4663	10	18	丹寨县	1.1623	20	53

续表

县级政府	标准化值	地区排名	全国排名	县级政府	标准化值	地区排名	全国排名
芒市	1.1563	21	55	南涧彝族自治县	1.0697	32	79
崇州市	1.1515	22	56	得荣县	1.0677	33	80
永平县	1.1480	23	58	永德县	1.0662	34	81
福泉市	1.1401	24	61	隆昌市	1.0634	35	83
永善县	1.1352	25	62	兴仁市	1.0388	36	91
务川仡佬族苗族自治县	1.1070	26	67	长宁县	1.0324	37	92
兰坪白族普米族自治县	1.1008	27	68	威宁彝族回族苗族自治县	1.0296	38	94
鹤庆县	1.0866	28	72	雷波县	1.0156	39	95
武定县	1.0834	29	73	武胜县	1.0092	40	98
师宗县	1.0826	30	74	通江县	1.0052	41	99
会泽县	1.0752	31	77				
西北地区							
静宁县	1.9218	1	4	张家川回族自治县	1.1328	7	64
庄浪县	1.5536	2	13	白水县	1.1155	8	65
宜君县	1.3522	3	25	西乡县	1.0867	9	71
佳县	1.2746	4	35	环县	1.0647	10	82
渭源县	1.1997	5	44	永寿县	1.0519	11	88
西和县	1.1494	6	57				
华北地区							
兴和县	1.1854	1	47	化德县	1.0513	3	89
阿荣旗	1.1761	2	49	临县	1.0129	4	97
东北地区							
孙吴县	1.4464	1	20	拜泉县	1.1828	4	48
永吉县	1.3397	2	27	甘南县	1.0602	5	84
饶河县	1.2045	3	43	大安市	1.0567	6	85

乡村振兴服务是县级政府落实乡村振兴战略的重要内容，直接关系到乡村人民的生活质量及当地经济发展水平。由表 5 – 13 可知，我国县级政府乡村振兴服务全国前 100 名具有两个特点。

第一，县级政府乡村振兴服务水平区域分布呈现高低两级态势。一方面，西南和中南地区县级政府乡村振兴服务最优，为一级。比如，乡村振兴服务排名全国前 100 的县级政府中，西南地区有 41 个，约占该地区测度样本（390 个县级政府）的 11%；中南地区有 30 个，约占该地区测度样本（395 个县级政府）的 8%。另一方面，西北、东北、华东、华北地区乡村振兴服务欠佳，为二级。比如，西北地区有 11 个排名全国前 100 的县级政府，约占该地区测度样本（289 个县级政府）的 4%；东北地区有 6 个，约占该地区测度样本（147 个县级政府）的 4%；华东地区有 8 个，约占该地区测度样本（356 个县级政府）的 2%；华北地区有 4 个，约占该地区测度样本（289 个县级政府）的 1%。

第二，我国大部分县级政府乡村振兴服务表现不够理想。本书用于测度乡村振兴服务的数据源于县级政府公布的基本信息，其中包括 2023 年县级政府《政府工作报告》中有关乡村振兴的关键词的数量、县级政府官网中有关乡村振兴战略实施的新闻的总数以及县级政府《政府工作报告》中关于落实耕地保护的关键词的词频。但是大部分县级政府可能还没有发布或者没有及时更新相关新闻，导致乡村振兴服务测度结果不佳。这一测度结果也说明了县级政府对乡村振兴服务的重视程度不够。

（八）2023年乡村产业排名与分析

乡村产业是乡村振兴效率的重要子因素之一，被赋予 0.50 的权重，包括粮食种植面积占比等 5 个指标。2023 年县级政府乡村产业全国前 100 名的标准化值及排名见表 5 – 14。

表 5-14　2023 年县级政府乡村产业全国前 100 名的标准化值及排名

县级政府	标准化值	地区排名	全国排名	县级政府	标准化值	地区排名	全国排名
华东地区							
颍上县	2.0788	1	9	单县	0.9199	17	53
武城县	1.5917	2	10	曹县	0.8376	18	63
濉溪县	1.3338	3	15	鄄城县	0.8375	19	64
涡阳县	1.3081	4	17	定远县	0.8297	20	65
商河县	1.1901	5	21	太和县	0.7981	21	74
利辛县	1.1427	6	24	莘县	0.7945	22	75
蒙城县	1.1104	7	29	天长市	0.7807	23	79
临清市	1.0697	8	35	余干县	0.7577	24	83
五河县	1.0321	9	37	鄱阳县	0.7525	25	86
金乡县	1.0268	10	38	巨野县	0.7487	26	87
灵璧县	0.9915	11	42	汶上县	0.7256	27	94
泗县	0.9889	12	43	东阿县	0.7249	28	95
东明县	0.9817	13	45	怀远县	0.7124	29	97
平原县	0.9782	14	46	齐河县	0.7069	30	99
临泉县	0.9575	15	49	邹平市	0.7034	31	100
兰陵县	0.9533	16	50				
中南地区							
昌江黎族自治县	7.8145	1	1	翁源县	0.9739	14	48
温县	6.7570	2	2	沙洋县	0.9170	15	54
孟州市	4.0727	3	4	唐河县	0.9012	16	56
沁阳市	3.5819	4	6	监利市	0.8595	17	59
博爱县	3.3946	5	7	睢县	0.8569	18	61
灵山县	2.1256	6	8	虞城县	0.8398	19	62
天门市	1.1957	7	19	公安县	0.8290	20	66
新乡县	1.1181	8	28	固始县	0.8243	21	68
江陵县	1.1061	9	30	柘城县	0.8109	22	71
永城市	1.1060	10	31	松滋市	0.7923	23	76
叶县	1.0995	11	34	光山县	0.7864	24	77
武陟县	0.9858	12	44	滑县	0.7848	25	78
当阳市	0.9779	13	47	钟祥市	0.7573	26	84

续表

县级政府	标准化值	地区排名	全国排名	县级政府	标准化值	地区排名	全国排名
西南地区							
耿马傣族佤族自治县	3.6765	1	5	宣威市	0.9935	6	41
简阳市	1.5468	2	11	南华县	0.8048	7	72
什邡市	1.1912	3	20	中江县	0.7577	8	82
金沙县	1.1055	4	32	禄劝彝族苗族自治县	0.7357	9	90
蒙自市	1.0106	5	39				
西北地区							
伊宁县	1.3175	1	16	古浪县	0.7997	6	73
奇台县	1.2227	2	18	沙雅县	0.7385	7	89
甘谷县	1.1835	3	22	胡杨河市	0.7325	8	92
石河子市	1.1234	4	27	可克达拉市	0.7305	9	93
若羌县	1.1000	5	33	阿拉尔市	0.7119	10	98
华北地区							
科尔沁右翼中旗	1.3963	1	13	突泉县	0.9110	6	55
扎赉特旗	1.1257	2	26	阜城县	0.8794	7	57
深泽县	1.0322	3	36	阿荣旗	0.7652	8	81
托克托县	1.0102	4	40	枣强县	0.7187	9	96
唐县	0.9525	5	51				
东北地区							
长岭县	5.6215	1	3	双辽市	0.8274	9	67
法库县	1.4311	2	12	敦化市	0.8222	10	69
依安县	1.3615	3	14	磐石市	0.8159	11	70
阜新蒙古族自治县	1.1584	4	23	绥棱县	0.7795	12	80
榆树市	1.1277	5	25	北安市	0.7534	13	85
明水县	0.9329	6	52	洮南市	0.7463	14	88
巴彦县	0.8622	7	58	公主岭市	0.7337	15	91
梨树县	0.8595	8	60				

乡村产业作为乡村振兴的最重要推动力，在很大程度上反映了县级政府乡村振兴效果，是体现县级政府效率的重要指标。由表 5－14 可知，我

国县级政府乡村产业全国前 100 名的区域分布具有两个特征。

第一，从全国排名前 100 的县级政府的区域分布来看，华东、中南地区县级政府表现最优，东北地区次优，西南、西北、华北地区表现不佳。比如，全国排名前 100 的县级政府中，华东地区有 31 个，中南地区有 26 个，其数量多于其他地区。同时，东北地区有 15 个，西南地区有 9 个，西北地区有 10 个，华北地区有 9 个。

第二，从全国排名前 30 的县级政府在各区域所占比例看，我国县级政府乡村产业发展又相对均衡。一是我国华东、中南、东北发展水平接近。例如，乡村产业排名全国前 30 的县级政府中，华东地区有 7 个，约占该地区样本总数（356 个县级政府）的 2%；中南地区有 9 个，约占该地区样本总数（395 个县级政府）的 2%；东北地区有 5 个，约占该地区样本总数（147 个县级政府）的 3%。二是西南、西北、华北发展水平接近。比如，乡村产业排名全国前 30 的县级政府中，西南地区有 3 个，约占该地区样本总数（390 个县级政府）的 0.8%；西北地区有 4 个，约占该地区样本总数（289 个县级政府）的 1%；华北地区有 2 个，约占该地区样本总数（289 个县级政府）的 0.7%。

（九）2023年村治水平排名与分析

村治水平是乡村振兴效率的重要子因素之一，被赋予 0.25 的权重，包括村民自治公开等 3 个指标。2023 年县级政府村治水平全国前 100 名的标准化值及排名见表 5－15。

表 5－15　2023 年县级政府村治水平全国前 100 名的标准化值及排名

县级政府	标准化值	地区排名	全国排名	县级政府	标准化值	地区排名	全国排名
华东地区							
嵊泗县	9.7070	1	1	大余县	1.4879	5	11
凤台县	1.6321	2	8	庆元县	1.4404	6	13
和县	1.6173	3	9	东山县	1.4207	7	14
含山县	1.4899	4	10	海安市	1.4143	8	15

续表

县级政府	标准化值	地区排名	全国排名
太湖县	1.4031	9	17
固镇县	1.4000	10	18
五河县	1.3942	11	20
上犹县	1.3941	12	21
潜山市	1.3848	13	22
岳西县	1.3812	14	23
光泽县	1.3712	15	25
当涂县	1.3668	16	26
新沂市	1.3610	17	27
崇义县	1.3550	18	28
灌云县	1.3548	19	29
如皋市	1.3531	20	30
武夷山市	1.3506	21	32
兰溪市	1.3483	22	33
肥东县	1.3482	23	34
沛县	1.3475	24	35
松溪县	1.3442	25	36
南陵县	1.3434	26	37
濉溪县	1.3431	27	39
松阳县	1.3400	28	40
无为市	1.3393	29	41
武义县	1.3384	30	42
怀宁县	1.3344	31	43
永新县	1.3323	32	44
宁都县	1.3304	33	45
瑞金市	1.3290	34	46
宜兴市	1.3270	35	47
平湖市	1.3251	36	48
肥西县	1.3213	37	49
寿县	1.3206	38	50
金寨县	1.3168	39	51
建瓯市	1.3158	40	52
东阳市	1.3141	41	53
睢宁县	1.3117	42	54
宁海县	1.3064	43	55
顺昌县	1.3044	44	56
浦江县	1.2902	45	57
定南县	1.2803	46	59
怀远县	1.2800	47	60
宿松县	1.2800	48	60
绩溪县	1.2723	49	63
灌南县	1.2677	50	64
石城县	1.2603	51	65
南城县	1.2516	52	66
天台县	1.2390	53	68
仙居县	1.1906	54	73
黟县	1.1824	55	75
温岭市	1.1742	56	76
明溪县	1.1668	57	79
崇仁县	1.1569	58	80
如东县	1.1422	59	82
龙南市	1.1366	60	84
庐江县	1.1184	61	88
靖江市	1.1170	62	89
政和县	1.1157	63	90
邳州市	1.1123	64	91
临海市	1.1118	65	92
缙云县	1.1108	66	93
邵武市	1.1076	67	94
景宁畲族自治县	1.1066	68	95
柘荣县	1.1056	69	96
青田县	1.1007	70	97
于都县	1.0957	71	98
泰兴市	1.0945	72	99

续表

县级政府	标准化值	地区排名	全国排名	县级政府	标准化值	地区排名	全国排名
中南地区							
南澳县	7.0699	1	2	枝江市	1.1668	5	78
连南瑶族自治县	1.7504	2	6	随县	1.1561	6	81
兴山县	1.3431	3	38	连山壮族瑶族自治县	1.1417	7	83
韶山市	1.2800	4	60				
西南地区							
剑阁县	1.3997	1	19	玉屏侗族自治县	1.2001	6	72
台江县	1.3727	2	24	青川县	1.1271	7	86
旺苍县	1.3523	3	31	昌宁县	1.1259	8	87
丹寨县	1.2836	4	58	紫云苗族布依族自治县	1.0938	9	100
三穗县	1.2008	5	71				
西北地区							
长武县	2.0924	1	4	眉县	1.2457	6	67
吴堡县	1.9424	2	5	凤县	1.2354	7	69
三原县	1.6412	3	7	潼关县	1.2181	8	70
留坝县	1.4673	4	12	千阳县	1.1864	9	74
扶风县	1.4105	5	16	临泽县	1.1717	10	77
华北地区							
陵川县	1.1330	1	85				
东北地区							
长海县	3.9195	1	3				

村治水平是“乡村治理水平”的简称，是指县级政府为促进乡村振兴所颁布的各项政策、建立的治理机制的成效，能够衡量县级政府在乡村治理方面的成果，直接体现县级政府效率。分析表5－15，可知我国县级政府村治水平排名具有三级分布特征。

第一，华东地区县级政府村治水平最佳，为最优级。华东地区有72个县级政府进入全国前100名，约占该地区测度样本（356个县级政府）的

20%，在六大地区中位居第 1。

第二，西北、中南、西南地区较好，为次优级。比如，西北地区有 10 个县级政府进入全国前 100 名，约占该地区测度样本（289 个县级政府）的 3%；中南地区有 7 个县级政府进入全国前 100 名，约占该地区测度样本（395 个县级政府）的 2%；西南地区有 9 个县级政府进入全国前 100 名，约占该地区测度样本（390 个县级政府）的 2%。

第三，华北和东北地区一般，为欠佳级。其中，华北地区有 1 个县级政府进入全国前 100 名，约占该地区测度样本（289 个县级政府）的 0.3%；东北地区有 1 个县级政府进入全国前 100 名，约占该地区测度样本（147 个县级政府）的 0.7%。

可见，我国县级政府村治水平不平衡问题比较突出，但这也表明我国县级政府村治水平存在很大提升空间。

第六章
2023年中国地方政府效率“百高区”

“区”是我国直辖市或者地级市下属的行政区划，相当于县级行政区。其显著的特点在于其是城市主体（市区）的核心组成部分和区域发展的中心，居民以城镇人口为主，城市化水平一般较高，人口密度大，流动人口相对集中；经济相对发达，并且第三产业占比一般较高；社会、文化、金融、贸易等的发展相对比较繁荣。区政府职能在于执行国民经济和社会发展规划、预算，管理本行政区域内的经济、教育、科学、文化、卫生、体育、城乡建设等事业和生态环境与资源保护、财政、民政、公安、民族事务、司法行政、监察、计划生育等行政工作。

因此，区政府效率是我国地方政府效率的重要部分。本书将我国977个区政府作为政府效率研究样本，它们来自我国六大地区。其中，华东地区有269个区政府，中南地区有245个区政府，西南地区有122个区政府，西北地区有77个区政府，华北地区有130个区政府，东北地区有134个区政府。2023年区政府效率测度指标体系及权重、指标数据来源及处理说明、测度样本参见附录1.4、附录2.4、附录3.4。

本章公布政府效率测度结果排名全国前100的区政府（简称中国地方政府效率“百高区”），按照华东、中南、西南、西北、华北、东北等六个区域予以分析。

一 效率“百高区”测度排名与分析

根据前文有关中国地方政府效率的测度思路及方法，本节分析 2023 年中国地方政府效率排名前 100 的区政府。2023 年中国地方政府效率“百高区”的标准化值及排名见表 6－1。

表 6－1 2023 年中国地方政府效率“百高区”的标准化值及排名

城市	区政府	标准化值	地区排名	全国排名	城市	区政府	标准化值	地区排名	全国排名
华东地区									
上海市	黄浦区	2.0909	1	1	宁波市	江北区	0.3588	23	40
上海市	静安区	0.9007	2	4	杭州市	拱墅区	0.3566	24	41
上海市	虹口区	0.8445	3	7	日照市	东港区	0.3564	25	42
上海市	浦东新区	0.7873	4	8	杭州市	萧山区	0.3538	26	43
上海市	长宁区	0.7320	5	10	温州市	龙湾区	0.3522	27	44
上海市	徐汇区	0.7095	6	11	绍兴市	越城区	0.3426	28	47
绍兴市	柯桥区	0.5926	7	13	台州市	黄岩区	0.3390	29	48
宁波市	鄞州区	0.4923	8	17	杭州市	余杭区	0.3389	30	49
杭州市	滨江区	0.4884	9	18	南京市	鼓楼区	0.3316	31	50
青岛市	市南区	0.4823	10	19	台州市	路桥区	0.3311	32	51
福州市	长乐区	0.4755	11	20	厦门市	思明区	0.3193	33	52
南京市	秦淮区	0.4400	12	24	芜湖市	镜湖区	0.3078	34	57
宁波市	海曙区	0.4390	13	25	济南市	章丘区	0.3070	35	58
杭州市	上城区	0.4350	14	26	青岛市	黄岛区	0.3018	36	60
上海市	杨浦区	0.3971	15	28	福州市	鼓楼区	0.2963	37	62
温州市	鹿城区	0.3917	16	29	南京市	江宁区	0.2883	38	63
赣州市	章贡区	0.3904	17	30	杭州市	钱塘区	0.2851	39	64
厦门市	同安区	0.3880	18	31	上海市	普陀区	0.2790	40	66
铜陵市	义安区	0.3835	19	32	泉州市	丰泽区	0.2786	41	67
苏州市	吴江区	0.3831	20	33	南昌市	西湖区	0.2744	42	69
杭州市	西湖区	0.3644	21	38	济南市	市中区	0.2708	43	73
苏州市	虎丘区	0.3608	22	39	杭州市	富阳区	0.2704	44	74

续表

城市	区政府	标准化值	地区排名	全国排名	城市	区政府	标准化值	地区排名	全国排名
盐城市	大丰区	0.2697	45	75	湖州市	吴兴区	0.2431	51	90
丽水市	莲都区	0.2695	46	76	泉州市	鲤城区	0.2428	52	91
南通市	海门区	0.2660	47	79	吉安市	吉州区	0.2372	53	93
福州市	马尾区	0.2578	48	81	杭州市	临平区	0.2354	54	96
南昌市	青山湖区	0.2539	49	82	无锡市	惠山区	0.2329	55	99
杭州市	临安区	0.2451	50	88	绍兴市	上虞区	0.2325	56	100
中南地区									
深圳市	宝安区	0.8762	1	6	深圳市	罗湖区	0.3106	12	56
深圳市	龙岗区	0.6000	2	12	武汉市	江汉区	0.3059	13	59
长沙市	岳麓区	0.5452	3	15	广州市	番禺区	0.2737	14	70
广州市	越秀区	0.4739	4	21	深圳市	福田区	0.2735	15	71
平顶山市	新华区	0.4503	5	23	广州市	天河区	0.2722	16	72
武汉市	武昌区	0.4142	6	27	广州市	黄埔区	0.2691	17	77
深圳市	南山区	0.3670	7	35	佛山市	顺德区	0.2483	18	84
深圳市	盐田区	0.3665	8	36	洛阳市	偃师区	0.2452	19	87
武汉市	硚口区	0.3645	9	37	岳阳市	岳阳楼区	0.2366	20	95
广州市	白云区	0.3430	10	46	广州市	荔湾区	0.2331	21	98
鹤壁市	鹤山区	0.3132	11	54					
西南地区									
重庆市	渝中区	0.5514	1	14	成都市	锦江区	0.2762	6	68
重庆市	九龙坡区	0.5210	2	16	攀枝花市	东区	0.2676	7	78
重庆市	万州区	0.4574	3	22	昆明市	盘龙区	0.2463	8	86
昆明市	五华区	0.2974	4	61	贵阳市	观山湖区	0.2385	9	92
昆明市	西山区	0.2827	5	65	广元市	昭化区	0.2346	10	97
西北地区									
西安市	新城区	0.2464	1	85					
华北地区									
天津市	和平区	1.2692	1	2	北京市	海淀区	0.3744	4	34
北京市	东城区	0.8906	2	5	北京市	朝阳区	0.3144	5	53
北京市	西城区	0.7822	3	9	天津市	南开区	0.3115	6	55

续表

城市	区政府	标准化值	地区排名	全国排名	城市	区政府	标准化值	地区排名	全国排名
通辽市	科尔沁区	0.2490	7	83	鄂尔多斯市	康巴什区	0.2445	8	89
东北地区									
鹤岗市	向阳区	1.1661	1	3	大连市	中山区	0.2611	3	80
鹤岗市	兴山区	0.3469	2	45	七台河市	新兴区	0.2368	4	94

通过表6－1的数据，可以看出我国地方政府效率“百高区”分布具有以下四个特征。

第一，我国六大地区之间区政府效率的总体差异比较明显。一是从区政府效率全国前30名的区域分布看，区域差距比较大。华东的区政府效率优势特别突出，有17个区政府进入全国前30名，其中，上海市就有黄浦区等7个区政府；中南地区有深圳市宝安区、长沙市岳麓区等6个区政府；西南地区有重庆市渝中区等3个区政府；华北地区有天津市和平区、北京市东城区等3个区政府；东北地区只有鹤岗市向阳区1个区政府；而西北地区没有区政府进入全国前30名。二是从入选政府效率“百高区”的区政府数量及占比看，我国区域之间的区政府效率差距也较明显。比如，在政府效率全国排名前100的区政府中，华东地区有56个，占华东地区测度样本（269个区政府）的21%；中南地区有21个，占中南地区测度样本（245个区政府）的9%；西南地区有10个，占西南地区测度样本（122个区政府）的8%；华北地区有8个，占华北地区测度样本（130个区政府）的6%；东北地区有4个，占东北地区测度样本（134个区政府）的3%；西北地区有1个，占西北地区测度样本（77个区政府）的1%。

第二，同一区域内不同区政府之间的政府效率差异也十分突出。比如，在华北地区，排在全国第2名的天津市和平区与排在全国第89名的鄂尔多斯市康巴什区差距十分明显，二者排名相差87位。又如，华东地区排在全国第 1 名的上海市黄浦区与排在全国第 100 名的绍兴市上虞区排名相差 99 位。另外，中南地区的深圳市宝安区（全国排名第 6）与广州市荔湾区（全国排名第 98）、西南地区的重庆市渝中区（全国排名第 14）与广元市昭化区（全国排名第 97）、东北地区的鹤岗市向阳区（全国排名第 3）与七台河市新兴区（全国排名第 94）之间的政府效率差距也特别明显。

第三，西北地区的区政府效率整体欠佳。该地区只有西安市的新城区（全国排名第 85）进入全国前 100 位。因此，当地各区政府效率亟待提高。

第四，区政府效率水平与经济社会发展质量之间存在一定的正相关关系。比如，从政府效率“百高区”的分布看，经济社会发展质量较高的上海市浦东新区等地区，区政府效率排名也比较靠前；区政府效率较高的深圳市宝安区等地区，经济社会发展质量也比较高。

二　效率“百高区”测度因素排名与分析

（一）2023 年政府公共服务排名与分析

1. 区政府公共服务简介

政府公共服务是测度区政府效率的重要因素（一级指标），反映了区政府提供基本公共服务的数量和质量，表征了区政府的效益，被赋予了 0.60 的权重，包括科教文卫服务等 6 个子因素（二级指标），以及科技支出占地方一般公共预算支出比例等 37 个三级指标。区政府公共服务测度指标体系及权重、指标数据来源及处理说明详见附录 1.4、附录 2.4。

2. 区政府公共服务全国前100名分析

2023 年区政府公共服务全国前 100 名的标准化值及排名见表 6 -2。

表6－2　2023年区政府公共服务全国前100名的标准化值及排名

城市	区政府	标准化值	地区排名	全国排名	城市	区政府	标准化值	地区排名	全国排名
华东地区									
上海市	黄浦区	0.8241	1	3	赣州市	南康区	0.3281	24	62
上海市	浦东新区	0.7338	2	5	南昌市	青山湖区	0.3259	25	65
福州市	长乐区	0.6827	3	8	龙岩市	新罗区	0.3248	26	67
绍兴市	柯桥区	0.6769	4	9	宜春市	袁州区	0.3239	27	68
厦门市	同安区	0.6291	5	11	福州市	台江区	0.3203	28	69
上海市	徐汇区	0.6103	6	12	宁波市	鄞州区	0.3203	29	70
上海市	静安区	0.5842	7	13	南京市	秦淮区	0.3181	30	71
赣州市	章贡区	0.5223	8	17	杭州市	萧山区	0.3155	31	73
铜陵市	义安区	0.5011	9	19	上饶市	广丰区	0.3130	32	74
青岛市	市南区	0.4859	10	20	九江市	濂溪区	0.3102	33	76
日照市	东港区	0.4313	11	26	苏州市	虎丘区	0.3080	34	78
宁波市	海曙区	0.4292	12	27	台州市	黄岩区	0.3053	35	81
青岛市	黄岛区	0.4230	13	29	杭州市	富阳区	0.3051	36	82
上饶市	信州区	0.4120	14	32	盐城市	大丰区	0.3049	37	83
上海市	长宁区	0.4065	15	35	绍兴市	越城区	0.3027	38	84
杭州市	上城区	0.3906	16	40	泉州市	丰泽区	0.2928	39	89
吉安市	吉州区	0.3852	17	41	九江市	浔阳区	0.2905	40	90
济南市	章丘区	0.3686	18	44	吉安市	青原区	0.2894	41	92
杭州市	西湖区	0.3453	19	51	上海市	虹口区	0.2891	42	93
泉州市	洛江区	0.3356	20	57	丽水市	莲都区	0.2827	43	96
福州市	鼓楼区	0.3347	21	58	温州市	龙湾区	0.2798	44	98
厦门市	思明区	0.3339	22	59	福州市	马尾区	0.2778	45	100
台州市	路桥区	0.3320	23	60					
中南地区									
深圳市	宝安区	0.9511	1	1	武汉市	武昌区	0.5452	5	15
平顶山市	新华区	0.8441	2	2	鹤壁市	鹤山区	0.5213	6	18
长沙市	岳麓区	0.6963	3	7	鹤壁市	山城区	0.4431	7	22
深圳市	龙岗区	0.6346	4	10	武汉市	硚口区	0.4239	8	28

续表

城市	区政府	标准化值	地区排名	全国排名	城市	区政府	标准化值	地区排名	全国排名
广州市	白云区	0.4080	9	34	岳阳市	岳阳楼区	0.3278	17	64
许昌市	建安区	0.4003	10	36	深圳市	盐田区	0.3072	18	79
广州市	越秀区	0.3964	11	38	广州市	天河区	0.3001	19	86
洛阳市	偃师区	0.3589	12	46	宜昌市	伍家岗区	0.2945	20	88
南宁市	良庆区	0.3564	13	47	永州市	冷水滩区	0.2899	21	91
河池市	宜州区	0.3480	14	49	郑州市	金水区	0.2860	22	95
贺州市	八步区	0.3475	15	50	南宁市	西乡塘区	0.2786	23	99
深圳市	南山区	0.3317	16	61					
西南地区									
重庆市	九龙坡区	0.7674	1	4	贵阳市	南明区	0.3658	8	45
重庆市	万州区	0.7231	2	6	成都市	成华区	0.3537	9	48
攀枝花市	东区	0.5283	3	16	绵阳市	游仙区	0.3408	10	53
普洱市	思茅区	0.3976	4	37	丽江市	古城区	0.3378	11	56
重庆市	渝中区	0.3921	5	39	贵阳市	观山湖区	0.3279	12	63
雅安市	雨城区	0.3750	6	42	昆明市	西山区	0.3083	13	77
广元市	昭化区	0.3696	7	43	昆明市	五华区	0.2997	14	87
西北地区									
固原市	原州区	0.4205	1	30	宝鸡市	渭滨区	0.3053	3	80
武威市	凉州区	0.4105	2	33	汉中市	南郑区	0.2874	4	94
华北地区									
北京市	东城区	0.4835	1	21	北京市	海淀区	0.3393	5	55
通辽市	科尔沁区	0.4406	2	24	赤峰市	红山区	0.3257	6	66
北京市	西城区	0.4388	3	25	北京市	平谷区	0.3113	7	75
鄂尔多斯市	康巴什区	0.3395	4	54	赤峰市	元宝山区	0.3003	8	85
东北地区									
七台河市	新兴区	0.5576	1	14	大连市	中山区	0.3415	4	52
七台河市	桃山区	0.4431	2	23	七台河市	茄子河区	0.3158	5	72
白城市	洮北区	0.4175	3	31	长春市	九台区	0.2824	6	97

由表 6 -2 可知，我国区政府公共服务全国前 100 名分布具有以下两个特征。

第一，我国六大地区的区政府公共服务水平总体上可分为两个等级。一是华东、西南、中南等三大地区的区政府公共服务表现卓越，为优秀级。比如，全国排名前 100 的区政府中，华东地区有 45 个，占华东地区 269 个区政府的 17%；西南地区有 14 个，占西南地区 122 个区政府的 11%；中南地区有 23 个，占中南地区 245 个区政府的 9%。二是我国华北、西北、东北地区的区政府公共服务较好，为良好级。比如，华北地区有 8 个全国排名前 100 的区政府，占华北地区 130 个区政府的 6%；西北地区有 4 个，占西北地区 77 个区政府的 5%；东北地区有 6 个，占东北地区 134 个区政府的 4%。

第二，我国普遍存在同一区域同一城市的多个区政府同时进入政府公共服务前 100 名的现象。比如，华东地区有上海市的黄浦区、浦东新区、徐汇区、静安区、长宁区和虹口区 6 个区政府，福州市的长乐区、鼓楼区、台江区和马尾区 4 个区政府，杭州市的上城区、西湖区、萧山区和富阳区 4 个区政府进入政府公共服务前 100 名；中南地区有深圳市的宝安区、龙岗区、南山区和盐田区 4 个区政府，广州市的白云区、越秀区和天河区 3 个区政府；西南地区有重庆市的九龙坡区、万州区和渝中区 3 个区政府；华北地区有北京市的东城区、西城区、海淀区和平谷区 4 个区政府；东北地区有七台河市的新兴区、桃山区和茄子河区 3 个区政府。这一现象表明我国各地城市的许多区政府都特别重视服务型政府及有为政府建设，也为同一城市其他区政府改进公共服务提供了当地经验及样板，有助于推进我国城市公共服务高质量发展及政府效率提升。

（二）2023年政府规模排名与分析

1. 区政府规模简介

政府规模反映了区政府消费的相对规模，表征了政府成本，直接体现区政府效率。区政府规模是测度区政府效率的主要因素（一级指标），被赋予了 0.15 的权重，包括地方一般公共预算支出等 3 个指标。2023 年区政府规模测度指标体系及权重详见附录 1.4。

2. 区政府规模全国前100名分析

2023 年区政府规模全国前 100 名的标准化值及排名见表 6－3。

表 6－3　2023 年区政府规模全国前 100 名的标准化值及排名

城市	区政府	标准化值	地区排名	全国排名	城市	区政府	标准化值	地区排名	全国排名
华东地区									
上海市	黄浦区	9.5680	1	1	南京市	建邺区	0.5663	15	45
上海市	虹口区	3.6699	2	5	济南市	历下区	0.4417	16	58
上海市	静安区	2.3892	3	8	镇江市	润州区	0.4090	17	65
上海市	长宁区	2.2539	4	9	苏州市	姑苏区	0.4017	18	67
上海市	徐汇区	1.4178	5	14	南京市	雨花台区	0.3584	19	73
青岛市	市南区	1.1598	6	18	福州市	鼓楼区	0.3530	20	74
杭州市	滨江区	1.1172	7	21	杭州市	上城区	0.3519	21	77
上海市	杨浦区	0.9037	8	24	镇江市	京口区	0.3461	22	81
南京市	秦淮区	0.8311	9	31	上海市	嘉定区	0.3405	23	82
上海市	普陀区	0.8180	10	32	杭州市	拱墅区	0.3260	24	87
南京市	鼓楼区	0.8020	11	33	常州市	金坛区	0.3232	25	88
九江市	浔阳区	0.6535	12	40	宁波市	江北区	0.3197	26	90
无锡市	梁溪区	0.6194	13	41	上海市	金山区	0.3167	27	93
南昌市	西湖区	0.5984	14	42					
中南地区									
平顶山市	石龙区	1.7318	1	10	黄石市	黄石港区	0.7208	8	37
武汉市	江汉区	1.7168	2	11	深圳市	罗湖区	0.5720	9	43
郑州市	上街区	1.1353	3	19	宜昌市	猇亭区	0.5582	10	46
深圳市	盐田区	1.1197	4	20	深圳市	坪山区	0.5444	11	47
广州市	越秀区	0.9017	5	25	武汉市	江岸区	0.4698	12	55
武汉市	硚口区	0.8834	6	27	深圳市	南山区	0.4386	13	60
深圳市	福田区	0.7689	7	35	武汉市	武昌区	0.4184	14	62

续表

城市	区政府	标准化值	地区排名	全国排名	城市	区政府	标准化值	地区排名	全国排名
衡阳市	南岳区	0.4180	15	63	长沙市	芙蓉区	0.3332	21	86
黄石市	下陆区	0.3720	16	70	株洲市	石峰区	0.3194	22	91
武汉市	汉阳区	0.3523	17	76	桂林市	秀峰区	0.3123	23	95
武汉市	青山区	0.3484	18	79	焦作市	中站区	0.3002	24	97
深圳市	光明区	0.3465	19	80	广州市	荔湾区	0.2994	25	98
黄石市	西塞山区	0.3370	20	83					
西南地区									
重庆市	渝中区	1.4327	1	13	成都市	锦江区	0.3529	4	75
重庆市	大渡口区	0.4471	2	57	成都市	青羊区	0.3489	5	78
贵阳市	观山湖区	0.3652	3	71	重庆市	江北区	0.3187	6	92
西北地区									
西安市	新城区	0.8905	1	26	西宁市	城中区	0.5688	3	44
西安市	碑林区	0.7199	2	38	西安市	莲湖区	0.2991	4	99
华北地区									
天津市	和平区	8.1156	1	3	阳泉市	城区	0.6607	10	39
北京市	东城区	3.1573	2	6	沧州市	新华区	0.5206	11	48
北京市	西城区	2.5445	3	7	秦皇岛市	北戴河区	0.4167	12	64
天津市	红桥区	1.5406	4	12	石家庄市	井陉矿区	0.3765	13	69
天津市	河北区	1.4171	5	15	承德市	鹰手营子矿区	0.3356	14	84
天津市	河西区	0.9316	6	22	包头市	白云鄂博矿区	0.3203	15	89
天津市	河东区	0.8425	7	29	北京市	朝阳区	0.3129	16	94
北京市	石景山区	0.8319	8	30	保定市	竞秀区	0.3056	17	96
天津市	南开区	0.7975	9	34					
东北地区									
鹤岗市	向阳区	8.8178	1	2	哈尔滨市	平房区	0.8811	6	28
鹤岗市	兴山区	3.8703	2	4	辽阳市	白塔区	0.7412	7	36
鹤岗市	南山区	1.3186	3	16	沈阳市	和平区	0.5170	8	49
鹤岗市	工农区	1.1881	4	17	阜新市	清河门区	0.5025	9	50
大连市	西岗区	0.9275	5	23	鞍山市	千山区	0.4953	10	51

续表

城市	区政府	标准化值	地区排名	全国排名	城市	区政府	标准化值	地区排名	全国排名
鞍山市	铁西区	0.4885	11	52	佳木斯市	前进区	0.4032	17	66
大连市	沙河口区	0.4818	12	53	沈阳市	大东区	0.3915	18	68
沈阳市	沈河区	0.4797	13	54	盘锦市	双台子区	0.3647	19	72
鞍山市	立山区	0.4590	14	56	辽阳市	宏伟区	0.3341	20	85
大连市	中山区	0.4392	15	59	营口市	老边区	0.2959	21	100
佳木斯市	向阳区	0.4306	16	61					

由表6－3可知，我国区政府规模全国前100名分布具有以下三个特征。

第一，我国多数地区的区政府规模表现相对均衡且较为优秀。从政府规模全国排名前100的区政府在各区域所占比例看，华东、中南、华北等三大地区的区政府规模表现都很优秀。比如，华东地区有27个区政府进入全国前100名，占华东地区测度样本（269个区政府）的10%；中南地区有25个，占中南地区测度样本（245个区政府）的10%；华北地区有17个，占华北地区测度样本（130个区政府）的13%。

第二，东北地区的区政府规模表现特别突出。比如，东北地区有鹤岗市向阳区、大连市西岗区等21个区政府进入全国前100名，占该地区测度样本的16%。这一比例明显高于我国其他地区进入全国前100名的区政府所占比例。

第三，同一区域内部的不同区政府规模排名差距比较大。比如，华东地区的上海市黄浦区（全国第1名）与该区域的上海市金山区（全国第93名），二者排名相差92位；中南地区的平顶山市石龙区（全国第10名）与广州市荔湾区（全国第98名），二者相差88位；西南地区的重庆市渝中区（全国第13名）与重庆市江北区（全国第92名），二者相差79位；西北地区的西安市新城区（全国第26名）与西安市莲湖区（全国第99名），二者相差73位；华北地区的天津市和平区（全国第3名）与保定市竞秀区（全国第 96 名），二者相差 93 位；东北地区的鹤岗市向阳区（全国第 2 名）与营口市老边区（全国第 100 名），二者相差 98 位。

（三）2023 年居民经济福利排名与分析

1. 区政府居民经济福利简介

居民经济福利是测度区政府效率的主要因素，包括农村居民人均可支配收入等 5 个指标，表征了居民生活质量，从侧面反映了政府的收益与产出，是衡量区政府运行质量和效率的重要外溢指标，被赋予 0.10 的权重。居民经济福利测度指标体系及权重详见附录 1.4。

2. 区政府居民经济福利全国前100名分析

2023 年区政府居民经济福利全国前 100 名的标准化值及排名见表 6 -4。

表 6 -4　2023 年区政府居民经济福利全国前 100 名的标准化值及排名

城市	区政府	标准化值	地区排名	全国排名	城市	区政府	标准化值	地区排名	全国排名
华东地区									
上海市	浦东新区	2.9836	1	1	上海市	嘉定区	1.2805	14	18
宁波市	鄞州区	1.6526	2	4	南京市	鼓楼区	1.2529	15	19
苏州市	吴江区	1.5901	3	5	苏州市	虎丘区	1.2503	16	20
温州市	鹿城区	1.5511	4	7	上海市	闵行区	1.2009	17	21
杭州市	滨江区	1.5409	5	8	舟山市	定海区	1.1667	18	22
杭州市	余杭区	1.5366	6	9	南京市	栖霞区	1.1602	19	23
宁波市	北仑区	1.5099	7	10	苏州市	吴中区	1.1368	20	26
杭州市	临平区	1.4893	8	11	上海市	黄浦区	1.1356	21	27
温州市	瓯海区	1.4086	9	13	台州市	椒江区	1.1347	22	28
杭州市	萧山区	1.3962	10	14	宁波市	镇海区	1.1121	23	29
杭州市	上城区	1.3854	11	15	杭州市	拱墅区	1.1103	24	30
绍兴市	柯桥区	1.3442	12	16	上海市	徐汇区	1.1089	25	31
杭州市	西湖区	1.2985	13	17	上海市	宝山区	1.1025	26	32

续表

城市	区政府	标准化值	地区排名	全国排名	城市	区政府	标准化值	地区排名	全国排名
杭州市	富阳区	1.1015	27	33	无锡市	新吴区	0.9293	52	60
上海市	静安区	1.1013	28	34	无锡市	锡山区	0.9253	53	61
无锡市	滨湖区	1.0819	29	35	南京市	雨花台区	0.9194	54	62
舟山市	普陀区	1.0817	30	36	宁波市	海曙区	0.9151	55	63
南京市	江宁区	1.0747	31	37	常州市	天宁区	0.8905	56	67
宁波市	江北区	1.0685	32	38	上海市	虹口区	0.8672	57	70
常州市	武进区	1.0644	33	39	无锡市	惠山区	0.8606	58	71
南京市	秦淮区	1.0631	34	40	宁波市	奉化区	0.8478	59	72
绍兴市	上虞区	1.0396	35	41	上海市	崇明区	0.8423	60	74
杭州市	临安区	1.0350	36	42	上海市	普陀区	0.8378	61	75
常州市	新北区	1.0074	37	44	威海市	环翠区	0.8376	62	76
上海市	长宁区	0.9878	38	45	嘉兴市	秀洲区	0.8344	63	77
台州市	路桥区	0.9769	39	46	扬州市	邗江区	0.8090	64	79
绍兴市	越城区	0.9743	40	47	南京市	六合区	0.7992	65	80
嘉兴市	南湖区	0.9719	41	48	南京市	溧水区	0.7964	66	81
南京市	建邺区	0.9678	42	49	温州市	洞头区	0.7904	67	83
南京市	玄武区	0.9605	43	50	无锡市	梁溪区	0.7894	68	84
上海市	松江区	0.9556	44	51	常州市	金坛区	0.7650	69	88
上海市	金山区	0.9529	45	52	常州市	钟楼区	0.7579	70	89
南京市	浦口区	0.9525	46	53	台州市	黄岩区	0.7562	71	90
苏州市	相城区	0.9495	47	54	苏州市	姑苏区	0.7485	72	91
上海市	杨浦区	0.9468	48	55	杭州市	钱塘区	0.7437	73	93
上海市	奉贤区	0.9443	49	57	温州市	龙湾区	0.7309	74	95
湖州市	吴兴区	0.9401	50	58	湖州市	南浔区	0.7303	75	96
上海市	青浦区	0.9325	51	59	南通市	海门区	0.6961	76	100
中南地区									
新乡市	牧野区	2.4053	1	2	广州市	海珠区	1.0237	5	43
深圳市	宝安区	2.0608	2	3	长沙市	雨花区	0.9463	6	56
深圳市	龙岗区	1.5763	3	6	广州市	南沙区	0.9031	7	64
广州市	天河区	1.1388	4	25	广州市	白云区	0.9026	8	65

续表

城市	区政府	标准化值	地区排名	全国排名	城市	区政府	标准化值	地区排名	全国排名
广州市	黄埔区	0.8983	9	66	深圳市	罗湖区	0.7656	16	87
广州市	越秀区	0.8711	10	68	长沙市	天心区	0.7443	17	92
长沙市	岳麓区	0.8683	11	69	长沙市	开福区	0.7434	18	94
佛山市	顺德区	0.8450	12	73	长沙市	望城区	0.7258	19	97
广州市	番禺区	0.7910	13	82	郑州市	金水区	0.7103	20	98
韶关市	浈江区	0.7877	14	85	长沙市	芙蓉区	0.7031	21	99
广州市	花都区	0.7678	15	86					
华北地区									
北京市	西城区	1.4629	1	12	北京市	朝阳区	0.8108	3	78
北京市	海淀区	1.1601	2	24					

分析表6-4后发现，我国区政府居民经济福利全国前100名区域分布呈现两个显著特征。

第一，区政府居民经济福利在区域上呈现高低两级分布趋势。其中，华东、中南、华北等三大区域的区政府居民经济福利水平很高，属于优秀级，囊括我国区政府居民经济福利全国前100名。同时，我国西南、西北、东北三大区域没有区政府进入全国前100名，其区政府居民经济福利水平较低，为一般级。

第二，华东、中南两大区域的区政府在居民经济福利上表现特别优秀，与我国其他区域形成断崖式差距。一是从全国排名前100的区政府的分布看，华东及中南地区共有97个，而华北、西北、西南、东北等四大地区仅共有3个。二是从全国排名前100的区政府所占比例看，华东地区有76个，约占华东样本总数（269个区政府）的28%；中南地区有21个，约占中南样本总数（245个区政府）的9%；华北地区有3个，约占华北样本总数（130个区政府）的2%；西南、西北和东北地区都没有区政府进入全国前100名，所占比例为0%。

综上所述，我国各区域的区政府居民经济福利差距很大，这表明不同区域城市居民经济福利差距很大。进一步分析证明，我国各地农村居民经济福利差距较大，城乡居民之间经济福利差距也很大。因此，实现共同富裕任务艰巨、使命重大，不但需要各级政府及全体人民长期奋斗，而且需要持续改善民生，还需要不断缩小我国城市居民之间、农村居民之间、城乡居民之间的居民经济福利差距。

（四）2023年政务公开排名与分析

1. 区政府政务公开简介

政务公开是区政府效率重要测度因素（一级指标），直接影响区政府效率，被赋予0.15的权重，包括政务基本信息等2个子因素（二级指标）以及领导信息公开等15个三级指标，相关信息详见附录1.4。

2. 区政府政务公开全国前100名分析

2023年区政府政务公开全国前100名的标准化值及排名见表6－5。

表6－5　2023年区政府政务公开全国前100名的标准化值及排名

城市	区政府	标准化值	地区排名	全国排名	城市	区政府	标准化值	地区排名	全国排名
华东地区									
六安市	叶集区	0.9263	1	1	六安市	裕安区	0.7531	13	15
济宁市	任城区	0.9229	2	2	芜湖市	湾沚区	0.7413	14	16
黄山市	屯溪区	0.8441	3	3	芜湖市	镜湖区	0.7253	15	17
芜湖市	繁昌区	0.8329	4	4	东营市	垦利区	0.6864	16	19
淮北市	杜集区	0.8206	5	5	苏州市	吴江区	0.6847	17	20
黄山市	徽州区	0.8190	6	6	聊城市	东昌府区	0.6779	18	21
淮南市	大通区	0.8120	7	7	南昌市	东湖区	0.6751	19	23
福州市	马尾区	0.8000	8	8	合肥市	瑶海区	0.6737	20	24
六安市	金安区	0.7898	9	9	阜阳市	颍泉区	0.6539	21	28
淮南市	潘集区	0.7877	10	10	德州市	德城区	0.6518	22	29
池州市	贵池区	0.7818	11	12	淮南市	谢家集区	0.6403	23	31
宁波市	鄞州区	0.7767	12	13	淮北市	相山区	0.6384	24	33

续表

城市	区政府	标准化值	地区排名	全国排名	城市	区政府	标准化值	地区排名	全国排名
枣庄市	市中区	0.6365	25	34	济南市	章丘区	0.5188	46	71
安庆市	大观区	0.6105	26	35	南昌市	青云谱区	0.5167	47	72
滁州市	琅琊区	0.6086	27	36	蚌埠市	蚌山区	0.5164	48	73
烟台市	福山区	0.5883	28	40	温州市	龙湾区	0.5147	49	75
青岛市	李沧区	0.5792	29	41	临沂市	河东区	0.5098	50	77
临沂市	兰山区	0.5722	30	44	福州市	长乐区	0.5071	51	78
宣城市	宣州区	0.5684	31	46	烟台市	蓬莱区	0.5046	52	79
无锡市	锡山区	0.5659	32	48	福州市	鼓楼区	0.4982	53	81
宁波市	海曙区	0.5641	33	50	日照市	东港区	0.4953	54	82
常州市	武进区	0.5584	34	51	盐城市	大丰区	0.4936	55	83
泰州市	高港区	0.5567	35	52	舟山市	普陀区	0.4903	56	85
赣州市	章贡区	0.5539	36	55	聊城市	茌平区	0.4878	57	86
滁州市	南谯区	0.5515	37	56	南京市	溧水区	0.4853	58	87
安庆市	迎江区	0.5510	38	57	蚌埠市	淮上区	0.4817	59	88
淮北市	烈山区	0.5495	39	58	漳州市	芗城区	0.4815	60	89
上海市	静安区	0.5448	40	59	宁波市	北仑区	0.4801	61	90
常州市	天宁区	0.5427	41	61	泰安市	泰山区	0.4791	62	91
台州市	黄岩区	0.5318	42	64	宁波市	镇海区	0.4767	63	93
芜湖市	鸠江区	0.5307	43	65	滨州市	滨城区	0.4720	64	94
潍坊市	潍城区	0.5299	44	68	黄山市	黄山区	0.4666	65	98
温州市	鹿城区	0.5260	45	69	枣庄市	薛城区	0.4664	66	99
中南地区									
长沙市	望城区	0.7866	1	11	来宾市	兴宾区	0.5559	7	54
南宁市	武鸣区	0.6999	2	18	佛山市	禅城区	0.5443	8	60
贵港市	港北区	0.6768	3	22	长沙市	芙蓉区	0.5338	9	63
长沙市	开福区	0.6649	4	26	岳阳市	云溪区	0.5305	10	67
荆州市	沙市区	0.6041	5	38	深圳市	南山区	0.5025	11	80
钦州市	钦北区	0.5667	6	47	桂林市	秀峰区	0.4702	12	96

续表

城市	区政府	标准化值	地区排名	全国排名	城市	区政府	标准化值	地区排名	全国排名
西南地区									
遂宁市	安居区	0.7598	1	14	安顺市	西秀区	0.5194	4	70
重庆市	长寿区	0.6065	2	37	遵义市	红花岗区	0.5149	5	74
贵阳市	乌当区	0.5713	3	45	内江市	东兴区	0.4630	6	100
西北地区									
宝鸡市	凤翔区	0.6673	1	25	西安市	雁塔区	0.5726	6	43
西安市	鄠邑区	0.6628	2	27	铜川市	王益区	0.5396	7	62
铜川市	印台区	0.6490	3	30	西安市	灞桥区	0.4919	8	84
西安市	长安区	0.6397	4	32	西安市	碑林区	0.4778	9	92
西安市	临潼区	0.5968	5	39	汉中市	汉台区	0.4711	10	95
华北地区									
天津市	东丽区	0.5654	1	49	鄂尔多斯市	东胜区	0.5136	4	76
呼伦贝尔市	海拉尔区	0.5560	2	53	呼和浩特市	新城区	0.4700	5	97
北京市	东城区	0.5307	3	66					
东北地区									
沈阳市	于洪区	0.5757	1	42					

政务公开指标数据来源于各区政府官方网站公布的最简单、重要的基本信息，能够直接反映区政府执行力与效率。分析表6－5不难看出我国区政府政务公开全国前100名分布具有两个特点。

第一，我国区政府政务公开不平衡，呈现“一超多强”特征。一是从政务公开全国排名前100的区政府的区域分布看，华东地区数量最多，达66个，存在“一超”特点。“多强”是指我国中南、西北、西南、华北等地区，其区政府政务公开表现较好，进入全国前100名的区政府数量较多，分别有12个、10个、6个、5个。二是从区政府政务公开全国前100名在各区域所占的比例看，也存在“一超多强”现象。比如，华东地区为“一超”，该地区有 66 个区政府进入全国前 100 名，约占华东样本总数的 25%，远高于其他地区进入全国前 100 名的区政府所占的比例。同时，西北、中南、西南、华北地区的区政府政务公开状况都比较好，呈现“多强”状况。比如，西北有 10 个进入全国前 100 名的区政府，约占西北样本总数的 13%；中南有 12 个，约占中南样本总数的 5%；西南有 6 个，约占西南样本总数的 5%；华北有 5 个，约占华北样本总数的 4%。此外，东北地区的区政府政务公开状况不佳。该地仅有 1 个区政府进入全国前 100 名，约占东北样本总数的 0.7%。

第二，我国区政府政务公开也很不充分。比如，部分区政府网站没有公开其最基本的政务信息、基本的经济社会发展统计数据，或者外界无法从其官网上找到基本的政务信息，甚至有些区政府的官网都无法打开。按照中央有关全面政务公开的政策法规，各地的区政府都理应及时在区政府网站公开相应内容，因此各区政府政务公开测度结果排名应当相同，即我国 977 个区政府的政务公开测度结果排名应该都是并列第 1。

由此可见，依法全面政务公开是我国所有区政府要继续努力实现的政策目标。政务公开不全面、不及时是制约我国区政府效率提升的主要短板。

三　效率“百高区”测度子因素排名与分析

（一）2023年科教文卫服务排名与分析

科教文卫服务是区政府公共服务的重要子因素（二级指标），被赋予了 0.25 的权重，包括科技支出占一般公共预算支出比例等 8 个指标，相关信息详见附录 1.4。2023 年区政府科教文卫服务全国前 100 名的标准化值及排名见表 6－6。

表 6－6 2023 年区政府科教文卫服务全国前 100 名的标准化值及排名

城市	区政府	标准化值	地区排名	全国排名	城市	区政府	标准化值	地区排名	全国排名
华东地区									
绍兴市	柯桥区	1.7135	1	6	苏州市	虎丘区	0.6378	15	55
芜湖市	镜湖区	1.4223	2	8	南京市	玄武区	0.6190	16	58
赣州市	章贡区	1.2640	3	10	杭州市	拱墅区	0.6062	17	60
上海市	徐汇区	1.2323	4	12	泉州市	丰泽区	0.5738	18	68
上海市	黄浦区	1.2281	5	13	厦门市	思明区	0.5582	19	72
杭州市	上城区	0.9739	6	24	合肥市	庐阳区	0.5467	20	78
上海市	长宁区	0.9597	7	25	杭州市	西湖区	0.5268	21	84
泰安市	泰山区	0.8882	8	28	杭州市	滨江区	0.5165	22	87
济南市	槐荫区	0.8621	9	30	上海市	虹口区	0.4978	23	89
福州市	鼓楼区	0.8433	10	32	蚌埠市	蚌山区	0.4882	24	91
青岛市	市南区	0.8389	11	33	台州市	黄岩区	0.4721	25	95
福州市	台江区	0.7147	12	42	枣庄市	薛城区	0.4718	26	96
南京市	秦淮区	0.6695	13	50	龙岩市	新罗区	0.4592	27	100
临沂市	兰山区	0.6456	14	52					
中南地区									
平顶山市	新华区	3.7556	1	1	南阳市	宛城区	0.9253	13	27
鹤壁市	鹤山区	2.5201	2	2	洛阳市	偃师区	0.8813	14	29
长沙市	岳麓区	2.2095	3	3	深圳市	福田区	0.8539	15	31
郑州市	金水区	1.6458	4	7	宜昌市	伍家岗区	0.7851	16	34
开封市	顺河回族区	1.2126	5	14	衡阳市	南岳区	0.7552	17	37
张家界市	武陵源区	1.1538	6	16	郑州市	管城回族区	0.7086	18	44
开封市	龙亭区	1.1354	7	17	广州市	越秀区	0.6786	19	48
郴州市	北湖区	1.1007	8	19	百色市	右江区	0.6710	20	49
益阳市	赫山区	1.0839	9	20	洛阳市	涧西区	0.6559	21	51
宜昌市	猇亭区	1.0397	10	21	韶关市	武江区	0.6260	22	57
广州市	番禺区	0.9963	11	23	长沙市	芙蓉区	0.6092	23	59
益阳市	资阳区	0.9549	12	26	广州市	白云区	0.6029	24	61

续表

城市	区政府	标准化值	地区排名	全国排名	城市	区政府	标准化值	地区排名	全国排名
湘潭市	雨湖区	0.6002	25	62	岳阳市	岳阳楼区	0.5412	33	80
北海市	海城区	0.5823	26	65	柳州市	柳江区	0.5387	34	81
广州市	黄埔区	0.5797	27	66	漯河市	郾城区	0.5187	35	85
汕头市	金平区	0.5746	28	67	开封市	禹王台区	0.4935	36	90
武汉市	江汉区	0.5633	29	70	广州市	增城区	0.4780	37	93
许昌市	建安区	0.5506	30	75	黄石市	西塞山区	0.4756	38	94
肇庆市	端州区	0.5505	31	76	深圳市	南山区	0.4615	39	99
怀化市	鹤城区	0.5434	32	79					
西南地区									
重庆市	渝中区	1.2426	1	11	成都市	温江区	0.5359	6	82
成都市	青羊区	0.7539	2	39	昆明市	西山区	0.5121	7	88
成都市	武侯区	0.6910	3	46	铜仁市	万山区	0.4822	8	92
成都市	双流区	0.6443	4	53	遵义市	汇川区	0.4712	9	97
广元市	利州区	0.5592	5	71					
西北地区									
西安市	新城区	0.7769	1	35	宝鸡市	金台区	0.5528	5	73
咸阳市	杨陵区	0.7497	2	41	延安市	城北区	0.5523	6	74
西安市	碑林区	0.6322	3	56	延安市	宝塔区	0.5340	7	83
宝鸡市	渭滨区	0.5898	4	63					
华北地区									
邯郸市	复兴区	0.7601	1	36	秦皇岛市	山海关区	0.5858	6	64
太原市	迎泽区	0.7542	2	38	张家口市	桥西区	0.5663	7	69
邯郸市	峰峰矿区	0.7520	3	40	天津市	和平区	0.5181	8	86
赤峰市	红山区	0.7131	4	43	唐山市	路南区	0.4652	9	98
北京市	东城区	0.6811	5	47					
东北地区									
七台河市	新兴区	2.1471	1	4	本溪市	南芬区	1.0290	6	22
伊春市	伊美区	1.8900	2	5	哈尔滨市	松北区	0.7083	7	45
七台河市	桃山区	1.3285	3	9	白城市	洮北区	0.6441	8	54
七台河市	茄子河区	1.1907	4	15	哈尔滨市	香坊区	0.5476	9	77
沈阳市	和平区	1.1139	5	18					

由表6－6可知，我国区政府科教文卫服务水平总体上具有以下两个特征。

第一，从区域分布看，中南、华东地区的区政府科教文卫服务水平较高，优于其他地区，而西北、西南、华北、东北地区的区政府科教文卫水平大致相同。比如，排在全国前100名的区政府中，中南地区有39个，占中南地区测度样本（245个区政府）的16%；华东地区有27个，占华东地区测度样本（269个区政府）的10%；西北地区有7个，占西北地区测度样本（77个区政府）的9%；西南地区有9个，占西南地区测度样本（122个区政府）的7%；华北地区有9个，占华北地区测度样本（130个区政府）的7%；东北地区有9个，占东北地区测度样本（134个区政府）的7%。

第二，同一区域排名最前与最后的区政府科教文卫服务排名差距明显，表明我国区域内部差距很大。比如，华东地区的绍兴市柯桥区（全国第6名）与龙岩市新罗区（全国第100名）相差94位。又如，中南地区的平顶山市新华区（全国第1名）与深圳市南山区（全国第99名）相差98位。此外，其他地区也存有类似情况。

（二）2023年公共安全服务排名与分析

公共安全服务是区政府公共服务的重要子因素（二级指标），被赋予了0.15的权重，包括生产安全事故死亡人数占年末常住人口的比例等5个指标，详见附录1.4。2023年区政府公共安全服务全国前100名的标准化值及排名见表6－7。

表6－7　2023年区政府公共安全服务全国前100名的标准化值及排名

城市	区政府	标准化值	地区排名	全国排名	城市	区政府	标准化值	地区排名	全国排名
华东地区									
南昌市	西湖区	1.2999	1	5	温州市	鹿城区	0.8577	2	24

续表

城市	区政府	标准化值	地区排名	全国排名	城市	区政府	标准化值	地区排名	全国排名
福州市	马尾区	0.8557	3	25	淮南市	大通区	0.6534	17	72
南昌市	青山湖区	0.7929	4	34	绍兴市	上虞区	0.6503	18	73
厦门市	海沧区	0.7854	5	36	漳州市	长泰区	0.6447	19	75
台州市	椒江区	0.7575	6	41	南平市	建阳区	0.6381	20	79
漳州市	龙海区	0.7510	7	43	台州市	黄岩区	0.6327	21	80
台州市	路桥区	0.7303	8	45	泉州市	洛江区	0.6289	22	82
杭州市	西湖区	0.7234	9	49	福州市	长乐区	0.6268	23	83
温州市	龙湾区	0.7086	10	52	温州市	瓯海区	0.6084	24	88
温州市	洞头区	0.7028	11	54	宁波市	海曙区	0.5990	25	93
丽水市	莲都区	0.7028	12	55	赣州市	赣县区	0.5976	26	96
黄山市	徽州区	0.6822	13	61	南昌市	青云谱区	0.5976	27	97
三明市	沙县区	0.6788	14	63	厦门市	集美区	0.5950	28	98
莆田市	城厢区	0.6678	15	65	厦门市	湖里区	0.5908	29	100
嘉兴市	秀洲区	0.6647	16	68					
中南地区									
鹤壁市	山城区	2.2429	1	1	广州市	增城区	0.7555	15	42
广州市	番禺区	1.2387	2	8	肇庆市	鼎湖区	0.7488	16	44
佛山市	禅城区	1.0366	3	14	洛阳市	偃师区	0.7299	17	46
深圳市	宝安区	0.9358	4	17	桂林市	七星区	0.7251	18	48
清远市	清城区	0.9238	5	19	深圳市	龙华区	0.7132	19	50
三亚市	海棠区	0.9200	6	20	三亚市	吉阳区	0.6969	20	56
深圳市	盐田区	0.8757	7	22	广州市	天河区	0.6954	21	59
长沙市	岳麓区	0.8087	8	29	广州市	花都区	0.6821	22	62
张家界市	武陵源区	0.8044	9	32	江门市	江海区	0.6667	23	66
桂林市	象山区	0.7946	10	33	深圳市	光明区	0.6575	24	71
广州市	白云区	0.7861	11	35	桂林市	临桂区	0.6398	25	78
韶关市	武江区	0.7632	12	38	三亚市	天涯区	0.6298	26	81
深圳市	罗湖区	0.7604	13	39	韶关市	浈江区	0.6162	27	85
广州市	从化区	0.7598	14	40	十堰市	张湾区	0.6011	28	91

续表

城市	区政府	标准化值	地区排名	全国排名	城市	区政府	标准化值	地区排名	全国排名
西南地区									
贵阳市	南明区	1.4032	1	3	昌都市	卡若区	0.6965	16	57
贵阳市	云岩区	1.3077	2	4	贵阳市	白云区	0.6959	17	58
昆明市	西山区	1.2986	3	6	重庆市	渝北区	0.6925	18	60
昆明市	五华区	1.1661	4	9	重庆市	北碚区	0.6778	19	64
昆明市	官渡区	1.1466	5	10	广元市	昭化区	0.6630	20	70
昆明市	盘龙区	1.0456	6	13	雅安市	雨城区	0.6454	21	74
广元市	朝天区	0.9243	7	18	广元市	利州区	0.6400	22	77
重庆市	武隆区	0.8762	8	21	达州市	通川区	0.6211	23	84
六盘水市	水城区	0.8626	9	23	成都市	金牛区	0.6155	24	86
林芝市	巴宜区	0.8532	10	26	重庆市	黔江区	0.6140	25	87
贵阳市	乌当区	0.8095	11	28	贵阳市	花溪区	0.6025	26	89
那曲市	色尼区	0.8065	12	31	重庆市	开州区	0.6022	27	90
丽江市	古城区	0.7722	13	37	遵义市	红花岗区	0.6005	28	92
遂宁市	安居区	0.7292	14	47	重庆市	巴南区	0.5984	29	95
玉溪市	红塔区	0.7121	15	51					
西北地区									
西宁市	城中区	1.1233	1	11	兰州市	城关区	0.7058	3	53
克拉玛依市	白碱滩区	1.1205	2	12	克拉玛依市	独山子区	0.6637	4	69
华北地区									
赤峰市	元宝山区	0.8453	1	27	赤峰市	红山区	0.5944	3	99
张家口市	崇礼区	0.5984	2	94					
东北地区									
鹤岗市	兴山区	1.6841	1	2	双鸭山市	四方台区	0.8083	5	30
双鸭山市	宝山区	1.2740	2	7	鸡西市	城子河区	0.6655	6	67
铁岭市	清河区	1.0278	3	15	鹤岗市	东山区	0.6443	7	76
双鸭山市	岭东区	0.9526	4	16					

由表6－7可知，我国区政府公共安全服务全国前100名的区域分布具有以下两个特点。

第一，公共安全服务特别优秀、排全国前10名的区政府多数分布在中南、西南、东北等经济欠发达地区，例如，中南地区的鹤壁市山城区（第1名）；西南地区的贵阳市南明区（第3名）及云岩区（第4名），昆明市西山区（第6名）、五华区（第9名）及官渡区（第10名）；东北地区的鹤岗市兴山区（第2名）、双鸭山市宝山区（第7名）。其原因可能在于这些地区经济欠发达、人口密度较低，且当地的区政府比较重视统筹发展与安全。

第二，我国各区域的区政府公共安全服务具有明显的差异性。其中，西南地区公共安全服务水平较高，优于其他地区。例如，西南地区共有29个区政府进入全国前100名，占西南地区测度样本（122个区政府）的24%；华东地区有29个，占华东地区测度样本（269个区政府）的11%；中南地区有28个，占中南地区测度样本（245个区政府）的11%；西北地区有4个，占西北地区测度样本（77个区政府）的5%；东北地区有7个，占东北地区测度样本（134个区政府）的5%；华北地区有3个，占华北地区总测度样本（130个区政府）的2%。

（三）2023年社会保障服务排名与分析

社会保障服务是区政府公共服务的重要子因素（二级指标），被赋予了0.15的权重，包括社会保障和就业支出占地方一般公共预算支出比例等5个指标，详见附录1.4。2023年区政府社会保障服务全国前100名的标准化值及排名见表6－8。

表6－8　2023年区政府社会保障服务全国前100名的标准化值及排名

城市	区政府	标准化值	地区排名	全国排名	城市	区政府	标准化值	地区排名	全国排名
华东地区									
济南市	章丘区	2.5039	1	3	盐城市	大丰区	1.5639	2	10

续表

城市	区政府	标准化值	地区排名	全国排名	城市	区政府	标准化值	地区排名	全国排名
福州市	长乐区	1.3124	3	15	南通市	海门区	0.6206	13	66
青岛市	黄岛区	1.2860	4	16	淮安市	淮安区	0.6005	14	71
镇江市	润州区	1.2632	5	19	南通市	通州区	0.5971	15	72
济南市	市中区	1.1652	6	24	安庆市	大观区	0.5772	16	76
上海市	浦东新区	1.0058	7	33	九江市	浔阳区	0.5140	17	86
徐州市	泉山区	0.9063	8	38	绍兴市	柯桥区	0.4995	18	89
合肥市	庐阳区	0.8842	9	40	淮南市	潘集区	0.4984	19	90
宜春市	袁州区	0.7320	10	53	威海市	文登区	0.4785	20	93
苏州市	姑苏区	0.7112	11	56	厦门市	思明区	0.4694	21	98
马鞍山市	花山区	0.6739	12	62					
中南地区									
贺州市	八步区	1.4101	1	13	海口市	琼山区	0.5856	6	74
深圳市	宝安区	1.1145	2	26	黄冈市	黄州区	0.5221	7	85
佛山市	顺德区	0.9483	3	35	广州市	天河区	0.5056	8	88
桂林市	七星区	0.8139	4	42	开封市	禹王台区	0.4918	9	91
鹤壁市	山城区	0.5883	5	73	张家界市	永定区	0.4768	10	94
西南地区									
重庆市	九龙坡区	4.1164	1	1	重庆市	渝中区	0.8090	11	43
重庆市	万州区	3.2671	2	2	雅安市	雨城区	0.7873	12	47
绵阳市	游仙区	1.7420	3	7	普洱市	思茅区	0.7023	13	57
成都市	成华区	1.5990	4	9	重庆市	黔江区	0.7007	14	58
玉溪市	红塔区	1.4738	5	12	昆明市	西山区	0.6746	15	61
临沧市	临翔区	1.1972	6	21	绵阳市	安州区	0.6071	16	69
巴中市	巴州区	1.0668	7	28	绵阳市	涪城区	0.5553	17	78
广元市	昭化区	1.0307	8	30	自贡市	贡井区	0.4893	18	92
巴中市	恩阳区	0.9086	9	37	自贡市	沿滩区	0.4766	19	95
广安市	前锋区	0.8657	10	41	安顺市	西秀区	0.4739	20	96

续表

城市	区政府	标准化值	地区排名	全国排名	城市	区政府	标准化值	地区排名	全国排名
西北地区									
武威市	凉州区	1.8374	1	5	陇南市	武都区	0.7375	10	51
天水市	秦州区	1.2017	2	20	宝鸡市	凤翔区	0.7321	11	52
宝鸡市	陈仓区	1.1848	3	22	海东市	乐都区	0.7274	12	55
庆阳市	西峰区	1.0353	4	29	渭南市	华州区	0.6946	13	60
汉中市	南郑区	1.0279	5	31	西宁市	城北区	0.6094	14	68
天水市	麦积区	0.9665	6	34	吐鲁番市	高昌区	0.5596	15	77
宝鸡市	金台区	0.9457	7	36	宝鸡市	渭滨区	0.4739	16	97
固原市	原州区	0.8067	8	44	咸阳市	渭城区	0.4632	17	100
商洛市	商州区	0.7938	9	46					
华北地区									
北京市	东城区	1.9007	1	4	天津市	河西区	0.7311	6	54
北京市	西城区	1.3643	2	14	通辽市	科尔沁区	0.6978	7	59
赤峰市	元宝山区	1.2805	3	17	天津市	滨海新区	0.6056	8	70
北京市	朝阳区	1.1844	4	23	秦皇岛市	海港区	0.5404	9	82
北京市	海淀区	0.7869	5	48					
东北地区									
长春市	九台区	1.8116	1	6	大连市	甘井子区	0.6407	13	64
佳木斯市	前进区	1.6493	2	8	哈尔滨市	道里区	0.6322	14	65
牡丹江市	爱民区	1.4936	3	11	哈尔滨市	呼兰区	0.6204	15	67
牡丹江市	西安区	1.2681	4	18	本溪市	平山区	0.5828	16	75
白城市	洮北区	1.1203	5	25	四平市	铁西区	0.5508	17	79
鸡西市	鸡冠区	1.0998	6	27	鸡西市	城子河区	0.5492	18	80
本溪市	明山区	1.0123	7	32	大连市	沙河口区	0.5472	19	81
牡丹江市	东安区	0.8909	8	39	朝阳市	龙城区	0.5299	20	83
沈阳市	铁西区	0.8031	9	45	营口市	老边区	0.5282	21	84
辽阳市	白塔区	0.7593	10	49	本溪市	溪湖区	0.5137	22	87
抚顺市	望花区	0.7394	11	50	沈阳市	和平区	0.4642	23	99
丹东市	振兴区	0.6523	12	63					

由表6-8可知，我国区政府社会保障服务全国前100名的区域分布具有三个特点。

第一，我国区政府社会保障服务较好，发展比较均衡，区域之间的差异较小。比如，经济发展欠佳的东北、西南、西北地区与经济较发达的华东地区，它们的区政府社会保障服务都比较好，相互差距不大。比如，从进入社会保障服务全国前100名的区政府数量看，东北地区有23个，西南地区有20个，西北地区有17个，而华东地区有21个，不同区域进入全国前100名的区政府数量基本相当。

第二，东北的区政府社会保障服务与其他指标相比，表现十分抢眼，总体上不但优于东北自身在区政府效率测度的其他指标上的表现，而且优于全国其他区域的区政府社会保障服务表现。东北地区有23个区政府进入社会保障服务全国前100名，是我国6大地区中进入数量最多的地区，其进入的区政府数量占东北地区测度样本（即134个区政府）的17%。

第三，经济比较发达的中南等地的区政府社会保障服务表现欠佳。比如，中南地区有10个区政府进入全国前100名，占中南地区测度样本（245个区政府）的4%。

（四）2023年经济发展服务排名与分析

经济发展服务是衡量区政府公共服务的重要子因素（二级指标），被赋予0.30的权重，包括全年社会消费品零售总额增长率等10个指标，详见附录1.4。2023年区政府经济发展服务全国前100名标准化值及排名见表6－9。

表6－9　2023年区政府经济发展服务全国前100名的标准化值及排名

城市	区政府	标准化值	地区排名	全国排名	城市	区政府	标准化值	地区排名	全国排名
华东地区									
日照市	东港区	1.8531	1	2	上海市	静安区	1.2037	6	11
厦门市	同安区	1.5181	2	4	上海市	黄浦区	1.1336	7	13
铜陵市	义安区	1.3139	3	8	吉安市	吉州区	0.9757	8	18
上饶市	信州区	1.2315	4	9	宁波市	海曙区	0.9056	9	21
上海市	浦东新区	1.2273	5	10	杭州市	余杭区	0.8579	10	23

续表

城市	区政府	标准化值	地区排名	全国排名	城市	区政府	标准化值	地区排名	全国排名
徐州市	泉山区	0.8348	11	24	宁波市	江北区	0.5730	27	58
福州市	长乐区	0.8251	12	25	上饶市	广丰区	0.5660	28	60
上海市	徐汇区	0.7958	13	27	泉州市	洛江区	0.5595	29	63
烟台市	莱山区	0.7151	14	34	南京市	秦淮区	0.5382	30	65
九江市	濂溪区	0.7042	15	37	青岛市	市南区	0.5378	31	66
潍坊市	寒亭区	0.6801	16	40	杭州市	萧山区	0.5351	32	69
吉安市	青原区	0.6734	17	42	南昌市	红谷滩区	0.5315	33	71
南京市	浦口区	0.6626	18	43	蚌埠市	蚌山区	0.5267	34	74
徐州市	鼓楼区	0.6598	19	44	南京市	江宁区	0.5181	35	77
漳州市	芗城区	0.6440	20	45	苏州市	吴江区	0.5126	36	78
南昌市	青山湖区	0.6367	21	47	青岛市	市北区	0.5006	37	79
无锡市	锡山区	0.6274	22	48	淮安市	洪泽区	0.4733	38	83
淄博市	张店区	0.6234	23	49	济南市	钢城区	0.4706	39	85
赣州市	南康区	0.6025	24	52	淄博市	淄川区	0.4548	40	90
福州市	马尾区	0.5948	25	55	南通市	海门区	0.4297	41	100
南昌市	新建区	0.5782	26	57					
中南地区									
深圳市	宝安区	2.1247	1	1	宜昌市	伍家岗区	0.5475	16	64
深圳市	龙岗区	1.4327	2	6	三门峡市	陕州区	0.5368	17	67
武汉市	武昌区	1.1528	3	12	广州市	从化区	0.5347	18	70
武汉市	硚口区	1.0218	4	16	商丘市	梁园区	0.5289	19	72
南宁市	良庆区	0.9931	5	17	郴州市	北湖区	0.5279	20	73
宜昌市	点军区	0.9307	6	20	驻马店市	驿城区	0.4837	21	81
永州市	冷水滩区	0.8941	7	22	广州市	越秀区	0.4650	22	87
云浮市	云安区	0.8157	8	26	衡阳市	雁峰区	0.4611	23	88
武汉市	江岸区	0.7354	9	32	贺州市	平桂区	0.4505	24	91
漯河市	召陵区	0.7094	10	36	许昌市	建安区	0.4499	25	92
岳阳市	岳阳楼区	0.6930	11	38	广州市	荔湾区	0.4472	26	93
永州市	零陵区	0.6871	12	39	黄石市	铁山区	0.4459	27	95
邵阳市	双清区	0.6789	13	41	玉林市	福绵区	0.4377	28	98
广州市	海珠区	0.5686	14	59	濮阳市	华龙区	0.4308	29	99
广州市	白云区	0.5614	15	61					

续表

城市	区政府	标准化值	地区排名	全国排名	城市	区政府	标准化值	地区排名	全国排名
西南地区									
攀枝花市	东区	1.4389	1	5	贵阳市	观山湖区	0.4722	5	84
重庆市	万州区	0.7693	2	30	成都市	青白江区	0.4417	6	96
普洱市	思茅区	0.7164	3	33	贵阳市	南明区	0.4384	7	97
贵阳市	乌当区	0.5966	4	54					
西北地区									
乌鲁木齐市	米东区	1.0522	1	14	石嘴山市	大武口区	0.7434	4	31
固原市	原州区	1.0319	2	15	咸阳市	杨陵区	0.6002	5	53
榆林市	横山区	0.7912	3	28	银川市	西夏区	0.4468	6	94
华北地区									
石家庄市	桥西区	1.6204	1	3	通辽市	科尔沁区	0.5816	8	56
天津市	东丽区	1.4265	2	7	北京市	西城区	0.5602	9	62
鄂尔多斯市	康巴什区	0.9349	3	19	太原市	尖草坪区	0.5358	10	68
沧州市	新华区	0.7766	4	29	北京市	密云区	0.5249	11	75
天津市	南开区	0.7116	5	35	北京市	怀柔区	0.4908	12	80
天津市	滨海新区	0.6379	6	46	太原市	迎泽区	0.4571	13	89
北京市	通州区	0.6029	7	51					
东北地区									
沈阳市	沈北新区	0.6220	1	50	大连市	中山区	0.4836	3	82
铁岭市	银州区	0.5241	2	76	七台河市	新兴区	0.4656	4	86

由表6-9可知，2023年区政府经济发展服务全国前100名的区域分布具有以下两个特点。

第一，从区域分布数量来看，华东及中南地区的区政府在经济发展服务上具有绝对优势。经济发展服务排全国前100名的区政府中，华东及中南地区共有70个，数量远多于西南地区的7个、西北地区的6个、华北地区的13个和东北地区的4个。因此，总体上看，我国区政府经济发展服务呈东南部优于西北部地区的态势。

第二，在同一区域内不同区政府之间的经济发展服务差异较大。例如，中南地区的深圳市宝安区（全国第1名）与濮阳市华龙区（全国第99名）相差98位。此外，华东、西南等其他地区也有类似情况。

（五）2023年乡村振兴服务排名与分析

乡村振兴服务是衡量区政府公共服务的子因素（二级指标），被赋予0.05的权重，包括乡村振兴政策等4个指标，详见附录1.4。2023年区政府乡村振兴服务全国前100名的标准化值及排名见表6－10。

表6－10　2023年区政府乡村振兴服务全国前100名的标准化值及排名

城市	区政府	标准化值	地区排名	全国排名	城市	区政府	标准化值	地区排名	全国排名
华东地区									
马鞍山市	博望区	1.6398	1	2	威海市	环翠区	0.8412	16	46
南昌市	红谷滩区	1.4335	2	3	上饶市	信州区	0.8311	17	47
苏州市	虎丘区	1.1653	3	12	芜湖市	繁昌区	0.8263	18	48
芜湖市	鸠江区	1.1606	4	13	烟台市	莱山区	0.7659	19	55
泰州市	高港区	1.0531	5	18	龙岩市	新罗区	0.7391	20	62
济南市	历城区	1.0409	6	19	黄山市	屯溪区	0.7102	21	66
淮南市	大通区	1.0323	7	20	苏州市	吴江区	0.6993	22	72
南昌市	新建区	0.9951	8	23	安庆市	迎江区	0.6923	23	74
福州市	晋安区	0.9659	9	27	宣城市	宣州区	0.6790	24	78
上海市	闵行区	0.9387	10	33	黄山市	黄山区	0.6759	25	80
烟台市	牟平区	0.9051	11	35	芜湖市	湾沚区	0.6595	26	85
蚌埠市	蚌山区	0.8691	12	38	淮南市	潘集区	0.6582	27	86
上海市	浦东新区	0.8686	13	39	上海市	金山区	0.6543	28	89
三明市	三元区	0.8610	14	42	福州市	长乐区	0.6177	29	100
济宁市	兖州区	0.8452	15	44					

续表

城市	区政府	标准化值	地区排名	全国排名	城市	区政府	标准化值	地区排名	全国排名
中南地区									
武汉市	江夏区	1.3259	1	4	南宁市	西乡塘区	0.7588	20	57
衡阳市	蒸湘区	1.1908	2	9	鹤壁市	淇滨区	0.7404	21	61
武汉市	东西湖区	1.1748	3	11	梧州市	长洲区	0.7368	22	63
贺州市	平桂区	1.1231	4	14	深圳市	龙华区	0.7088	23	68
湛江市	赤坎区	1.0721	5	15	武汉市	黄陂区	0.7055	24	70
许昌市	建安区	1.0537	6	17	十堰市	郧阳区	0.7046	25	71
佛山市	高明区	1.0273	7	21	漯河市	召陵区	0.6964	26	73
深圳市	宝安区	0.9727	8	26	云浮市	云城区	0.6792	27	77
南宁市	江南区	0.9594	9	28	南宁市	良庆区	0.6761	28	79
三门峡市	陕州区	0.9497	10	31	长沙市	岳麓区	0.6740	29	82
湛江市	麻章区	0.9416	11	32	信阳市	浉河区	0.6702	30	83
贵港市	港北区	0.8809	12	37	云浮市	云安区	0.6561	31	87
宜昌市	夷陵区	0.8673	13	41	长沙市	开福区	0.6492	32	90
广州市	白云区	0.8413	14	45	海口市	龙华区	0.6421	33	91
汕尾市	城区	0.8233	15	49	湛江市	坡头区	0.6370	34	95
鹤壁市	鹤山区	0.7954	16	50	广州市	黄埔区	0.6302	35	96
深圳市	龙岗区	0.7804	17	51	武汉市	汉南区	0.6287	36	97
柳州市	柳北区	0.7752	18	53	黄冈市	黄州区	0.6267	37	98
洛阳市	西工区	0.7592	19	56	梧州市	龙圩区	0.6263	38	99
西南地区									
攀枝花市	仁和区	1.3186	1	5	重庆市	江津区	0.7528	9	58
自贡市	大安区	1.1836	2	10	攀枝花市	西区	0.7511	10	59
曲靖市	马龙区	0.9955	3	22	成都市	龙泉驿区	0.7501	11	60
成都市	青白江区	0.9537	4	30	昭通市	昭阳区	0.7329	12	64
普洱市	思茅区	0.9323	5	34	广安市	广安区	0.7298	13	65
宜宾市	翠屏区	0.8684	6	40	遂宁市	安居区	0.6685	14	84
贵阳市	观山湖区	0.8503	7	43	广安市	前锋区	0.6411	15	92
重庆市	璧山区	0.7778	8	52	丽江市	古城区	0.6401	16	93

续表

城市	区政府	标准化值	地区排名	全国排名	城市	区政府	标准化值	地区排名	全国排名
西北地区									
西安市	临潼区	0.9821	1	25	铜川市	王益区	0.7065	4	69
金昌市	金川区	0.9545	2	29	兰州市	七里河区	0.6883	5	75
咸阳市	杨陵区	0.7094	3	67	白银市	平川区	0.6743	6	81
华北地区									
唐山市	曹妃甸区	2.7126	1	1	唐山市	丰南区	0.9865	6	24
北京市	平谷区	1.3035	2	6	天津市	西青区	0.8881	7	36
鄂尔多斯市	康巴什区	1.2917	3	7	呼伦贝尔市	扎赉诺尔区	0.7693	8	54
北京市	怀柔区	1.2554	4	8	呼和浩特市	赛罕区	0.6379	9	94
晋城市	城区	1.0551	5	16					
东北地区									
伊春市	金林区	0.6827	1	76	长春市	宽城区	0.6552	2	88

乡村振兴服务能够反映区政府落实乡村振兴政策的质量与效率，其数据来自各区政府官网公布的相关报道、统计年鉴等中的基本信息。分析表6－10，发现我国区政府乡村振兴服务全国前100名具有两大特点。

第一，按各地区拥有的全国前100名的区政府数量和占比看，区政府乡村振兴服务水平呈现“中南—西南—华东—西北—华北—东北”从高到低的分布态势。比如，中南地区有38个排名全国前100的区政府，占该地区样本的16%；西南地区有16个，占该地区样本的13%；华东地区有29个，占该地区样本的11%；西北地区有6个，占该地区样本的8%；华北地区有9个，占该地区样本的7%；东北地区有2个，占该地区样本的1%。可见，我国区政府的乡村振兴服务水平大致呈现南高北低的态势。

第二，东北地区乡村振兴服务水平提升压力较大。虽然东北地区农业比较发达、农村集体经济发展基础较好，但是可能由于当地传统工业转型升级任务繁重，工业难以反哺农业，加之东北地区人口老龄化现象突出、劳动力流失现象严重，当地的区政府对乡村振兴投入不够，乡村振兴服务不佳。

（六）2023年营商环境排名与分析

营商环境是衡量区政府公共服务的重要子因素（二级指标），被赋予0.10的权重，包括权力清单等5个指标，详见附录1.4。2023年区政府营商环境全国前100名的标准化值及排名见表6－11。

表6－11　2023年区政府营商环境全国前100名的标准化值及排名

城市	区政府	标准化值	地区排名	全国排名	城市	区政府	标准化值	地区排名	全国排名
华东地区									
上海市	浦东新区	1.8644	1	6	温州市	洞头区	0.8105	20	35
宿迁市	宿城区	1.8555	2	7	衢州市	衢江区	0.8080	21	36
萍乡市	湘东区	1.7594	3	9	宁波市	鄞州区	0.7985	22	37
连云港市	连云区	1.6316	4	12	赣州市	南康区	0.7923	23	38
滨州市	沾化区	1.4418	5	13	宁波市	北仑区	0.7795	24	39
莆田市	秀屿区	1.2520	6	14	杭州市	萧山区	0.7765	25	40
福州市	仓山区	1.1919	7	16	台州市	路桥区	0.7688	26	41
金华市	婺城区	1.1777	8	17	连云港市	海州区	0.7687	27	42
盐城市	盐都区	1.1179	9	18	青岛市	黄岛区	0.7637	28	45
宁波市	海曙区	1.0435	10	20	绍兴市	越城区	0.7629	29	46
上海市	宝山区	0.9885	11	24	莆田市	荔城区	0.7541	30	47
丽水市	莲都区	0.9852	12	25	杭州市	富阳区	0.7502	31	48
温州市	鹿城区	0.9185	13	28	嘉兴市	秀洲区	0.7463	32	49
泉州市	鲤城区	0.8436	14	29	青岛市	城阳区	0.7436	33	50
舟山市	普陀区	0.8274	15	30	宁波市	江北区	0.7432	34	51
莆田市	涵江区	0.8204	16	31	济宁市	任城区	0.7390	35	53
绍兴市	柯桥区	0.8193	17	32	嘉兴市	南湖区	0.7340	36	54
无锡市	惠山区	0.8190	18	33	杭州市	余杭区	0.7280	37	55
铜陵市	义安区	0.8146	19	34	宁波市	奉化区	0.7265	38	56

续表

城市	区政府	标准化值	地区排名	全国排名	城市	区政府	标准化值	地区排名	全国排名
温州市	龙湾区	0.7248	39	57	杭州市	上城区	0.6754	57	78
衢州市	柯城区	0.7240	40	58	三明市	沙县区	0.6705	58	79
温州市	瓯海区	0.7188	41	59	福州市	台江区	0.6673	59	81
上海市	黄浦区	0.7170	42	61	蚌埠市	淮上区	0.6665	60	82
日照市	岚山区	0.7167	43	62	龙岩市	新罗区	0.6602	61	83
金华市	金东区	0.7161	44	63	厦门市	思明区	0.6601	62	84
赣州市	章贡区	0.7146	45	64	台州市	黄岩区	0.6599	63	85
宁波市	镇海区	0.7132	46	65	舟山市	定海区	0.6597	64	86
湖州市	南浔区	0.7104	47	66	苏州市	吴江区	0.6576	65	87
湖州市	吴兴区	0.7086	48	67	抚州市	东乡区	0.6502	66	88
上海市	徐汇区	0.7083	49	68	上海市	长宁区	0.6307	67	90
青岛市	即墨区	0.7069	50	69	上海市	静安区	0.6247	68	91
杭州市	临安区	0.7049	51	70	宜春市	袁州区	0.6171	69	92
上海市	金山区	0.7038	52	71	台州市	椒江区	0.6129	70	95
福州市	长乐区	0.6940	53	72	杭州市	滨江区	0.6038	71	97
上海市	青浦区	0.6907	54	73	福州市	鼓楼区	0.6028	72	98
宁德市	蕉城区	0.6867	55	74	青岛市	市南区	0.5972	73	99
杭州市	西湖区	0.6848	56	75	上海市	普陀区	0.5935	74	100
中南地区									
商丘市	梁园区	1.8841	1	5	南阳市	卧龙区	1.0896	6	19
武汉市	汉南区	1.7957	2	8	南宁市	西乡塘区	0.9373	7	27
商丘市	睢阳区	1.7498	3	10	武汉市	武昌区	0.6819	8	76
河池市	宜州区	1.6598	4	11	洛阳市	瀍河回族区	0.6165	9	93
广州市	荔湾区	1.2103	5	15	钦州市	钦南区	0.6157	10	94
西南地区									
丽江市	古城区	2.2961	1	1	重庆市	大渡口区	1.0186	2	22
西北地区									
汉中市	汉台区	0.7395	1	52	西安市	长安区	0.6371	2	89

续表

城市	区政府	标准化值	地区排名	全国排名	城市	区政府	标准化值	地区排名	全国排名
华北地区									
邢台市	任泽区	2.2067	1	2	石家庄市	裕华区	0.7171	3	60
石家庄市	新华区	1.9513	2	4	北京市	昌平区	0.6081	4	96
东北地区									
沈阳市	辽中区	2.0374	1	3	铁岭市	银州区	0.7651	5	43
沈阳市	于洪区	1.0298	2	21	阜新市	太平区	0.7643	6	44
阜新市	海州区	0.9898	3	23	阜新市	清河门区	0.6777	7	77
阜新市	细河区	0.9520	4	26	大连市	中山区	0.6689	8	80

由表6－11可得出以下两个结论。

第一，从各地区进入营商环境全国前100名的区政府数量和占比看，区政府营商环境总体上呈现最优、次优、欠佳三级分布态势。其中，华东地区最优，东北、中南地区次优，而西北、华北、西南地区欠佳。例如，从营商环境全国前100名的区政府的区域分布看，华东地区有74个，约占该地区样本的28%；东北地区有8个，占该地区样本的6%；中南地区有10个，占该地区样本的4%；西北地区有2个，占该地区样本的3%；华北地区有4个，占该地区样本的3%；西南地区有2个，占该地区样本的2%。

第二，我国区政府改善营商环境面临较大挑战。本书用于测度商营环境的数据源于区政府网站公开的最基本的信息，包括2022～2023年公开的权责清单等数据，但是大多数的区政府都没有公开或者没有更新这些数据。因此，各地打造良好营商环境不能仅停留在一个姿态及一句口号上，而是要从点滴做起，纵深推进“放管服”改革，才能营造法治化、国际化、便利化的营商环境，从而提升区政府效率及区域经济社会发展质量。

（七）2023年政务基本信息排名与分析

政务基本信息是区政府政务公开的重要子因素，被赋予0.80的权重，包括领导信息公开等9个指标，详见附录1.4。2023年区政府政务基本信息全国前100名的标准化值及排名见表6－12。

表6－12　2023年区政府政务基本信息全国前100名的标准化值及排名

城市	区政府	标准化值	地区排名	全国排名	城市	区政府	标准化值	地区排名	全国排名
华东地区									
六安市	叶集区	1.1114	1	1	德州市	德城区	0.7402	23	30
济宁市	任城区	1.0359	2	2	青岛市	李沧区	0.7146	24	33
淮南市	大通区	1.0062	3	3	淮南市	谢家集区	0.7043	25	34
淮北市	杜集区	1.0062	3	3	苏州市	吴江区	0.6994	26	36
黄山市	屯溪区	0.9438	5	5	合肥市	瑶海区	0.6994	26	36
六安市	金安区	0.9295	6	6	潍坊市	潍城区	0.6964	28	38
池州市	贵池区	0.9257	7	7	烟台市	福山区	0.6823	29	41
芜湖市	繁昌区	0.8813	8	9	淮北市	烈山区	0.6708	30	42
淮南市	潘集区	0.8579	9	10	南昌市	青云谱区	0.6681	31	43
芜湖市	湾沚区	0.8528	10	11	烟台市	蓬莱区	0.6544	32	46
黄山市	徽州区	0.8528	10	11	泰州市	高港区	0.6533	33	47
南昌市	东湖区	0.7988	12	14	宣城市	宣州区	0.6499	34	48
芜湖市	镜湖区	0.7904	13	16	临沂市	兰山区	0.6492	35	49
淮北市	相山区	0.7904	13	16	温州市	龙湾区	0.6379	36	53
宁波市	鄞州区	0.7901	15	18	滁州市	琅琊区	0.6278	37	55
阜阳市	颍泉区	0.7874	16	19	滁州市	南谯区	0.6106	38	58
聊城市	东昌府区	0.7874	16	19	枣庄市	峄城区	0.6070	39	59
六安市	裕安区	0.7812	18	22	无锡市	锡山区	0.5925	40	62
福州市	马尾区	0.7555	19	24	舟山市	普陀区	0.5914	41	63
东营市	垦利区	0.7542	20	25	滨州市	滨城区	0.5914	41	63
枣庄市	市中区	0.7493	21	27	温州市	鹿城区	0.5910	43	66
安庆市	大观区	0.7466	22	28	宁波市	海曙区	0.5768	44	68

续表

城市	区政府	标准化值	地区排名	全国排名	城市	区政府	标准化值	地区排名	全国排名
济南市	历城区	0.5736	45	69	台州市	黄岩区	0.5450	53	88
宁波市	北仑区	0.5728	46	70	福州市	长乐区	0.5338	54	91
阜阳市	颍州区	0.5647	47	77	盐城市	大丰区	0.5307	55	92
临沂市	河东区	0.5622	48	78	济南市	槐荫区	0.5299	56	95
赣州市	章贡区	0.5481	49	80	铜陵市	铜官区	0.5292	57	96
杭州市	钱塘区	0.5457	50	81	滨州市	沾化区	0.5287	58	98
安庆市	迎江区	0.5457	50	81	蚌埠市	蚌山区	0.5285	59	99
枣庄市	薛城区	0.5455	52	86					
中南地区									
长沙市	望城区	0.9038	1	8	邵阳市	北塔区	0.5704	10	71
岳阳市	云溪区	0.7745	2	23	广州市	番禺区	0.5687	11	72
佛山市	禅城区	0.7502	3	26	桂林市	秀峰区	0.5682	12	73
贵港市	港北区	0.7026	4	35	钦州市	钦北区	0.5649	13	76
南宁市	武鸣区	0.6585	5	45	长沙市	芙蓉区	0.5569	14	79
荆州市	沙市区	0.6478	6	50	洛阳市	偃师区	0.5455	15	86
柳州市	柳江区	0.6065	7	60	佛山市	顺德区	0.5303	16	93
长沙市	开福区	0.5968	8	61	桂林市	临桂区	0.5285	17	100
岳阳市	君山区	0.5911	9	65					
西南地区									
遂宁市	安居区	0.7872	1	21	遵义市	红花岗区	0.5457	5	81
重庆市	长寿区	0.7245	2	31	内江市	市中区	0.5421	6	89
安顺市	西秀区	0.6276	3	56	内江市	东兴区	0.5359	7	90
贵阳市	乌当区	0.5652	4	75					
西北地区									
西安市	鄠邑区	0.8228	1	13	铜川市	王益区	0.5680	7	74
西安市	长安区	0.7926	2	15	榆林市	榆阳区	0.5457	8	81
铜川市	印台区	0.7221	3	32	西安市	灞桥区	0.5455	9	85
西安市	临潼区	0.6875	4	40	西安市	高陵区	0.5301	10	94
西安市	雁塔区	0.6681	5	43	西安市	碑林区	0.5289	11	97
宝鸡市	凤翔区	0.6451	6	51					

续表

城市	区政府	标准化值	地区排名	全国排名	城市	区政府	标准化值	地区排名	全国排名
华北地区									
天津市	东丽区	0.7444	1	29	呼和浩特市	新城区	0.6274	4	57
呼伦贝尔市	海拉尔区	0.6964	2	38	北京市	东城区	0.5825	5	67
鄂尔多斯市	东胜区	0.6379	3	53					
东北地区									
沈阳市	于洪区	0.6381	1	52					

政务基本信息是政务公开的重要内容，是测度区政府效率的主要指标，是区政府应该公布的最简单、最基本的信息，其数据来自各区政府网站公布的基本信息。分析表 6－12，不难得出以下两个结论。

第一，我国区政府在政务基本信息上表现不均衡，其中，华东地区与其他地区之间差距较大。从全国排名前 100 的区政府区域分布看，华东地区有 59 个，约占华东样本的 22%；西北地区有 11 个，约占西北样本的 14%；西南地区有 7 个，约占西南样本的 6%；中南地区有 17 个，约占中南样本的 7%；华北地区有 5 个，约占华北样本的 4%；东北地区有 1 个，约占东北样本的 0.8%。

第二，区政府在政务基本信息方面存在困境。因为本书所用的有关政务基本信息的数据都来自 2022 年底或者 2023 年初各区召开地方两会时由区政府主要负责人、区财政局及区发改委负责人等向两会代表及委员所做的报告或者通报的数据，都是最基本的信息，从理论上都应该及时依法 100% 在区政府网站公开。换言之，全国 977 个区政府的政务基本信息排名应该都是并列第 1 名。但是实际并非如此，真正做到依法及时公开政务信息、实现政务工作透明的区政府屈指可数。可见，我国区政府亟须加强落实党中央国务院依法全面实行政务公开的要求。

（八）2023年政务时效排名与分析

政务时效也是政务公开的子因素，被赋予0.20的权重，包括政府办公室主动信息公开时效等6个指标，详见附录1.4。2023年区政府政务时效全国前100名的标准化值及排名见表6－13。

表6－13　2023年区政府政务时效全国前100名的标准化值及排名

城市	区政府	标准化值	地区排名	全国排名	城市	区政府	标准化值	地区排名	全国排名
华东地区									
上海市	静安区	1.5549	1	1	日照市	岚山区	0.6406	19	55
福州市	马尾区	0.9780	2	5	芜湖市	繁昌区	0.6392	21	58
宿迁市	宿城区	0.9692	3	6	苏州市	吴江区	0.6262	22	61
三明市	三元区	0.9000	4	9	宁波市	奉化区	0.6224	23	62
湖州市	南浔区	0.8639	5	13	盐城市	盐都区	0.6184	24	63
常州市	武进区	0.8598	6	14	鹰潭市	月湖区	0.6135	25	66
南京市	江宁区	0.7767	7	17	无锡市	梁溪区	0.5962	26	71
金华市	金东区	0.7331	8	25	扬州市	广陵区	0.5906	27	73
宁波市	鄞州区	0.7228	9	27	芜湖市	鸠江区	0.5839	28	75
景德镇市	珠山区	0.6976	10	33	南昌市	青山湖区	0.5811	29	76
绍兴市	越城区	0.6950	11	34	泰安市	泰山区	0.5793	30	77
黄山市	徽州区	0.6837	12	38	赣州市	章贡区	0.5770	31	78
淮安市	淮阴区	0.6769	13	40	安庆市	迎江区	0.5720	32	81
吉安市	青原区	0.6765	14	41	合肥市	瑶海区	0.5708	33	82
南昌市	西湖区	0.6702	15	42	上海市	奉贤区	0.5520	34	90
福州市	鼓楼区	0.6617	16	48	绍兴市	上虞区	0.5484	35	91
常州市	天宁区	0.6449	17	52	济南市	章丘区	0.5449	36	93
泉州市	丰泽区	0.6422	18	54	滁州市	琅琊区	0.5319	37	94
六安市	裕安区	0.6406	19	55	东营市	东营区	0.5235	38	98

续表

城市	区政府	标准化值	地区排名	全国排名	城市	区政府	标准化值	地区排名	全国排名
中南地区									
来宾市	兴宾区	1.3955	1	2	衡阳市	雁峰区	0.6700	13	43
长沙市	开福区	0.9375	2	7	安阳市	殷都区	0.6671	14	45
广州市	白云区	0.8958	3	10	株洲市	渌口区	0.6671	14	45
南宁市	武鸣区	0.8655	4	12	深圳市	南山区	0.6521	16	49
郴州市	北湖区	0.8118	5	15	肇庆市	鼎湖区	0.6400	17	57
佛山市	南海区	0.7816	6	16	湛江市	赤坎区	0.6066	18	68
柳州市	柳北区	0.7518	7	20	钦州市	钦北区	0.5739	19	79
衡阳市	石鼓区	0.7359	8	23	贵港市	港北区	0.5736	20	80
三亚市	天涯区	0.7350	9	24	三亚市	崖州区	0.5653	21	86
江门市	新会区	0.7007	10	31	佛山市	高明区	0.5611	22	88
汕头市	龙湖区	0.6874	11	35	许昌市	建安区	0.5241	23	97
汕尾市	城区	0.6862	12	36					
西南地区									
泸州市	江阳区	1.2140	1	3	攀枝花市	仁和区	0.6432	12	53
成都市	锦江区	0.9314	2	8	重庆市	武隆区	0.6305	13	60
眉山市	东坡区	0.8826	3	11	重庆市	开州区	0.6182	14	64
玉溪市	江川区	0.7742	4	18	乐山市	金口河区	0.6167	15	65
南充市	顺庆区	0.7385	5	22	曲靖市	麒麟区	0.6087	16	67
重庆市	铜梁区	0.7168	6	28	广元市	利州区	0.5978	17	70
重庆市	大足区	0.7132	7	29	贵阳市	乌当区	0.5959	18	72
乐山市	市中区	0.7116	8	30	自贡市	大安区	0.5706	19	83
绵阳市	涪城区	0.6829	9	39	遵义市	汇川区	0.5668	20	85
遂宁市	安居区	0.6504	10	50	昆明市	晋宁区	0.5639	21	87
贵阳市	白云区	0.6476	11	51	绵阳市	安州区	0.5234	22	99
西北地区									
汉中市	汉台区	1.2081	1	4	庆阳市	西峰区	0.6857	3	37
宝鸡市	凤翔区	0.7561	2	19	宝鸡市	陈仓区	0.5279	4	96

续表

城市	区政府	标准化值	地区排名	全国排名	城市	区政府	标准化值	地区排名	全国排名
华北地区									
天津市	武清区	0.7477	1	21	石家庄市	栾城区	0.5535	5	89
北京市	石景山区	0.7250	2	26	天津市	和平区	0.5479	6	92
保定市	满城区	0.6367	3	59	天津市	红桥区	0.5227	7	100
北京市	怀柔区	0.5888	4	74					
东北地区									
双鸭山市	四方台区	0.7005	1	32	黑河市	爱辉区	0.6032	4	69
四平市	铁东区	0.6692	2	44	朝阳市	双塔区	0.5682	5	84
大连市	沙河口区	0.6636	3	47	牡丹江市	西安区	0.5293	6	95

政务时效是指区政府官网回应公众咨询及为居民办事的时效，能反映居民或企业所体验的政府服务质量与效果，直接体现区政府效率水平。通过分析表6－13，可得出两个结论。

第一，我国区政府政务时效表现相对均衡。一方面，我国华东、西南、中南等地区的区政府政务时效表现较好，彼此差距不大。比如，华东地区有38个区政府进入政务时效全国前100位，占该地区样本的14%；西南地区有22个，占该地区样本的18%；中南地区有23个，占该地区样本的9%。另一方面，我国东北、西北、华北地区进入政务时效全国前100名的区政府的数量和比例相当。比如，东北地区有6个，占该地区样本的4%；西北地区有4个，占该地区样本的5%；华北地区有7个，占该地区样本的5%。

第二，我国区政府在政务时效方面还有很大进步空间。因为有关政务时效的数据只是反映了区政府最简单、最近的网上咨询及网上办事的回应时间，本应在区政府网站上100%公开。也就是说，全国共977个区政府的政务时效排名理论上都应并列第1，但是，截至2023年5月底，我国区政府网站初步公开最新的、最简单的网上咨询及网上办事办结时点的区政府数量不多，几乎有 60% 的区政府政务时效相关信息公布不及时、不充分。

综上所述，我国各区政府落实中央有关政务公开文件绩效不佳，这严重制约了区政府效率的提高，因此，完善、落实区政府政务公开制度，加强相关监督和考核，有利于提升区政府的政务时效、促进区政府的政务公开，从而提升区政府效率。

第七章 2023年中国地方政府效率提升经验与对策

一　提升省级政府效率的经验与对策

（一）江苏省提升政府效率的经验与对策

江苏省政府效率近年来一直表现优秀。2023 年江苏省进入中国地方政府效率“十高省”，排全国第 5 名。其直接原因在于该省政府在政府效率测度因素政务公开上表现卓越，2023 年全国排名第 7（见表 7－1）。

表 7－1　2023 年江苏省政府效率及测度因素全国排名

	政府效率	测度因素			
		政府公共服务	政府规模	居民经济福利	政务公开
权重	1	0.60	0.15	0.10	0.15
全国排名	5（0.2231）	5	9	5	7

注：括号中数字为政府效率标准化值。表 7－2 至表 7－8 同理。

资料来源：《中国地方政府效率研究报告（2023）》。

江苏省位列政府效率“十高省”的关键在于当地政府在改善公共服务、全面实施政务公开等方面的有效举措，这表现在两个方面。

第一，持续推进公共服务均等化及优质化，坚持不懈保障和改善民生。2022 年，江苏省采取更多举措惠民生、暖民心、解民忧，安排的 12 类 50 件民生实事全面完成，居民人均可支配收入达 4.98 万元，同比增长

5%；加大稳就业工作力度，认真落实援企稳岗各项政策措施，精准帮扶高校毕业生、农民工、退役军人等重点群体就业，实施更加积极的就业政策，促进多渠道创业就业，城镇新增就业 132 万人，城镇调查失业率为 5%；不断优化基本公共服务，加强重大民生政策统筹协调，实施民生支出清单管理，教育、医疗等重点支出增幅均高于财政支出总体增幅。养老托育服务短板加快补齐，2022 年累计新增托位数 4 万个，完成适老化改造 3.6 万家，“15 分钟医保服务圈”覆盖 95% 以上的乡镇和街道；强化民生商品保供，健全多层级储备调控和预期管理体系，重要民生商品保持量足价稳，2022 年居民消费价格上涨 2.2%，控制在预期目标内；着力帮扶困难群体，开展特殊困难群体救助帮扶和妇女儿童权益保障问题专项排查整治行动，保障城乡低保对象 64.14 万人、特困人员 20.2 万人，发放价格补贴资金 3.78 亿元、惠及困难群众 455 万人次。①

第二，全面实施政务公开，加强互动交流、回应社会关切。根据表 7－1，2023 年江苏省政务公开指标排名全国第 7。这主要得益于该省深入贯彻落实《国务院办公厅关于印发 2022 年政务公开工作要点的通知》（国办发〔2022〕8 号），颁布《江苏省 2022 年政务公开工作要点》，结合江苏省实际，着力提升江苏省政务公开质量和水平，更好实现以公开促落实、强监管、优环境。具体做法主要体现在三个方面。一是重视建设优质务实的政策环境。紧紧围绕贯彻落实中央和江苏重大决策部署，聚焦促进数字经济发展、打造一流营商环境、加强数字政府建设等重点工作，及时做好重大政策、权威信息发布工作。二是注重构建高效便利的政务环境。扎实推进基层政务公开，继续深化标准目录与业务系统的融合，强化政务公开专区建设，推动办事服务“快递式”公开；提高政务服务便民热线、实体服务大厅政策咨询服务水平，建设完善统一的智能化政策问答平台。三是着力营造公正透明的法治环境。结合失效行政规范性文件清理，在政府网站政

① 《2022 年工作回顾》，江苏省人民政府网站，2023 年 1 月 29 日，https://www.jiangsu.gov.cn/col/col88027/index.html。

府信息公开专栏集中公开并动态更新现行有效行政规范性文件，2022 年底前江苏省政府及其部门率先完成这一任务，全省市县政府及其部门结合实际情况有序推进相关工作。积极探索建立本地、本系统统一的现行有效行政规范性文件库，加强政策集中公开成果运用。①

（二）福建省提升政府效率的经验与对策

2023 年福建省政府效率表现优秀，进入中国地方政府效率“十高省”，排名全国第 9。其主要原因在于 2023 年该省政府公共服务及居民经济福利表现优秀，分别排在全国第 8 名、全国第 7 名（见表 7－2）。

表 7－2 2023 年福建省政府效率及测度因素排名

	政府效率	测度因素			
		政府公共服务	政府规模	居民经济福利	政务公开
权重	1	0.60	0.15	0.10	0.15
全国排名	9（0.0886）	8	15	7	19

资料来源：《中国地方政府效率研究报告（2023）》。

福建省提升政府效率的经验，集中表现在该省在不断优化公共服务、提升居民经济福利、提升政府治理效能等方面的有效实践中，主要包括以下三个方面。

第一，凝心聚力惠民生，注重提高群众生活品质。一是就业政策提质加力，深入开展职业技能提升行动，稳定重点群体就业。2022 年，全省城镇新增就业 51.97 万人，城镇失业人员再就业 13.19 万人。二是社会保障持续用力。2022 年，福建省城镇职工退休人员基本养老金增长 4%，城乡居民基础养老金最低标准提高到 140 元，城乡居民医保人均财政补助标准提高到 610 元，城乡低保年均标准提高到 9999 元。三是群众急难愁盼问题解决有力。比如，2022 年全面完成 25 件省委省政府为民办实事项目，新

① 《江苏省 2022 年政务公开工作要点》，江苏省人民政府网站，2022 年 5 月 24 日，http://www.jiangsu.gov.cn/art/2022/5/24/art_84418_10459154.html?gqnahi=affiy2。

建农村区域性养老服务中心 86 个、“长者食堂”488 个，新增普惠性托位 2 万多个，新开工保障性安居工程 18.6 万套。四是社会服务事业协同发力。2022 年，教育事业取得新成效，新增公办学前教育学位 6.7 万个、义务教育学位 13 万个，高等教育毛入学率达 61%；卫生健康事业取得新进步，公立医院绩效考核位居全国前列，4 家医院进入全国百强榜、排名大幅提升，全省新增医疗床位 6000 个，全面实施职工医保门诊共济保障，医学检查检验结果互认实现二级以上公立医院全覆盖，28 万名适龄女性免费接种 HPV 疫苗；文化事业取得新突破，6 项茶制作技艺列入联合国教科文组织人类非物质文化遗产代表作名录，10 部作品获全国第十六届精神文明建设“五个一工程奖”，数量居全国首位。①

第二，凝心聚力稳增长，有效保证经济运行在合理区间。2022 年，福建省全面顶格落实国家稳经济政策，出台实施 48 条一揽子政策和 21 条接续政策，全年退减降缓税费 1146 亿元；新增 400 亿元纾困专项贷款，设立各 50 亿元规模的制造业中小微企业、纺织鞋服产业纾困融资支持专项贷款，惠及企业 1.83 万家。同时，重视全面发挥投资关键作用，用好用足政策性开发性金融工具，发行地方政府专项债券 1831 亿元；福厦高铁全线贯通，兴泉铁路、靖永高速建成通车，福州地铁 5 号线、6 号线开通运营，闽江南平—福州段复航，霍口水库主体工程完工，周宁、永泰抽水蓄能电站建成投用。另外，全面增强消费基础作用。深入开展“全闽乐购”，举办首届福品博览会，发放 4 亿元消费券，撬动汽车、家电等大宗消费回升，新能源汽车销售额增长 78.7%。此外，全面加强运行分析调度，建成全省经济社会运行和高质量发展监测与绩效管理平台，上线运行省工业企业供需对接平台，创新日监测、旬调度、月分析机制，主要指标位居全国前列。

第三，凝心聚力增活力，坚持改革不停顿，“放管服”改革持续深化。

① 《2023 年福建省人民政府工作报告》，福建省人民政府网站，2023 年 1 月 20 日，https://www.fujian.gov.cn/zwgk/ghjh/gzjh/202301/t20230120_6097625.htm。

2022 年，正式施行《福建省优化营商环境条例》，推出“一件事一次办”改革事项 8125 个，精简 67.6% 的审批环节，获国务院肯定；加快推进要素市场化配置改革，有序实施工业用地“标准地”改革，全面建成省市两级公共数据汇聚共享平台；公立医院综合改革效果评价已连续 7 年位居全国前列，医保支付方式改革实现九市一区全覆盖；接续实施林业“八大工程”，“林长 +”工作走在全国前列；普惠金融改革成效明显，普惠型小微企业贷款增长 27%，龙岩、宁德、晋江、厦门入选中央财政支持普惠金融发展示范区；国企改革三年行动圆满收官，省大数据集团、金投公司组建运营；进一步传承弘扬“晋江经验”，出台促进民营经济创新发展若干措施，成功举办世界闽商大会、弘扬“晋江经验”促进民营经济高质量发展大会，民营经济增加值增长 5%。

二　提升地级市政府效率的经验与对策

（一）成都市提升政府效率的经验与对策

成都市政府效率近年来一直表现优秀。2023 年成都市进入中国地方政府效率“百高市”，排名全国第 6、西南地区第 1（见表 7－3）。成都市政府效率持续名列前茅主要得益于其在提高政府公共服务水平、持续优化政府规模、全面落实政务公开等方面的不懈努力。

表 7－3　2023 年成都市政府效率及测度因素排名

	政府效率	测度因素			
		政府公共服务	政府规模	居民经济福利	政务公开
权重	1	0.60	0.15	0.10	0.15
全国排名	6（0.5580）	7	39	47	4
西南地区排名	1（0.5580）	1	6	2	2

资料来源：《中国地方政府效率研究报告（2023）》。

第一，重视提高政府公共服务水平，政务服务事项办理的便捷性、有效性明显增强。成都市坚持为民惠民、赋能增效，持续深化“智慧蓉城”建设，完善惠企利民数字化服务机制，不断提升“天府市民云”“天府蓉易办”等平台功能，实现了“免申即享”“民生直达”，让群众、企业办事少跑腿、不跑腿。[①] 同时，注重健全覆盖全民的社会保障服务体系，深入实施全民参保计划，构建全龄友好社会，推动现代化建设成果更多更公平惠及全市人民。[②]

第二，持续深化“放管服”改革，成都市政府规模 2023 年排名全国第 39，政府规模进一步优化。进一步推进简政放权，创新监管方式，为企业创造良好的营商环境，为人民群众创造简便快捷的政务办理流程，切实增强企业和群众的获得感，用政府权力的减法换取市场活力的乘法，不断为企业“松绑”，为群众“解难”，为市场“腾位”。

第三，全面落实政务公开，加强政民互动交流，回应社会关切，政务公开 2023 年排名全国第 4，表现优异。成都市不断加强政务主动公开，拓展基层政务公开，深化基层政民互动，建设分级分类、集中统一、共享共用、动态更新的政策文件库，及时公开继续有效、失效和废止的行政规范性文件目录，围绕教育、医疗、社会保障、环境保护、公共卫生、突发公共事件等企业、群众关切的问题，深化细化公开政策文件内容并同步发布政策解读。2023 年 7 月底前，成都市各区（市）县政府门户网站全面上线基层政务公开专栏，对照基层政务公开事项标准目录完善公开内容，杜绝事项目录与公开内容“两张皮”；2023 年 6 月底前，深化政务公开专区建设，推进政务公开线上“一码通”、线下“一册通”；2023 年全年，积极推动开展局长（主任）进大厅、群众列席政府会议、“政务开放日（周）”

① 《全市网络安全和信息化工作会议召开 施小琳出席并讲话》，成都市人民政府网站，2023 年 9 月 16 日，https://www.chengdu.gov.cn/chengdu/home/2023-09/16/content_79a2df4af7ff4e34987e7860fa5efa90.shtml。

② 《政府工作报告》，成都市人民政府网站，2023 年 3 月 21 日，https://www.chengdu.gov.cn/chengdu/c159235/2023-03/21/content_abbda3e0834048408a3bad56bf28c636.shtml。

等政务公开活动。同时，政府网站总门户功能不断提升。成都市积极推进政府网站改版，提升智能应用水平，提升市政府网站集约化平台搜索功能，实现“一键提取、即搜即用”，推动人机“对话”上线，提升智能问答质效，进一步做好相关栏目、内容和服务的归集整合，增强政府网站政务公开、政务服务、政民互动功能，加强政府网站适老化与无障碍改造，预期在2023年底前一级标准率达到100%。[①]

(二)鄂尔多斯市提升政府效率的经验与对策

2023年鄂尔多斯市政府效率表现非凡，进入中国地方政府效率“百高市”，排在全国第58名、华北地区第4名（见表7－4），成为高效地级市政府的代表。取得这一优异成绩得益于鄂尔多斯市政府着力提升政府治理效能、率先推进绿色发展、重视公共服务能力建设、大力增进民生福祉、持续优化营商环境等方面的主动作为及有效措施。

表7－4　2023年鄂尔多斯市政府效率及测度因素排名

	政府效率	测度因素			
		政府公共服务	政府规模	居民经济福利	政务公开
权重	1	0.60	0.15	0.10	0.15
全国排名	58（0.1705）	169	4	31	155
华北地区排名	4（0.1705）	13	1	1	10

资料来源：《中国地方政府效率研究报告（2023）》。

第一，持续完善政府治理，严格控制政府运行成本，不断调适政府规模，着力提升政府治理效能。2022年，鄂尔多斯市结合党的二十大报告精神，健全法治政府建设制度体系，推动厅市合作建设鄂尔多斯法治示范

① 《成都市人民政府办公厅关于印发成都市2023年政务公开工作要点的通知》，成都市人民政府网站，2023年7月26日，https://www.chengdu.gov.cn/chengdu/c159231/2023-07/26/content_15e185a6d6e54dfcaafdcb5fa83ed596.shtml。

市，完善行政政策评估制度；健全府院联动机制，开展“化积案、治重访、促稳定”攻坚行动，100%化解中央、自治区交办的重复信访事项；全面推行“接诉即办”，12345热线累计办理群众诉求70万件，群众满意率达99.6%，2000多个久诉未决的问题得到有效化解，行政与司法公信力显著增强。同时，鄂尔多斯市坚持政府过“紧日子”，市本级非重点、非刚性预算支出压减40亿元。大力整治“三多、三少、三慢”问题，有效减轻基层负担，持续提升政府服务效能。

第二，率先走绿色发展之路，高度重视改善公共服务、居民经济福利及民生福祉。具体表现在三个方面。一是启动建设黄河流域生态保护和高质量发展先行区三年行动，开展“十大行动”，2022年，实施小流域综合治理156平方千米，完成林草生态建设405.8万亩，新建绿色矿山60座；开展水资源、矿山、林草等专项整治行动，恩格贝生态示范区入选全国生物多样性优秀案例；实施污染防治任务1176项，空气优良率提高3个百分点，国控断面水质达标率、城市集中式饮用水水质达标率、重点建设用地安全利用率均达到100%。二是建立碳达峰、碳中和“1+N+X”政策体系，研发应用“碳立方”数字化系统，2022年，实施工业节能技改项目18项，完成能耗强度控制目标任务。三是重视改善公共服务与民生福祉。根据表7－4，2023年鄂尔多斯市居民经济福利特别优秀，全国排名第31。2022年，全面完成鄂尔多斯市市级10项民生实事年度任务。新增城镇就业1.7万人；改造城镇老旧小区66个，开工建设保障性租赁住房902套；新建改扩建中小学幼儿园27所，新增学位8220个，校外培训治理工作入选全国“双减”优秀案例；组建职业教育联盟，推动厅市共建鄂尔多斯应用技术学院；实施市中心医院东胜部医疗综合楼等新建改扩建工程，组建城市医疗集团2家、专科联盟4个；城乡低保标准分别提高7.1%和8.3%，特困人员基本生活补贴标准分别提高6.3%和7.1%，实现街道、社区养老服务中心（站）全覆盖，入围全国首批婴幼儿照护示范城市，“两癌”防治工作受到国家通报表扬；开展全民健身“七个100”行动，开展文化惠民活动4000余场次，获评国家公共文化服务体系示范区创新发展复核优秀城市。①

第三，深入推进“放管服”改革，持续优化营商环境。鄂尔多斯市推动简政放权、放管结合、优化服务不断取得新突破，激发市场主体活力和发展内生动力，致力于打造与高质量发展相适应的一流营商环境。比如，该市围绕“一网三平台”建设，以办事流程的“减法”、监管力度的“加法”、优化服务的“乘法”，全面提升交易管理和服务质量，优化营商环境。又如，强化统筹协调。成立专门工作小组，制定“最多跑一次”清单目录，推出“标前服务”“延时服务”“双休服务”“跟踪服务”等便捷高效措施，严格执行一次性告知制度、首问负责制度、限时办结制度等工作制度，着力打造廉洁高效、规范有序的服务型机关。再如，推进数据代跑。充分运用“互联网＋公共资源交易平台”和大数据，构建起业务受理、信息确认、公告发布、专家抽取、投标开标、评标定标、合同备案、数据分析等全程网上公共资源交易“一站式”服务体系，让“数据多跑路，交易主体少跑腿”变为现实。另如，推行“链长制”精准招商。开展服务入园、政策暖企、“我为企业找订单”等行动；制定对标先进创建和建设最优营商环境行动两个“500条”，《鄂尔多斯市民营经济促进条例》被评为内蒙古自治区“最受企业欢迎惠企政策”第1名。②

三　提升县级政府效率的经验与对策

（一）东阳市提升政府效率的经验与对策

东阳市是浙江省金华市所辖的县级政府，表7－5显示，2023年东

① 《政府工作报告——2023年1月2日在鄂尔多斯市第五届人民代表大会第二次会议上》，鄂尔多斯市人民政府网站，2023年1月6日，http://www.ordos.gov.cn/gk_128120/ghjh/zfgzbg/202301/t20230106_3325641.html。

② 《深化“放管服”，激发“内动力”》，鄂尔多斯市人民政府网站，2019年9月5日，http://www.ordos.gov.cn/zt_127959/yhyshj/ysdt/201909/t20190905_2893285.html。

阳市政府效率表现优秀，跻身中国地方政府效率“百高县”，排名全国第4、华东地区第3。其直接原因主要在于该市在公共服务优化、科技创新、民生福祉增进、营商环境优化等方面的有效举措，具体反映在东阳市在政府公共服务及居民经济福利等政府效率测度因素上的卓越表现上。

表7-5　2023年东阳市政府效率及测度因素排名

	政府效率	测度因素				
		政府公共服务	政府规模	居民经济福利	政务公开	乡村振兴效率
权重	1	0.55	0.15	0.10	0.10	0.10
全国排名	4（1.5656）	2	319	25	1202	536
华东地区排名	3（1.5656）	2	78	25	317	168

资料来源：《中国地方政府效率研究报告（2023）》。

第一，公共服务持续优化。2022年，东阳市创成全国学前教育普及普惠市，启动全国义务教育发展均衡市创建；加快市职教中心改扩建项目建设，扩大“中、高、本”一体化培育规模，大力补齐职业教育短板；加快横店电影学院、北京中医药大学东阳研究院筹建；推动湖溪镇中心小学、吴宁二小、实验幼儿园青春路园区等18个新建（改扩建）学校项目投入使用，新增学位3780个。规范民办义务教育、深化教育“双减”等重点工作取得预期成效，实现义务教育学校课后服务全覆盖和学科类培训机构“清零”。教育现代化水平居于浙江省第19位，广厦大学成为全国首批职业本科学士学位授予单位，教育服务质量保持浙江省领先。建成投用新中医院、人民医院手术中心大楼，市妇保院成功创建三级乙等妇保院，市人民医院荣获全国三级公立医院绩效考核县级医院第一名，东阳市本身在健康浙江建设考核中连续四年获评优秀。市养老中心一期主体结顶、二期开工建设，新增托育机构17家、托位1285个，建成残疾人托养中心。开工建设中国计算机博物馆，成功创建省级传统民居文化传承生态保护区，顺利承办浙江省第十七届运动会5

项赛事。[①]

第二，大力实施科技创新。2022 年，全市新认定地市级以上高新技术企业 43 家，累计 240 家，新增规上企业 100 家、亿元企业 16 家、国家级专精特新“小巨人”企业 8 家。新增“浙江制造”标准 3 项、“品字标”企业 38 家，入选全国首批知识产权强市建设试点。2022 年，全年专利申请受理 3443 件，其中包括发明专利 358 件，新增高价值发明专利 230 件；2 件发明专利荣获第 23 届中国专利奖优秀奖。万人有效发明专利拥有量达 31.64 件。出台实施人才新政 3.0 版，举办“智汇东阳”系列引才活动 92 场，创建国家级博士后工作站 1 家，引育省级以上高层次人才 13 人、大学生 1.95 万人。全市新立东阳市级科技项目 49 项。全市年末拥有地（市）级及以上独立的研究开发机构 201 家，其中有浙江省重点企业研究院 4 家、省企业研究院 17 家、省级高新技术企业研发中心 63 家。[②]

第三，民生福祉持续改善。2022 年，东阳市全面落实就业创业、稳岗留工等政策，发放创业担保贷款 3325 万元，新增城镇就业 2.96 万人，零就业家庭实现动态清零，花园村获评国家级充分就业社区。进一步扩大社保、医保覆盖面，稳步提升社会保险待遇水平，打造“东阳医保·暖心服务”品牌。2022 年，城镇、农村居民人均可支配收入分别增长 3.8% 和 6.5%。以重大民生项目大会战为抓手，推动公共服务提质扩面。[③]

第四，构建一流营商环境，持续激发发展动力活力。2022 年，东阳市开展营商环境优化提升大行动，基本实现“办事不求人、高效快捷办、全

① 《政府工作报告》，东阳市人民政府网站，2023 年 2 月 2 日，http://www.dongyang.gov.cn/art/2023/2/2/art_1229303805_4055809.html。

② 《2022 年东阳市国民经济和社会发展统计公报》，东阳市人民政府网站，2023 年 5 月 23 日，http://www.dongyang.gov.cn/art/2023/5/23/art_1229352463_4093600.html。

③ 《政府工作报告》，东阳市人民政府网站，2023 年 2 月 2 日，http://www.dongyang.gov.cn/art/2023/2/2/art_1229303805_4055809.html。

程网上办”，营商环境评价结果进入浙江省第一梯队。迭代完善稳增长和产业高质量发展政策体系，优化政策兑现流程，推动各项政策直达快享，2022 年全年为市场主体减负 12 亿元以上，兑现惠企资金 12 亿元以上，持续提振市场信心。深化“减证便民”行动，推进电子营业执照和电子证照互通共享应用，加快实现市场监管、税务、经信等企业年报“多报合一”，做到企业办事无忧、政府无事不扰。规范政府采购招投标机制，政府采购项目预留给中小企业比例不低于 40%。实施融资畅通工程，强化财政金融协同服务，确保全年新增贷款 320 亿元以上，制造业、普惠小微企业贷款增速不低于各项贷款平均增速。坚持“两个毫不动摇”，大力弘扬新时代企业家精神，推行“综合查一次”联合执法等机制，依法保护民营企业合法权益，充分激发民营经济活力。

（二）安平县提升政府效率的经验与对策

安平县是河北省衡水市所辖的县级政府。2023 年安平县政府效率表现优异，进入中国地方政府效率“百高县”，排名全国第 98、华北地区第 5（见表 7－6），成为我国高效县级政府的优秀代表。取得这一优异成绩是由于安平县政府在优化公共服务、促进乡村振兴等方面的主动作为及积极贡献。

表 7－6　2023 年安平县政府效率及测度因素排名

	政府效率	测度因素				
		政府公共服务	政府规模	居民经济福利	政务公开	乡村振兴效率
权重	1	0.55	0.15	0.10	0.10	0.10
全国排名	98（0.4138）	70	551	392	703	72
华北地区排名	5（0.4138）	4	109	78	56	3

资料来源：《中国地方政府效率研究报告（2023）》。

安平县全面贯彻落实党中央以及河北省、衡水市的决策部署，坚持高质量推进新区提级、城市更新和乡村振兴，全力稳增长、促改革、调结构、惠民生、防风险、保稳定，[①] 全力以赴保重点、促发展。[②] 这主要表现在以下三个方面。

第一，聚焦民生抓基础兜底线，高质量改善公共服务。一是安平县坚持政府过“紧日子”、群众过“好日子”的原则，2021 年，民生支出占全部财政支出 82% 以上，圆满完成河北省、衡水市民生工程和全县十大民生实事任务，让安平发展更有温度、群众生活更加美好。二是高质量改善公共服务。大幅提升城乡低保、五保供养标准，13 家养老机构达到星级养老服务标准。积极实施稳就业政策，2021 年，建成衡水市第一家省级创业大学，新增城镇就业人员 3969 人，超额完成任务；积极提高城乡基础教育质量，县幼儿园长安街园、建材街园和程油子乡幼儿园建成投用，2.5 万名学生享受校内课后托管服务，83 所农村小学实现营养改善计划全覆盖。坚决落实“双减”政策，关停整改 39 家校外培训机构；注重改善医疗卫生服务，安平县医院、县中医院和 8 个乡镇卫生院全部建成远程诊室，成功创建省级卫生乡镇 3 个、省级卫生村 54 个；积极跟进国家集采，四类药品价格平均降幅达 58%，看病难、看病贵问题得到有效缓解。[③]

第二，聚力农村调结构抓治理，稳步推进乡村振兴。坚持农业农村优先发展，用抓工业理念抓好农业，奋力书写农业高质高效、乡村宜居宜业、农民富裕富足的安平答卷。调整农业种植结构。坚持县域农业结构调整一张图，横向扩展农业增值增效空间、纵向提升农业功能价值，构建完善的现代农业产业体系。坚决扛起粮食安全政治责任，遏制耕地“非农化”、防止耕地“非粮化”，深入实施藏粮于地、藏粮于技战略，2022 年，

① 《安平县人民政府 2022 年政府工作报告》，安平县人民政府网站，2022 年 7 月 19 日，http://xxgk.hengshui.gov.cn/eportal/fileDir/apx/resource/cms/article/2670423/2886253/2022071910421898577.doc。

② 《2023 年政府预算公开》，安平县人民政府网站，2023 年 1 月 19 日，http://xxgk.hengshui.gov.cn/apx/bm76/apxczj69/fdzdgknr6954/ys_js4754/2961110/index.html。

③ 《安平县人民政府 2022 年政府工作报告》，安平县人民政府网站，2022 年 7 月 19 日，http://xxgk.hengshui.gov.cn/eportal/fileDir/apx/resource/cms/article/2670423/2886253/2022071910421898577.doc。

新建高标准农田1万亩；努力做长农业产业链、提升价值链，打造京津高端农副产品供应基地。优化农业园区格局。坚持以工促农、园区兴农，发挥产业园区、重点项目带动作用，拓展农民就业空间和增收渠道，实现农户、企业与政府多方共赢。用好擦亮国家现代农业产业园区“金字招牌”，统筹各乡镇资源禀赋、产业特色，实施一镇一业、一村一品行动，2022年，扎实推进51个乡村振兴项目建设，鼓励有条件的乡镇创建省市级农业园区。开展农村建设行动。加快建设马店汽配小镇、南王庄“五亿农民的方向”小镇，打造一批设施完善、功能齐全、环境优美、产城融合的特色小镇、产业强镇。加快推进行洪区村庄搬迁扫尾；加快推进行洪区村庄复垦，建成滹沱新城一期，让行洪区群众搬进新居。合理确定村庄布局分类，遵循群众意愿，有序启动北郭、南满子等旧村改造。持续巩固提升农村人居环境整治成效，推动硬化、绿化、亮化、美化、净化“五化”进村，健全改厕后续管护、生活污水治理长效机制，2022年，改造农村厕所5600座，建成省级美丽乡村12个。补齐农村公共设施短板，推进农村供水管网改造，建设提升农村公路30千米以上。建立村集体经济稳定增收机制，年收入10万元的村超过50%。深入推进乡村新时代文明实践活动，大力推进移风易俗，“美丽庭院”覆盖率达到40%以上，培育文明乡风、良好家风、淳朴民风。

第三，坚持“公开为原则，不公开为例外”的工作理念，全面落实政务公开。首先，做好政府信息主动公开工作。按照《衡水市2022年政务公开工作任务分解方案》，将政务公开任务细化分解到各责任单位，持续推进重点领域信息公开，做好重大决策、重要文件的解读工作。其次，建设好政府信息公开平台。围绕重点工作，打造“学习宣传党的二十大精神”“创业就业服务”“优化营商环境”等专题专栏；聚焦“放管服”改革和优化营商环境，设置优化营商环境专项巡视网络问卷调查飘窗及一揽子政策措施明白卡，做好重点领域信息公开；修改完善政府信息公开平台板块，增设“重大会议”“决策预公开”“助企纾困”等类目；落实政府信息公开监督保障措施，高度重视政务公开考核工作。[①]

四 提升区政府效率的经验与对策

（一）苏州市虎丘区提升政府效率的经验与对策

2023 年苏州市虎丘区政府效率表现优秀，进入中国地方政府效率“百高区”，排名全国第 39、华东地区第 22，是我国高效区政府的优秀典型（见表 7-7）。取得这一优异成绩的原因在于 2023 年该市政府在改善公共服务、居民经济福利、政府规模等方面的卓越成就，主要表现在以下四个方面。

表 7-7 2023 年苏州市虎丘区政府效率及测度因素排名

	政府效率	测度因素			
		政府公共服务	政府规模	居民经济福利	政务公开
权重	1	0.60	0.15	0.10	0.15
全国排名	39（0.3608）	78	180	20	357
华东地区排名	22（0.3608）	34	55	16	176

资料来源：《中国地方政府效率研究报告（2023）》。

第一，优化经济发展服务等公共政策平台，高质量提升公共服务及区域发展成效。2022 年，苏州市虎丘区在江苏省率先发布一站式供应链服务平台“全链通”，及时出台“纾困解难 21 条”“稳岗惠企 10 条”等政策，全年新增高质量产业类项目 186 个、高质量科技项目 377 个、外资项目 155 个，内资注册资金达 1430 亿元，增长 18.3%，实际使用外资 8.05 亿美元，增长 55.5%。数字经济和数字化发展步伐加快，完成智能化改造和数字化转型项目 800 个，实现规上工业企业全覆盖，新增国家级工业互联网“双跨”平台 2 家、省级示范智能车间 7 家、市级示范智能车间 18 家，

① 《安平县人民政府 2022 年政府信息公开工作年度报告》，安平县人民政府网站，2023 年 2 月 17 日，http://xxgk.hengshui.gov.cn/apx/bm76/apxzfbgs90/zfxxgknb738181/2931911/index.html。

获批省区块链技术创新与应用试验区、省工业大数据应用示范区。全国首个迪卡侬体育公园旗舰店开业，苏绣小镇获评江苏省唯一“全国非遗和旅游融合发展优选项目”，狮山夜间文旅消费集聚区入选省级集聚区，实现社会消费品零售总额 632.5 亿元，增长 0.5%。加快产业创新集群建设，新一代信息技术、高端装备制造两大主导产业产值分别达 1560 亿元和 1220 亿元，光子、高端医疗器械、集成电路、绿色低碳、软件和信息技术等新兴产业产值年均增幅超 30%。新兴产业产值、高新技术产业产值占规模以上工业总产值比重分别达 60% 和 57%。设立 100 亿元光子产业投资基金，成立市光子产业联盟、太湖光子中心协同创新平台，加快建设世界级太湖光子中心。虎丘区获批江苏省先进制造业和现代服务业深度融合试点、全省唯一高端医疗器械技术创新中心。实施科技企业培育“领航计划”和上市企业培育“领峰计划”，新增上市企业 5 家，累计拥有上市企业 28 家；认定国家高新技术企业 580 家，累计有效高新技术企业数达 1376 家；新增国家级“专精特新”小巨人企业 10 家、省级“专精特新”中小企业 118 家。年专利授权数达 14220 件，增长 3.24%，增幅为苏州市第 1，每万人发明专利拥有量达 142.55 件，是苏州全市平均水平的 1.78 倍。

第二，稳步提升居民生活品质，全面提高城乡居民经济福利。2022 年，苏州市虎丘区积极推进“一刻钟便民生活圈”建设。低保对象精准救助率、困境儿童应保尽保率和残疾人“两项补贴”精准发放率均达 100%。持续改善教育、医疗、社区养老、就业创业、住房等民生服务。开工建设南京大学苏州附属系列学校，新建改扩建学校 17 所、建成投用 6 所，可提供学位 14535 个；苏州科技城医院挂牌南京大学医学院附属苏州医院，苏大附二院浒关院区二期加快建设，高新区中医医院挂牌。试点实施“社区 + 物业 + 养老”，新建日间照料中心 3 个、嵌入式家医服务点 6 个，惠丰社区获评全国示范性老年友好型社区。大力推动就业创业，实现本地人员就业 11002 人，其中包括就业困难人员 2436 人；支持创业 2767 人，新增大学生创业企业 365 家。持续推进保障性租赁住房筹建工作，共筹建4768套（间）。

第三，着力推动“净美乡村”及农村高质量发展。虎丘区镇湖街道“绣美太湖”建成苏州市级特色康居示范区，建成濮舍等7个特色康居乡村。农村集体总资产达237亿元，村均集体可支配收入超1200万元，股份合作社分红2.65亿元，户均分红约4000元。健全“漫行新区”绿色公共出行服务系统，新增及更新公共自行车站点25处，新增停车泊位2200个，建成城市口袋公园6个。治理违法建设46.9万平方米，2021～2022年累计治理违法建设93.8万平方米，提前一年完成任务。完成56座山体专项规划编制，高景山生态公园建成开放，在全市率先建成苏州市生态资源公益修复基地。全区空气质量优良天数比例达79%，绿化覆盖率达46%。

第四，持续推进“放管服”改革，政府规模持续优化。2022年，在全市率先构建“审批+服务”模式，开展“企业开办、投资建设”全程帮办代办服务，建设项目审批时间比苏州市要求再压缩36.6%；狮山生物医药创新基地项目“六证联发”，百胜动力总部研发大楼项目“七证联发”，实现项目“拿地即开工”18例，数量位列苏州全市第2。同时，虎丘区政府扎实推进自身建设，着力提升服务效能，不断优化政府规模，努力建设人民满意的服务型政府。坚持依法行政。健全重大行政决策事项公众参与、专家论证、风险评估、合法性审查和集体讨论决定等法定程序，提升行政决策公信力执行力。提升政务服务效能。始终保持时时放心不下的责任感，以群众满意为第一标准、企业受益为第一目标，落实鼓励激励、容错纠错、能上能下“三项机制”，激发干事创业动力，提升服务实效。推动政务服务“一网通办”、城市运行“一网统管”、数字基座“一网通用”，加快数字政府建设。强化预算约束和绩效管理，完善审计监督体系，严控政府各项支出管理，切实提高财政资金使用效益，用政府的“紧日子”换老百姓的“好日子”。①

① 《虎丘区2023年政府工作报告》，苏州市人民政府网站，2023年1月6日，https://www.suzhou.gov.cn/szsrmzf/sxq/202301/d448c6c1846f4459b0f2e54a6432a7c5.shtml。

（二）广元市昭化区提升政府效率的经验与对策

2023年广元市昭化区政府效率十分抢眼，进入中国地方政府效率“百高区”榜单，排名全国第97、西南地区第10（见表7-8）。广元市昭化区政府效率取得的优异成绩主要源于该区在优化营商环境、基本民生服务、社会治理等方面的有效举措。

表7-8　2023广元市昭化区政府效率及测度因素排名

	政府效率	测度因素			
		政府公共服务	政府规模	居民经济福利	政务公开
权重	1	0.60	0.15	0.10	0.15
全国排名	97（0.2346）	43	819	460	130
西南地区排名	10（0.2346）	7	58	86	9

资料来源：《中国地方政府效率研究报告（2023）》。

第一，以打造最优营商环境为目标，持续提升政务服务效能。2022年，昭化区重视抓好项目审批流程再造，推行重大项目“承诺即入”极速审批模式，持续简流程、压时限、降成本，形成“交地即交证+拿证即开工”的昭化经验。深化惠企政策“一站式”兑现专窗，建设“企能办”服务平台，形成“一窗办”“一次办”闭环工作昭化流程，实现政策红利精准直达企业。打造营商环境诉求受理、分类办理、效果反馈“一张网”，建成营商环境投诉举报中心。建立健全政企定期联席会议制度，扎实开展营商环境“背靠背”直接评价，整合政企互动平台，精准解决企业难点堵点问题，全面提高市场主体满意度。推进“场景式执法”改革试点，积极探索“沙盒监管”“认罚择轻”等新型昭化监管方式，力求监管靶向最“准”、方式最“优”、干扰最“小”、效能最“好”，让市场主体更安心，让创业投资者更放心。①

① 《广元市昭化区人民政府工作报告》，广元市昭化区人民政府网站，2023年2月28日，http://www.cnzh.gov.cn/gongkai/show/20230407085833-33910-00-000.html。

第二，以完善医疗教育等基本民生服务为使命，提升居民经济福利，增强百姓获得感。2022 年，昭化区医疗服务能力显著提升，卫子镇县域医疗次中心提速建设，中医药服务量、区内就诊率、区内住院及门诊人次增幅位居广元全市第 1；成功创建四川省级健康促进县区，经验做法入选国家推荐案例。深入推进中学提升行动计划，深化与四川东辰教育集团在办学上的合作，2022 年高考文化重本上线人数实现翻番，高考各项综合指标增速位居广元全市第 1；昭化职中完成招生 1100 余人，实现历史性突破；昭化区东城幼儿园、葭萌幼儿园全面建成，新增公办普惠性学前学位 520 个。坚持区政府带头过“紧日子”，民生支出占比持续稳定在 65% 以上。连续 4 年被评为四川省农民工服务保障先进县（区）；城乡居民参保率达 98% 以上。2022 年，昭化区城乡居民人均可支配收入分别为 40200 元、16600 元，同比增长 4.7%、5.8%；居民消费价格涨幅控制在 4% 以内；城镇登记失业率控制在 3.4% 以内。

第三，以平安昭化建设为抓手，推动社会治理高质高效。扎实推进平安昭化建设，打击电信网络诈骗、扫黑除恶斗争、禁毒等常态推进，公安工作社会化综合评价满意度居四川省第 1 位，截至 2022 年，已连续 5 年获评全省平安建设先进县区；深入开展四川省法治政府建设示范区创建，高质量完成全省全面依法治区示范试点工作，昭化镇朝阳村获评“全国民主法治示范村”、昭化司法所获评省级“枫桥式司法所”，昭明公证处创建为四川省标准化公证机构；深入开展矛盾纠纷排查化解，连续 13 年无“民转刑”命案发生。[①] 昭化区“村能办”在“2022 四川省网络综合治理数字化应用场景优秀解决方案征集活动”中荣获第 3 名，并作为四川省唯一、全国仅 22 个案例之一入选“第四批全国农村公共服务典型案例”。

① 《广元市昭化区人民政府工作报告》，广元市昭化区人民政府网站，2023 年 2 月 28 日，http://www.cnzh.gov.cn/gongkai/show/20230407085833-33910-00-000.html。

附　录

附录1　2023年中国地方政府效率测度指标体系及权重

附录1.1　2023年省级政府效率测度指标体系及权重（80个）

因素及权重	子因素及权重	指标（平均权重）
政府公共服务（0.60）	科教文卫服务（0.20）	1. 科技支出占地方一般公共预算支出比例（%）
		2. 研发（R&D）经费支出占地区生产总值比例（%）
		3. 研发（R&D）人员占年末常住人口的比例（%）
		4. 专利授权量（项/万人）
		5. 在校生人数占年末常住人口的比例（%）
		6. 教育支出占地方一般公共预算支出比例（%）
		7. 文化旅游体育与传媒支出占地方一般公共预算支出比例（%）
		8. 医疗卫生支出占地方一般公共预算支出比例（%）
		9. 每万人口卫生机构（个）
		10. 每千人口卫生机构床位（张）
		11. 每千人口卫生技术员（人）
	公共安全服务（0.15）	12. 生产安全事故死亡人数占年末常住人口的比例（%）（逆指标）
		13. 全年空气质量优良率（%）
		14. 落实总体国家安全观
		15. 公共安全支出占地方一般公共预算支出比例（%）
		16. 灾害防治及应急管理支出占地方一般公共预算支出比例（%）

续表

因素及权重	子因素及权重	指标（平均权重）
政府公共服务（0.60）	社会保障服务（0.15）	17. 社会保障和就业支出占地方一般公共预算支出比例（%）
		18. 住房保障支出占地方一般公共预算支出比例（%）
		19. 社会保险基金支出占地方一般公共预算支出比例（%）
		20. 新增城镇就业（万人）
		21. 新增转移农村劳动力（万人）
		22. 参加基本养老保险人数占年末常住人口比例（%）
		23. 每万人口养老机构（个）
		24. 每千人口养老机构床位（张）
	经济发展服务（0.30）	25. 旅客周转量（亿人千米）
		26. 全年社会消费品零售总额增长率（%）
		27. 人均邮电业务量（元）
		28. 移动电话普及率（部/百人）
		29. 互联网普及率（户/百人）
		30. 自然保护区面积占比（%）
		31. 森林覆盖率（%）
		32. 固定资产投资增长率（%）
		33. GDP 增长率（%）
		34. GDP（亿元）
		35. 人均 GDP（元）
		36. 产业结构高级化（%）
		37. 人均金融机构贷款余额（元）
		38. 数字经济发展
	乡村振兴服务（0.10）	39. 乡村振兴政策
		40. 乡村振兴效果
		41. 农民人均粮食产量（千克/人）
		42. 农民人均肉类产量（千克/人）
		43. 第一产业增长率（%）
		44. 新增高标准农田建设（万亩）
		45. 粮食种植面积占比（%）
		46. 农林水事务支出占地方一般公共预算支出比例（%）
		47. 落实耕地保护责任

续表

因素及权重	子因素及权重	指标（平均权重）
政府公共服务（0.60）	营商环境（0.10）	48. 权责清单
		49. 常住人口增速（%）
		50. 市场主体数［个/（人·千米^2）］
		51. 高新技术企业数量［个/（人·千米^2）］
		52. 外商投资增速（%）
		53. 公司设立办结时限（天）（逆指标）
		54. 公司注销办结时限（天）（逆指标）
政府规模（0.15）		55. 地方一般公共预算支出［元/（人·千米^2）］
		56. 非税收入占地方一般公共预算收入比例（%）（逆指标）
		57. 新增公务员人数［名/（人·千米^2）］
居民经济福利（0.10）		58. 农村居民人均可支配收入（元）
		59. 城镇居民人均可支配收入（元）
		60. 居民消费价格上涨指数（%）（逆指标）
		61. 城镇登记失业率（%）（逆指标）
		62. 月最低工资标准（元）
		63. 人均金融机构存款余额（元）
		64. 居民人均生活消费支出（元）
		65. 全体居民恩格尔系数（%）（逆指标）
政务公开（0.15）	政务基本信息（0.80）	66. 领导信息公开
		67. 政府新媒体公开
		68. 三公经费公开
		69. 工作报告公开
		70. 预算报告公开
		71. 计划报告公开
		72. 统计公报公开
		73. 公务员招考信息公开
		74. 政府办公厅主动信息公开详尽程度
	政务时效（0.20）	75. 政府办公厅主动信息公开时效
		76. 政府办事时效
		77. 政府常务会议次数（次）
		78. 政府常务会议议题数量（项）
		79. 传达全国两会精神时间
		80. 政府主动信息公开时效

附录1.2　2023年地级市政府效率测度指标体系及权重（78个）

因素及权重	子因素及权重	指标（平均权重）
政府公共服务（0.60）	科教文卫服务（0.20）	1. 科技支出占地方一般公共预算支出比例（%）
		2. 研发（R&D）经费支出占地区生产总值比例（%）
		3. 研发（R&D）人员占年末常住人口的比例（%）
		4. 专利授权量（项/万人）
		5. 在校生人数占年末常住人口的比例（%）
		6. 教育支出占地方一般公共预算支出比例（%）
		7. 文化旅游体育与传媒支出占地方一般公共预算支出比例（%）
		8. 医疗卫生支出占地方一般公共预算支出比例（%）
		9. 每万人口卫生机构（个）
		10. 每千人口卫生机构床位（张）
		11. 每千人口卫生技术员（人）
	公共安全服务（0.15）	12. 生产安全事故死亡人数占年末常住人口的比例（%）（逆指标）
		13. 全年空气质量优良率（%）
		14. 落实总体国家安全观
		15. 公共安全支出占地方一般公共预算支出比例（%）
		16. 灾害防治及应急管理支出占地方一般公共预算支出比例（%）
	社会保障服务（0.15）	17. 社会保障和就业支出占地方一般公共预算支出比例（%）
		18. 住房保障支出占地方一般公共预算支出比例（%）
		19. 社会保险基金支出占地方一般公共预算支出比例（%）
		20. 新增城镇就业（万人）
		21. 新增转移农村劳动力（万人）
		22. 参加基本养老保险人数占年末常住人口比例（%）
		23. 每万人口养老机构（个）
		24. 每千人口养老机构床位（张）

续表

因素及权重	子因素及权重	指标（平均权重）
政府公共服务（0.60）	经济发展服务（0.30）	25. 全年社会消费品零售总额增长率（%）
		26. 人均邮电业务量（元）
		27. 移动电话普及率（部/百人）
		28. 互联网普及率（户/百人）
		29. 固定资产投资增长率（%）
		30. GDP 增长率（%）
		31. GDP（亿元）
		32. 人均 GDP（元）
		33. 产业结构高级化（%）
		34. 人均金融机构贷款余额（元）
		35. 数字经济发展
	乡村振兴服务（0.10）	36. 乡村振兴政策
		37. 乡村振兴效果
		38. 农民人均粮食产量（千克/人）
		39. 农民人均肉类产量（千克/人）
		40. 新增乡镇公务员［名/（人·千米^2）］
		41. 第一产业增长率（%）
		42. 新增高标准农田建设（万亩）
		43. 粮食种植面积占比（%）
		44. 农林水事务支出占地方一般公共预算支出比例（%）
		45. 落实耕地保护责任
	营商环境（0.10）	46. 权责清单
		47. 常住人口增速（%）
		48. 市场主体数［个/（人·千米^2）］
		49. 高新技术企业数量［个/（人·千米^2）］
		50. 外商投资增速（%）
		51. 公司设立办结时限（天）（逆指标）
		52. 公司注销办结时限（天）（逆指标）
政府规模（0.15）		53. 地方一般公共预算支出［元/（人·千米^2）］
		54. 非税收入占地方一般公共预算收入比例（%）（逆指标）
		55. 新增公务员人数［名/（人·千米^2）］

续表

因素及权重	子因素及权重	指标（平均权重）
居民经济福利（0.10）		56. 农村居民人均可支配收入（元）
		57. 城镇居民人均可支配收入（元）
		58. 居民消费价格上涨指数（%）（逆指标）
		59. 城镇登记失业率（%）（逆指标）
		60. 月最低工资标准（元）
		61. 人均金融机构存款余额（元）
		62. 居民人均生活消费支出（元）
		63. 全体居民恩格尔系数（%）（逆指标）
政务公开（0.15）	政务基本信息（0.80）	64. 领导信息公开
		65. 政府新媒体公开
		66. 三公经费公开
		67. 工作报告公开
		68. 预算报告公开
		69. 计划报告公开
		70. 统计公报公开
		71. 公务员招考信息公开
		72. 政府办公室主动信息公开详尽程度
	政务时效（0.20）	73. 政府办公室主动信息公开时效
		74. 政府办事时效
		75. 政府常务会议次数（次）
		76. 政府常务会议议题数量（项）
		77. 传达全国两会精神时间
		78. 政府主动信息公开时效

附录1.3　2023年县级政府效率测度指标体系及权重（64个）

因素及权重	子因素及权重	指标（平均权重）
政府公共服务（0.55）	科教文卫服务（0.25）	1. 科技支出占地方一般公共预算支出比例（%）
		2. 文化旅游体育与传媒支出占地方一般公共预算支出比例（%）

续表

因素及权重	子因素及权重	指标（平均权重）
政府公共服务（0.55）	科教文卫服务（0.25）	3. 教育支出占地方一般公共预算支出比例（%）
		4. 医疗卫生支出占地方一般公共预算支出比例（%）
		5. 在校生人数占年末常住人口的比例（%）
		6. 专利授权量（项/万人）
		7. 每万人口卫生机构（个）
		8. 每千人口卫生机构床位（张）
		9. 每千人口卫生技术员（人）
	社会保障服务（0.15）	10. 社会保障和就业支出占地方一般公共预算支出比例（%）
		11. 住房保障支出占地方一般公共预算支出比例（%）
		12. 新增城镇就业（万人）
		13. 新增转移农村劳动力（万人）
		14. 参加基本养老保险人数占年末常住人口比例（%）
	经济发展服务（0.45）	15. 全年社会消费品零售总额增长率（%）
		16. 节能环保支出占地方一般公共预算支出比例（%）
		17. 移动电话普及率（部/百人）
		18. 互联网普及率（户/百人）
		19. 固定资产投资增长率（%）
		20. GDP 增长率（%）
		21. GDP（亿元）
		22. 人均 GDP（元）
		23. 人均金融机构贷款余额（元）
		24. 数字经济发展
	营商环境（0.15）	25. 权责清单
		26. 外商投资增速（%）
		27. 常住人口增速（%）
		28. 商业服务业等支出占地方一般公共预算支出比例（%）
政府规模（0.15）		29. 地方一般公共预算支出［元/（人·千米^2）］
		30. 非税收入占地方一般公共预算收入比例（%）（逆指标）
		31. 新增公务员人数［名/（人·千米^2）］

续表

因素及权重	子因素及权重	指标（平均权重）
居民经济福利（0.10）		32. 农村居民人均可支配收入（元）
		33. 城镇居民人均可支配收入（元）
		34. 城镇登记失业率（%）（逆指标）
		35. 月最低工资标准（元）
		36. 人均金融机构存款余额（元）
		37. 居民人均生活消费支出（元）
		38. 全体居民恩格尔系数（%）（逆指标）
政务公开（0.10）	政务基本信息（0.80）	39. 领导信息公开
		40. 三公经费公开
		41. 工作报告公开
		42. 预算报告公开
		43. 计划报告公开
		44. 统计公报公开
		45. 公务员招考信息公开
		46. 政府办公室主动信息公开详尽程度
	政务时效（0.20）	47. 政府办公室主动信息公开时效
		48. 政府办事时效
		49. 政府常务会议次数（次）
		50. 政府常务会议议题数量（项）
		51. 传达全国两会精神时间
		52. 政府主动信息公开时效
乡村振兴效率（0.10）	乡村振兴服务（0.25）	53. 乡村振兴政策
		54. 乡村振兴效果
		55. 农林水事务支出占地方一般公共预算支出比例（%）
		56. 落实耕地保护责任
	乡村产业（0.5）	57. 粮食种植面积占比（%）
		58. 第一产业增长率（%）
		59. 农民人均粮食产量（千克/人）
		60. 农民人均肉类产量（千克/人）
		61. 新增高标准农田建设（万亩）
	村治水平（0.25）	62. 村民自治公开
		63. 新增乡镇公务员［名/（人·千米^2）］
		64. 乡村生态文明建设

附录1.4　2023年区政府效率测度指标体系及权重（62个）

因素及权重	子因素及权重	指标（平均权重）
政府公共服务（0.60）	科教文卫服务（0.25）	1. 科技支出占地方一般公共预算支出比例（%）
		2. 在校生人数占年末常住人口的比例（%）
		3. 教育支出占地方一般公共预算支出比例（%）
		4. 文化旅游体育与传媒支出占地方一般公共预算支出比例（%）
		5. 每万人口卫生机构（个）
		6. 每千人口卫生机构床位（张）
		7. 每千人口卫生技术员（人）
		8. 医疗卫生支出占地方一般公共预算支出比例（%）
	公共安全服务（0.15）	9. 生产安全事故死亡人数占年末常住人口的比例（%）（逆指标）
		10. 全年空气质量优良率（%）
		11. 落实总体国家安全观
		12. 公共安全支出占地方一般公共预算支出比例（%）
		13. 灾害防治及应急管理支出占地方一般公共预算支出比例（%）
	社会保障服务（0.15）	14. 社会保障和就业支出占地方一般公共预算支出比例（%）
		15. 住房保障支出占地方一般公共预算支出比例（%）
		16. 新增城镇就业（万人）
		17. 新增转移农村劳动力（万人）
		18. 参加基本养老保险人数占年末常住人口比例（%）
	经济发展服务（0.30）	19. 全年社会消费品零售总额增长率（%）
		20. 固定资产投资增长率（%）
		21. GDP 增长率（%）
		22. GDP（亿元）
		23. 人均 GDP（元）
		24. 第二产业增长率（%）
		25. 第三产业增长率（%）
		26. 商业服务业等支出占地方一般公共预算支出比例（%）
		27. 人均金融机构贷款余额（元）
		28. 数字经济发展

续表

因素及权重	子因素及权重	指标（平均权重）
政府公共服务（0.60）	乡村振兴服务（0.05）	29. 乡村振兴政策
		30. 乡村振兴效果
		31. 第一产业增长率（%）
		32. 城乡社区支出占地方一般公共预算支出比例（%）
	营商环境（0.10）	33. 权责清单
		34. 常住人口增速（%）
		35. 外商投资增速（%）
		36. 公司设立办结时限（天）（逆指标）
		37. 公司注销办结时限（天）（逆指标）
政府规模（0.15）		38. 地方一般公共预算支出［元/（人・千米^2）］
		39. 非税收入占地方一般公共预算收入比例（%）（逆指标）
		40. 新增公务员人数［名/（人・千米^2）］
居民经济福利（0.10）		41. 农村居民人均可支配收入（元）
		42. 城镇居民人均可支配收入（元）
		43. 居民消费价格上涨指数（%）（逆指标）
		44. 城镇登记失业率（%）（逆指标）
		45. 月最低工资标准（元）
		46. 人均金融机构存款余额（元）
		47. 居民人均生活消费支出（元）
政务公开（0.15）	政务基本信息（0.80）	48. 领导信息公开
		49. 政府新媒体公开
		50. 三公经费公开
		51. 工作报告公开
		52. 预算报告公开
		53. 计划报告公开
		54. 统计公报公开
		55. 公务员招考信息公开
		56. 政府办公室主动信息公开详尽程度
	政务时效（0.20）	57. 政府办公室主动信息公开时效
		58. 政府办事时效
		59. 政府常务会议次数（次）
		60. 政府常务会议议题数量（项）
		61. 传达全国两会精神时间
		62. 政府主动信息公开时效

附录2　2023年中国地方政府效率测度指标数据来源及处理说明

附录2.1　2023年中国省级政府效率测度指标数据来源及处理说明

1. 科技支出占地方一般公共预算支出比例（%）指科学技术支出/地方一般公共预算支出，数据来自省级政府2022年预算执行情况与2023年预算报告。其中福建省、黑龙江省、山东省数据来自省级政府2021年预算执行情况与2022年预算报告。通过对该省级政府所在地区其他省级政府的平均值和最低的数据进行二次平均推算出该指标数据的省级政府有西藏自治区。

2. 研发（R&D）经费支出占地区生产总值比例（%）指研发（R&D）经费支出/地区生产总值，地区生产总值、研发（R&D）经费支出数据来自2022年省级政府统计公报。其中山西省、吉林省、黑龙江省、福建省、山东省、河南省、湖北省、湖南省、广东省、广西壮族自治区、海南省、四川省、贵州省数据来自2021年省级政府统计年鉴。通过对该省级政府所在地区其他省级政府的平均值和最低的数据进行二次平均推算出数据的省级政府有西藏自治区。

3. 研发（R&D）人员占年末常住人口的比例（%）指研发（R&D）人员/年末常住人口数，年末常住人口数来自2022年省级政府统计公报。研发（R&D）人员数据来自2022年省级政府统计公报以及2022年省级政府统计年鉴。其中河南省、新疆维吾尔自治区、云南省、陕西省、宁夏回族自治区数据来自2021年省级政府统计年鉴。通过对该省级政府所在地区其他省级政府的平均值和最低的数据进行二次平均推算出数据的省级政府有西藏自治区。贵州省、西藏自治区、宁夏回族自治区年末常住人口的数据来自 2021 年省级政府统计公报（下文指标中涉及省级政府年末常住人口的数据来源均同此）。

4. 专利授权量（项/万人）指专利授权量/年末常住人口数，年末常住人口数来自 2022 年省级政府统计公报。专利授权量数据来自 2022 年省级政府统计公报以及 2022 年省级政府统计年鉴。其中贵州省、陕西省、宁夏回族自治区数据来自 2021 年省级政府统计公报。通过对该省级政府所在地区其他省级政府的平均值和最低的数据进行二次平均推算出数据的省级政府有西藏自治区。

5. 在校生人数占年末常住人口的比例（%）指各级各类在校生人数/年末常住人口数。在校生人数 = 高中生在校人数 + 初中生在校人数 + 小学生在校人数 + 在园幼儿数。其数据来自 2022 年省级政府统计公报以及 2022 年省级政府统计年鉴。其中，贵州省、西藏自治区、宁夏回族自治区数据来自 2021 年省级政府统计公报。河北省数据来自 2021 年省级政府统计年鉴。

6. 教育支出占地方一般公共预算支出比例（%）指教育支出/地方一般公共预算支出，数据来自省级政府 2022 年预算执行情况与 2023 年预算报告。其中，河南省的数据是 2022 年省本级预算数据，数据来自省级政府 2023 年预算报告。辽宁省数据来自 2022 年省级政府统计公报，黑龙江省、西藏自治区的数据是 2022 年预算数据，数据来自省级政府 2022 年预算报告。

7. 文化旅游体育与传媒支出占地方一般公共预算支出比例（%）指文化旅游体育与传媒支出/地方一般公共预算支出，数据来自省级政府 2022 年预算执行情况与 2023 年预算报告。其中，黑龙江省、山东省、西藏自治区的数据是 2022 年预算数据，来自省级政府 2022 年预算报告。山西省、辽宁省的数据来自 2022 年省级政府统计年鉴。

8. 医疗卫生支出占地方一般公共预算支出比例（%）指医疗卫生支出/地方一般公共预算支出，数据来自省级政府 2022 年预算执行情况与

2023 年预算报告。其中，黑龙江省、山东省、西藏自治区的数据是 2022 年预算数据，来自省级政府 2022 年预算报告。山西省、辽宁省的数据来自 2022 年省级政府统计年鉴。

9. 每万人口卫生机构（个）指卫生机构数量/年末常住人口数，省级政府卫生机构数量的数据来自 2022 年省级政府统计公报。其中西藏自治区卫生机构数量的数据来自 2021 年省级政府统计公报，吉林省、青海省、宁夏回族自治区卫生机构数量的数据来自 2022 年省级政府统计年鉴。

10. 每千人口卫生机构床位（张）指卫生机构床位数/年末常住人口数，省级政府卫生机构床位的数据来自 2022 年省级政府统计公报。其中西藏自治区卫生机构床位数量的数据来自 2021 年省级政府统计公报，上海市、山东省、青海省、宁夏回族自治区卫生机构床位数量的数据来自 2022 年省级政府统计年鉴。

11. 每千人口卫生技术人员（人）指卫生技术人员数/年末常住人口数，卫生技术人员的数据来自 2022 年省级政府统计公报。其中西藏自治区卫生技术人员数量的数据来自 2021 年省级政府统计公报，山东省、青海省、宁夏回族自治区卫生技术人员数量的数据来自 2022 年省级政府统计年鉴。

12. 生产安全事故死亡人数占年末常住人口数的比例（%）指生产安全事故死亡人数/常住人口数，该指标是逆指标，本书测度时已将其转化为正指标。生产安全事故死亡人数的数据来自 2022 年省级政府统计公报。其中宁夏回族自治区的数据来自 2021 年省级政府统计公报，贵州省和天津市的数据来自 2022 年省级政府统计年鉴。

13. 全年空气质量优良率（%）是指该省全年空气质量优良的天数比例，数据来自 2022 年省级政府统计公报。其中河北省、贵州省、云南省、甘肃省的数据来自 2021 年省级政府统计公报，西藏自治区的数据来自 2021 年省级政府统计年鉴。

14. 落实国家总体安全观是指对国家安全的宣传普及情况，该指标评分标准为 1 ~ 5 分。参考各省级政府网站，对“国家安全教育日”宣传较多、形式丰富的记 5 分；对“国家安全教育日”宣传较多、范围较广的记 4 分；对“国家安全教育日”宣传较多、范围较窄的记 3 分；对“国家安全教育日”的报道较少的记 1 分。数据来自各省级政府官方网站。

15. 公共安全支出占地方一般公共预算支出比例（%）指公共安全支出/地方一般公共预算支出，数据来自省级政府 2022 年预算支出执行情况与 2023 年预算报告。其中黑龙江省、福建省、山东省的是 2022 年预算数据，数据来自省级政府 2022 年预算报告。山西省、辽宁省的数据来自 2022 年省级政府统计年鉴。

16. 灾害防治及应急管理支出占地方一般公共预算支出比例（%）指灾害防治及应急管理支出/地方一般公共预算支出，数据来自省级政府 2022 年预算支出执行情况与 2023 年预算报告。其中黑龙江省、福建省、山东省、西藏自治区的是 2022 年预算数据，数据来自省级政府 2022 年预算报告。山西省的数据来自 2022 年省级政府统计年鉴。通过对该省级政府所在地区其他省级政府的平均值和最低的数据进行二次平均推算出数据的省级政府有内蒙古自治区、辽宁省、青海省。

17. 社会保障和就业支出占地方一般公共预算支出比例（%）指社会保障和就业支出/地方一般公共预算支出，数据来自省级政府 2022 年预算支出执行情况与 2023 年预算报告。其中山东省、西藏自治区、黑龙江省的是 2022 年预算数据，数据来自省级政府 2022 年预算报告。辽宁省的数据来自 2022 年省级政府统计公报。

18. 住房保障支出占地方一般公共预算支出比例（%）指住房保障支出/地方一般公共预算支出，数据来自省级政府 2022 年预算执行情况与 2023 年预算报告。其中福建省、西藏自治区、黑龙江省的是 2022 年预算数据，数据来自省级政府 2022 年预算报告。辽宁省的数据来自 2022 年省级政府统计公报。

19. 社会保险基金支出占地方一般公共预算支出比例（%）指社会保

险基金支出/地方一般公共预算支出，数据来自省级政府 2022 年预算执行情况与 2023 年预算报告。其中西藏自治区的是 2022 年预算数据，数据来自省级政府 2022 年预算报告。

20. 新增城镇就业（万人）数据来自 2023 年省级政府工作报告和 2022 年省级政府统计公报。其中，吉林省、宁夏回族自治区、贵州省数据来自 2021 年省级政府统计公报。通过对该省级政府所在地区其他省级政府的平均值和最低的数据进行二次平均推算出数据的省级政府有西藏自治区。

21. 新增转移农村劳动力（万人）数据来自 2023 年省级政府工作报告和 2022 年省级政府统计公报。其中，宁夏回族自治区数据来自 2021 年省级政府统计公报。通过对该省级政府所在地区其他省级政府的平均值和最低的数据进行二次平均推算出数据的省级政府有河北省、内蒙古自治区、黑龙江省、浙江省、安徽省、福建省、山东省、湖北省、湖南省、广东省、广西壮族自治区、四川省、贵州省、云南省、西藏自治区、陕西省、甘肃省、青海省、北京市、上海市、天津市、重庆市。

22. 参加基本养老保险人数占年末常住人口比例（%）指参加基本养老保险人数/年末常住人口数，参加基本养老保险人数数据来自 2022 年省级政府统计公报。其中宁夏回族自治区、河南省、海南省、陕西省、河北省数据来自 2021 年省级政府统计公报。

23. 每万人口养老机构数（个）指养老机构数量/年末常住人口数，养老机构数量的数据来自 2022 年省级政府统计公报。其中贵州省、西藏自治区、宁夏回族自治区、吉林省、山西省、内蒙古自治区、河南省、河北省、浙江省、安徽省、福建省、湖北省、湖南省、广西壮族自治区、四川省、陕西省、北京市、广东省养老机构数量的数据来自 2021 年省级政府统计公报。

24. 每千人口养老机构床位（张）指养老机构床位数/年末常住人口数，养老机构床位的数据来自 2022 年省级政府统计公报。其中贵州省、西藏自治区、宁夏回族自治区、河南省、山西省、内蒙古自治区、吉林省、河北省、浙江省、安徽省、福建省、湖南省、广西壮族自治区、四川省、北京市、广东省卫生机构床位数量的数据来自2021年省级政府统计公报。

25. 旅客周转量（亿人千米）的数据来自2022年省级政府统计公报以及《中国统计年鉴2022》。其中，贵州省、西藏自治区、宁夏回族自治区的数据来自2021年省级政府统计公报。

26. 全年社会消费品零售总额增长率（%）的数据来自2022年省级政府统计公报。其中，贵州省、宁夏回族自治区的数据来自2021年省级政府统计公报。

27. 人均邮电业务量（元）指邮电业务总量/年末常住人口数。邮电业务总量=邮政业务总量+电信业务总量，其数据来自2022年省级政府统计公报。其中，贵州省、西藏自治区、宁夏回族自治区的数据来自2021年省级政府统计公报，黑龙江省的数据来自2022年省级政府统计年鉴。

28. 移动电话普及率（部/百人）是指移动电话用户/年末常住人口数，移动电话用户的数据来自2022年省级政府统计公报。其中，贵州省、西藏自治区、宁夏回族自治区的数据来自2021年省级政府统计公报，上海市的数据来自2022年省级政府统计年鉴。

29. 互联网普及率（户/百人）是指互联网用户/年末常住人口数，互联网用户数据主要来自2022年省级政府统计公报。其中，西藏自治区、宁夏回族自治区的数据来自2021年省级政府统计公报，贵州省的数据来自2022年省级政府统计年鉴。

30. 自然保护区面积占比（%）指自然保护区面积/省级政府辖区总面积，自然保护区面积数据来自2022年省级政府统计公报，省级政府辖区总面积数据来自省级政府官网。通过对该省级政府所在地区其他省级政府的平均值和最低的数据进行二次平均推算出该指标数据的省级政府有江苏省、浙江省、湖北省、上海市。

31. 森林覆盖率（%）数据来自 2022 年省级政府统计公报和统计年鉴。其中，青海省、湖南省、广东省、贵州省的是 2021 年的数据，数据来自各省统计局官网。

32. 固定资产投资增长率（%）数据来自 2022 年省级政府统计公报。

33. GDP 增长率（%）数据来自国家统计局官网发布的各省级政府 2022 年数据。

34. GDP（亿元）数据来自国家统计局官网发布的各省级政府 2022 年数据。

35. 人均 GDP（元）数据来自国家统计局官网发布的各省级政府 2022 年数据。

36. 产业结构高级化（%）是指第三产业增加值与第二产业增加值的比值。第三产业增加值、第二产业增加值的数据都来自 2022 年省级政府统计公报。

37. 人均金融机构贷款余额（元）指金融机构贷款余额/年末常住人口数，金融机构贷款余额数据来自 2022 年省级政府统计公报。其中贵州省、西藏自治区、宁夏回族自治区数据来自 2021 年省级政府统计公报。

38. 数字经济发展数据源于各省级政府网站，该指标评分标准为 1 ~ 5 分。参考 2023 年省级政府工作报告中的关键词“数字经济”的数量，出现 6 次及以上记 5 分；4 ~ 5 次记 4 分；3 次记 3 分；2 次记 2 分；1 次及以下记 1 分。

39. 乡村振兴政策数据源于各省级政府网站，该指标评分标准为 1 ~ 5 分。参考 2023 年省级政府工作报告中的关键词“乡村振兴”的数量，有 4 个及以下记 1 分；5 ~ 7 个记 3 分；8 ~ 9 个记 4 分；10 个及以上记 5 分。

40. 乡村振兴效果数据源于各省级政府网站，该指标评分标准为 1 ~ 5 分，主要根据有关乡村振兴实施的新闻的总数多少进行评分。其中，省级政府乡村振兴效果指标得 1 分的是该省级政府实施乡村振兴政策的效果不明显，范围较窄；得 3 分的是该省级政府实施乡村振兴政策的效果较为明显，但是范围较窄；得4分的是该省级政府实施乡村振兴政策的效果较为明显，范围较为广泛；得5分的是该省级政府实施乡村振兴政策的效果显著，覆盖范围广。

41. 农民人均粮食产量（千克/人）指全年粮食产量/农村人口。农村人口=常住人口-城镇常住人口，数据来自2022年省级政府统计公报，其中贵州省、西藏自治区、宁夏回族自治区农村人口的数据来自2021年省级政府统计公报。全年粮食产量数据来自2022年省级政府统计公报。其中西藏自治区、宁夏回族自治区数据来自2021年省级政府统计公报，贵州省数据来自2023年省级政府工作报告。通过对该省级政府所在地区其他省级政府的平均值和最低的数据进行二次平均推算出该指标数据的省级政府有云南省。

42. 农民人均肉类产量（千克/人）指全年肉类产量/农村人口。农村人口=常住人口-城镇常住人口，数据来自2022年省级政府统计公报，其中贵州省、西藏自治区、宁夏回族自治区农村人口的数据来自2021年省级政府统计公报。全年肉类产量数据来自2022年省级政府统计公报。其中西藏自治区、宁夏回族自治区、贵州省数据来自2021年省级政府统计公报，福建省、四川省、北京市、上海市、天津市数据来自2022年省级政府统计年鉴。

43. 第一产业增长率（%）数据来自2022年省级政府统计公报。其中宁夏回族自治区数据来自2021年省级政府统计公报。

44. 新增高标准农田建设（万亩）数据来自2023年省级政府工作报告。其中，辽宁省、江苏省、安徽省、湖南省、上海市、天津市数据来自2022年省级政府统计公报。通过对该省级政府所在地区其他省级政府的平均值和最低的数据进行二次平均推算出该指标数据的省级政府有山东省、广东省、甘肃省、西藏自治区。

45. 粮食种植面积占比（%）是指粮食种植面积/省级政府辖区总面积。省级政府辖区面积来自省级政府官网。粮食种植面积指的是当地最重要农产品（种植范围最大、面积最广的农产品）种植面积，粮食种植面积数据来自2022年省级政府统计公报，其中，西藏自治区、宁夏回族自治区数据来自2021年省级政府统计公报，山东省数据来自2023年省级政府工作报告。

46. 农林水事务支出占地方一般公共预算支出比例（%）指农林水事务支出/地方一般公共预算支出。数据来自省级政府2022年预算执行情况与2023年预算报告。其中，黑龙江省、福建省、山东省、西藏自治区的是2022年预算数据，数据来自省级政府2022年预算报告。辽宁省的数据来自2022年省级政府统计年鉴。

47. 落实耕地保护责任数据源于各省级政府网站，该指标评分标准为1~5分。参考2023年政府工作报告中的关键词“耕地”的数量，关于耕地保护、耕地责任的关键词的词频为5次及以上记5分；4次记4分；3次记3分；2次及以下记1分。

48. 权责清单指政府发布权力清单和责任清单的数量及时间，数据来自2023年省级政府法制办公室网站、省级政府的政务服务网、省级政府机构编制委员会办公室网站。该指标评分标准为1~5分，主要根据权力清单和责任清单公布的总数多少、公布时间早晚评分。其中，权责清单指标得1分的是该省级政府公布权力清单和责任清单的部门少，各部门的权力清单和责任清单数量少、公布时间晚；得3分的是该省级政府公布权力清单和责任清单的部门较多，清单总数少、公布时间比较晚；得4分的是该省级政府公布权力清单和责任清单的部门较多，清单总数较多，但公布时间比较晚；得5分的是该省级政府公布权力清单和责任清单的总数或综合部门数量多且具体，公布时间早。

49. 常住人口增速（%）数据来自2022年省级政府统计公报。其中贵州省、宁夏回族自治区常住人口增速的数据来自2021年省级政府统计公报。

50. 市场主体数［个/（人·千米^2）］是指省级政府辖区内登记的市

场主体/（常住人口×辖区面积），数据主要来自2023年省级政府的市场监督管理局网站。其中，河北省、吉林省、江苏省、湖南省、四川省、贵州省、西藏自治区、青海省的数据来自2023年省级政府工作报告，内蒙古自治区、福建省、广东省、云南省、陕西省、甘肃省、新疆维吾尔自治区、北京市的数据来自各省级政府的市场监督管理局官网。

51. 高新技术企业数量［个/（人·千米^2）］是指省级政府辖区内登记的高新技术企业/（常住人口×辖区面积），数据主要来自2022年省级政府统计公报。其中，河北省、安徽省、江西省、天津市的数据来自2021年省级政府统计公报。

52. 外商投资增速（%）数据来自2022年省级政府统计公报。其中，贵州省、宁夏回族自治区数据来自2021年省级政府统计公报。通过对该省所在地区其他省级政府的平均值和最低的数据进行二次平均推算出该指标数据的省级政府有西藏自治区。

53. 公司设立办结时限（天）指企业设立的审批时限，该指标为逆指标，本书测度时已将其转化为正指标，数据来自2023年省级政府政务服务网。

54. 公司注销办结时限（天）指企业注销的审批时限，该指标是逆指标，本书测度时已将其转化为正指标，数据来自2023年省级政府政务服务网。

55. 地方一般公共预算支出［元/（人·千米^2）］是指省级政府一般公共预算支出/（常住人口×辖区面积），数据主要来自省级政府2022年预算执行情况与2023年预算报告。

56. 非税收入占地方一般公共预算收入比例（%）是非税收入/地方一般公共预算收入。该指标是逆指标，本书测度时已将其转化为正指标，数据主要来自省级政府2022年预算执行情况与2023年预算报告。其中黑龙江省、福建省、山东省、西藏自治区的非税收入数据来自2022年预算报告，辽宁省的非税收入数据来自2022年省级政府统计公报。

57. 新增公务员人数［名/（人·千米^2）］是指省级政府辖区内新增公务员人数/（常住人口×辖区面积），该指标的数据来自2023年省级人力资源与社会保障厅（局）或国家公务员考试网。

58. 农村居民人均可支配收入（元）数据来自2022年省级政府统计公报。其中，贵州省、宁夏回族自治区数据来自2021年省级政府统计公报。

59. 城镇居民人均可支配收入（元）数据来自2022年省级政府统计公报。其中，贵州省、西藏自治区、宁夏回族自治区数据来自2021年省级政府统计公报。

60. 居民消费价格上涨指数（%）是逆指标，本书测度时已将其转化为正指标，数据来自2022年省级政府统计公报。其中，贵州省、西藏自治区、宁夏回族自治区数据来自2021年省级政府统计公报。

61. 城镇登记失业率（%）是逆指标，本书测度时已将其转化为正指标，数据来自2022年省级政府统计公报。其中，河北省、山西省、内蒙古自治区、黑龙江省、安徽省、福建省、江西省、河南省、广东省、广西壮族自治区、海南省、贵州省、陕西省、甘肃省、宁夏回族自治区、上海市的数据来自2021年省级政府统计公报，江苏省、新疆维吾尔自治区的数据来自2020年省级政府统计公报。

62. 月最低工资标准（元）数据来自2023年人力资源和社会保障部网站。

63. 人均金融机构存款余额（元）指金融机构存款余额/年末常住人口数。金融机构存款余额数据来自2022年省级政府统计公报。其中贵州省、西藏自治区、宁夏回族自治区地区数据来自2021年省级政府统计公报。

64. 居民人均生活消费支出（元）数据来自2022年省级政府统计公报。其中贵州省、西藏自治区、宁夏回族自治区数据来自2021年省级政府统计公报，辽宁省数据来自2022年省级政府统计年鉴。

65. 全体居民恩格尔系数（%）是逆指标，本书测度时已将其转化为正指标，数据来自2022年省级政府统计公报以及2022年省级政府统计年鉴。

66. 领导信息公开数据来自省级政府信息公开指南。参考省级政府信息公开栏目信息，政府领导信息指省长或副省长个人信息，以及政府办公厅或相关部门电话、电子邮箱等信息。统一采用的是2023年省级政府网站信息公开栏目中公开的政府办公厅电话、电子邮箱。该指标评分标准为1～5分，评分标准是：领导个人信息等于或多于5项的为5分；领导个人信息有4项的为4分；领导个人信息等于或少于3项（但至少有1项）的为3分；领导个人信息没有公开的为1分。

67. 政府新媒体公开指省级政府网站是否有微信公众号、微博等新媒体联系方式。该指标评分标准为1～5分，数据来自2022年省级政府信息公开年报。该指标评分标准是：有微信公众号、微博、微信小程序、App等官方新媒体的为5分；只有微信公众号和微博的为4分；只有微信公众号或微博的为3分；都没有的为1分。

68. 三公经费公开数据来自各省级政府官网、省级政府财政厅（局）网站、省级政府预算报告，统一参考2022年财政预算执行情况和2023年财政预算草案的报告。其中，完全公开政府部门三公经费的省级政府为5分；比较全面地公开政府部门三公经费的省级政府为4分；只公开一些政府部门三公经费的省级政府为3分；没有公开三公经费的省级政府为1分。

69. 工作报告公开数据来自各省级政府官网，参考2023年省级政府人民代表大会上审议的政府工作报告。其中，公开2023年政府工作报告的为5分；只公开到2022年政府工作报告的为4分；只公开到2021年政府工作报告的为3分；只公开到2020年政府工作报告及以前政府工作报告的为1分。

70. 预算报告公开数据来自各省级政府网站，参考2023年预算（草案）报告。其中，有2023年预算报告的为5分；只公布到2022年预算报告的为4分；只公布到2021年预算报告的为3分；只公布到2020年及以前预算报告的为1分。

71. 计划报告公开数据来自各省级政府网站，参考 2023 年计划报告。其中，公开 2023 年计划报告的为 5 分；只公开到 2022 年计划报告的为 4 分；只公开到 2021 年计划报告的为 3 分；只有 2020 年及以前计划报告的为 1 分。

72. 统计公报公开数据来自各省级政府网站或者省级政府统计信息网，参考 2022 年统计公报。其中，有 2022 年统计公报的为 5 分；只公布到 2021 年统计公报的为 4 分；只公布到 2020 年统计公报的为 3 分；只有 2019 年及以前统计公报的为 1 分。

73. 公务员招考信息公开参考 2023 年 1 月 1 日至 2023 年 4 月 5 日各省级政府官网公务员招考录用栏（公务员招考录用、招考信息、人事信息、人事任免、招生信息、考试信息）的公务员职位信息公开条数。公开条数大于或等于 7 条记 5 分，大于或等于 4 条小于 7 条记 4 分，大于或等于 1 条小于 4 条记 3 分，0 条记 1 分。

74. 政府办公厅主动信息公开详尽程度指省级政府办公厅主动公开政府信息的情况表与报告中的文本内容相匹配的程度。数据来自政府官网—政务公开—政府信息公开年报—办公厅信息公开年报。其中主动公开内容与表格内容完全匹配的记 5 分，主动公开内容与表格内容基本匹配记 4 分，略有匹配记 3 分，完全不匹配（表格内容缺失，或者没有公开）记 1 分。

75. 政府办公厅主动信息公开时效是指省级政府办公厅主动公开政府信息的时效。数据来自政府官网—政务公开—政府信息公开年报—办公厅信息公开年报。其中 2023 年 1 月公开的，得 5 分；2023 年 2 月公开的，得 4 分；2023 年 3 月公开的，得 3 分；2023 年 4 月及以后公开和目前暂未公开的，得 1 分。

76. 政府办事时效数据来自各省级政府官网。参考在省长信箱反映出的基本能解决信件上问题的时间，首先看来信时间与受理时间，根据其间隔长短评级；如果无来信时间就根据已处理信件的日期是否是近期进行评级，查询截止时间为 2023 年 4 月 5 日。其中，处理时间长度为 1 ~ 3 天属于很好，4 ~ 5 天属于较好；6 ~ 10 天属于一般，10 天以上属于差。其中，最近邮件收到日期与反馈日期均公布的省级政府，采用其最近 3 封的处理时间取平均值；仅公布反馈日期的省级政府，参考其最近 3 封的反馈时间间隔取平均值；既无收到日期又无反馈日期的省级政府、无省长信箱栏目的省级政府、不开放邮件阅读的省级政府，因为它们未能及时公布对公众诉求处理速度的信息，它们该项指标的得分在全国省级政府排名中并列最后一名。在此基础上考察贯彻中央政策和上级精神的时效性、是否贯彻落实二十大精神和 2023 年全国两会精神。公开很好记为 5 分；公开较好记为 4 分；公开一般记为 3 分；公开较差记为 1 分。

77. 政府常务会议次数（次）统计区间：2022 年 1 月 1 日至 2023 年 4 月 5 日。数据来自省级政府官网。

78. 政府常务会议议题数（项）是指 2022 年 1 月 1 日至 2023 年 4 月 5 日的最新一次（常务会议召开日期距离 2023 年 4 月 5 日最近的一次）常务会议的议题数量。数据来自 2023 年省级政府官网。

79. 传达全国两会精神时间指各省级政府为学习全国两会精神召开常务会议的时间。可以直接搜索“省委、常务会议、学习全国两会精神”等关键词。注意要找到省（区、市）委主持召开的学习全国两会精神的会议。2023 年 3 月 16 日及之前召开的，得 5 分；2023 年 3 月 17 ~ 19 日召开的，得 4 分；2023 年 3 月 20 ~ 22 日召开的，得 3 分；2023 年 3 月 23 日及以后召开的，得 1 分。

80. 政府主动信息公开时效的数据来自各省级政府官网—政务公开—政府信息公开年报。其中 2023 年 1 月公开的，得 5 分；2023 年 2 月公开的，得 4 分；2023 年 3 月公开的，得 3 分；2023 年 4 月及以后公开和目前暂未公开的，得 1 分。

除了已注明的时间外，本书有关省级政府效率测度指标信息收集、查询截止时间为 2023 年 5 月 30 日。

附录2.2　2023年中国地级市政府效率测度指标数据来源及处理说明

1. 科技支出占地方一般公共预算支出比例（%）指科学技术支出/地方一般公共预算支出，数据来自各地级市政府2022年预算执行报告。其中，数据来自2021年预算执行报告的地级市有：唐山市、秦皇岛市、邢台市、廊坊市、包头市、乌海市、赤峰市、通辽市、呼伦贝尔市、巴彦淖尔市、海南藏族自治州等。此外，通过该地级市所在省级政府其他地级市或者相近省级政府所辖地级市数据的平均值和最低值的二次平均得出数据的地级市有：焦作市、荆州市、郴州市、深圳市、三沙市、资阳市、曲靖市、林芝市等。

2. 研发（R&D）经费支出占地区生产总值比例（%），指研发经费（R&D）支出/地区生产总值。数据来自各地级市政府2022年统计公报。其中，数据来自2021年统计公报的地级市有：沈阳市、大连市、鞍山市、抚顺市、本溪市、丹东市、锦州市、营口市、阜新市、辽阳市、盘锦市、铁岭市、朝阳市、葫芦岛市等。此外，通过推算得出数据的地级市有：长春市、四平市、辽源市、通化市、白山市、松原市、白城市、延边朝鲜族自治州等。具体推算方式为：研发（R&D）经费=[上一级政府研发（R&D）经费/上一级政府GDP]×本级政府GDP×权重（权重依据同省内各地级市政府科技支出排名确定）。

3. 研发（R&D）人员占年末常住人口的比例（%）指研发（R&D）人员/年末常住人口。数据来自各地级市政府2022年统计公报。其中，数据来自2021年统计公报的地级市有：合肥市、淮南市、马鞍山市、黄山市、厦门市、三明市、龙岩市、宁德市、宜春市等。此外，通过推算得出数据的地级市有：黑河市、绥化市、大兴安岭地区、无锡市、南通市、淮安市、盐城市、扬州市、泰州市等。具体推算方式为：研发（R&D）人员=[上一级政府研发（R&D）人员/上一级政府常住人口]×本级政府常住总人口×权重（权重依据同省内各地级市政府科技支出排名确定）。

4. 专利授权量（项/万人）指专利申请量/年末常住人口数，数据来自各地级市政府2022年统计公报。其中，数据来自2021年统计公报的地级市有：鸡西市、无锡市、南平市、日照市、临沂市、焦作市、许昌市、漯河市、三门峡市、信阳市等。此外，通过推算得出数据的地级市有：承德市、三沙市、儋州市、昌都市、林芝市、山南市、那曲市、阿里地区等。具体推算方式为：专利授权量=（上一级政府专利授权量/上一级政府常住人口）×本级政府常住人口×权重（权重依据同省内各地级市政府科技支出排名确定）。

5. 在校生人数占年末常住人口的比例（%）指各级各类在校生人数/年末常住人口数，在校生人数=高中生在校人数+初中生在校人数+小学生在校人数+在园幼儿数，数据来自各地级市政府2022年统计公报。其中，数据来自2021年统计公报的地级市有：九江市、新余市、鹰潭市、焦作市、濮阳市、许昌市、漯河市、三门峡市、随州市、东莞市、揭阳市等。此外，通过推算得出数据的地级市有：衡阳市、永州市、三沙市、红河哈尼族彝族自治州、怒江傈僳族自治州、那曲市、阿里地区、陇南市、石嘴山市、哈密市等。具体推算方式为：在校生人数=（上一级政府在校生人数/上一级政府常住人口）×本级政府常住人口×权重（权重依据同省内各地级市政府教育支出排名确定）。

6. 教育支出占地方一般公共预算支出比例（%）指教育支出/地方一般公共预算支出，数据来自各地级市政府2022年预算执行报告。其中，数据来自2021年预算执行报告的地级市有：本溪市、阜新市、盘锦市、铁岭市、松原市、鸡西市、鹤岗市、伊春市、七台河市、南通市、合肥市、淮北市、铜陵市等。此外，通过该地级市所在省级政府其他地级市或者相近省级政府所辖地级市数据的平均值和最低值的二次平均得出数据的地级市有：荆州市、郴州市、深圳市、三沙市、资阳市、曲靖市、林芝市等。

7. 文化旅游体育与传媒支出占地方一般公共预算支出比例（%）指文

化旅游体育与传媒支出/地方一般公共预算支出，数据来自各地级市政府2022年预算执行报告。其中，数据来自2021年预算执行报告的地级市有：本溪市、阜新市、盘锦市、铁岭市、松原市、鸡西市、鹤岗市、大庆市、伊春市、七台河市等。数据来自2020年决算执行报告的地级市有：芜湖市、黄山市、滁州市、阜阳市、宿州市、宣城市、南昌市等。此外，通过该地级市所在省级政府其他地级市或者相近省级政府所辖地级市数据的平均值和最低值的二次平均得出数据的地级市有：焦作市、荆州市、郴州市、深圳市、三沙市、资阳市、曲靖市、林芝市等。

8. 医疗卫生支出占地方一般公共预算支出比例（%）指医疗卫生支出/地方一般公共预算支出。数据来自各地级市政府2022年预算执行报告。其中，数据来自2021年预算执行报告的地级市有：本溪市、阜新市、盘锦市、铁岭市、松原市、鸡西市、鹤岗市、伊春市、七台河市、南通市、合肥市等。数据来自2020年决算执行报告的地级市有：宿州市、宣城市、南昌市、漯河市、信阳市等。此外，通过该地级市所在省级政府其他地级市或者相近省级政府所辖地级市数据的平均值和最低值的二次平均得出数据的地级市有：郴州市、深圳市、三沙市、资阳市、曲靖市、林芝市等。

9. 每万人卫生机构（个）指卫生机构数量/年末常住人口数，数据来自各地级市政府2022年统计公报。其中，数据来自2021年统计公报的地级市有：濮阳市、许昌市、漯河市、三门峡市、信阳市、驻马店市、武汉市、荆门市、邵阳市、张家界市、江门市、中山市、清远市等。数据来自2020年统计公报的地级市有：兴安盟、毕节市、咸阳市、果洛藏族自治州、海西蒙古族藏族自治州、喀什地区。此外，通过推算得出数据的地级市有：商丘市、黄石市、益阳市、三亚市、三沙市、拉萨市、那曲市、阿里地区等。具体推算方式为：卫生机构数量 =（上一级政府卫生机构数量/上一级政府常住人口）× 本级政府常住人口 × 权重（权重依据同省内各地级市政府医疗卫生支出排名确定）。

10. 每千人卫生机构床位（张）指卫生机构床位数量/年末常住人口

数，数据来自各地级市政府2022年统计公报。其中，数据来自2021年统计公报的地级市有：黑河市、大兴安岭地区、合肥市、安庆市、黄山市、九江市、新余市、鹰潭市、吉安市、宜春市、上饶市、济南市、枣庄市等。数据来自2020年统计公报的地级市有：赤峰市、兴安盟、毕节市、咸阳市、果洛藏族自治州、海西蒙古族藏族自治州、喀什地区、和田地区、塔城地区。此外，通过推算得出数据的地级市有：绥化市、商丘市、黄石市、三亚市、三沙市、邵通市、怒江傈僳族自治州、拉萨市、那曲市、阿里地区等。具体推算方式为：卫生机构床位数量=（上一级政府卫生机构床位数量/上一级政府常住人口）×本级政府常住人口×权重（权重依据同省内各地级市政府医疗卫生支出排名确定）。

11. 每千人卫生技术人员（人）指卫生技术人员数/年末常住人口数，数据来自各地级市政府2022年统计公报。其中，数据来自2021年统计公报的地级市有：信阳市、驻马店市、武汉市、荆门市、孝感市、邵阳市、张家界市、江门市、中山市、清远市等。数据来自2020年统计公报的地级市有：呼伦贝尔市、兴安盟、毕节市、咸阳市、果洛藏族自治州、海西蒙古族藏族自治州、喀什地区、塔城地区。此外，通过推算得出数据的地级市有：绥化市、商丘市、黄石市、三亚市、三沙市、拉萨市、那曲市、阿里地区、玉树藏族自治州等。具体推算方式为：卫生技术人员数=（上一级政府卫生技术人员数/上一级政府常住人口）×本级政府常住人口×权重（权重依据同省内各地级市政府医疗卫生支出排名确定）。

12. 生产安全事故死亡人数占年末常住人口的比例（%）指生产安全事故死亡人数/年末常住人口数，该指标是逆指标，本书测度时已将其转化为正指标。数据来自各地级市政府2022年统计公报。其中，数据来自2021年统计公报的地级市有：长春市、鹤岗市、湖州市、淮北市、黄山市、鹰潭市、上饶市、临沂市、焦作市、濮阳市、漯河市、三门峡市等。数据来自2020年统计公报的地级市有：太原市、吉安市、枣庄市、商丘市、达州市、果洛藏族自治州、塔城地区。此外，通过推算得出数据的地级市有：镇江市、宿迁市、舟山市、安庆市、阜阳市、六安市、东营市、潍坊市等。具体推算方式为：生产安全事故死亡人数 =（上一级政府生产安全事故死亡人数/上一级政府常住人口）× 本级政府常住人口/权重（权重依据同省内各地级市政府医疗卫生支出排名确定）。

13. 全年空气质量优良率（%），数据来自各地级市政府 2022 年统计公报。其中，数据来自 2021 年统计公报的地级市有：朝阳市、四平市、辽源市、松原市、白城市、鹤岗市、安庆市、黄山市、萍乡市、九江市、新余市、上饶市、菏泽市、开封市、新乡市等。数据来自 2020 年统计公报的地级市有：唐山市、秦皇岛市、邯郸市、北海市。此外，通过推算得出数据的地级市有：吕梁市、巴彦淖尔市、锡林郭勒盟、铁岭市、延边朝鲜族自治州、七台河市、长沙市、三沙市、黔西南布依族苗族自治州、黔南布依族苗族自治州、哈密市等。具体推算方式为：全年空气质量优良率 = 上一级政府全年空气质量优良率 × 权重（权重依据同省内各地级市政府第三产业增长率排名确定）。

14. 落实国家总体安全观是指对国家安全的宣传普及情况，该指标评分标准为 1 ~ 5 分。参考各地级市政府网站，对“国家安全教育日”宣传较多、形式丰富的记 5 分；对“国家安全教育日”宣传较多、范围较大的记 4 分；对“国家安全教育日”宣传较多、范围较窄的记 3 分；对“国家安全教育日”的报道较少的记 1 分。数据来源于各地级市政府官方网站。

15. 公共安全支出占地方一般公共预算支出比例（%）指公共安全支出/地方一般公共预算支出。数据来自各地级市政府 2022 年预算执行报告。其中，数据来自 2021 年预算执行报告的地级市有：龙岩市、宁德市、赣州市、吉安市、抚州市、上饶市、青岛市、新乡市、南阳市等。数据来自 2020 年决算执行报告的地级市有：阿拉善盟、抚顺市、锦州市、双鸭山市、牡丹江市、镇江市、芜湖市等。此外，通过该地级市所在省级政府其他地级市或者相近省级政府所辖地级市数据的平均值和最低值的二次平均得出数据的地级市有：潮州市、三沙市、资阳市、曲靖市、昌都市、林芝市、金昌市、克拉玛依市等。

16. 灾害防治及应急管理支出占地方一般公共预算支出比例（%），指灾害防治及应急管理支出/地方一般公共预算支出。数据来自各地级市政府2022年预算执行报告。其中，数据来自2021年预算执行报告的地级市有：盘锦市、铁岭市、松原市、鹤岗市、大庆市、伊春市、七台河市、常州市、南通市、合肥市、淮北市等。数据来自2020年决算执行报告的地级市有：阿拉善盟、抚顺市、锦州市、双鸭山市、牡丹江市、滁州市、阜阳市、宿州市、宣城市、南昌市、萍乡市、漯河市、信阳市、清远市、东莞市、黔东南苗族侗族自治州、天水市等。此外，通过该地级市所在省级政府其他地级市或者相近省级政府所辖地级市数据的平均值和最低值的二次平均得出数据的地级市有：济南市、开封市、平顶山市、濮阳市、荆州市、长沙市、郴州市、湘西土家族苗族自治州、潮州市、河池市、三沙市、资阳市、曲靖市、林芝市、金昌市等。

17. 社会保障和就业支出占地方一般公共预算支出比例（%）指社会保障和就业支出/地方一般公共预算支出，数据来自各地级市政府2022年预算执行报告。其中，数据来自2021年预算草案报告的地级市有：龙岩市、宁德市、抚州市、上饶市、青岛市、新乡市、商丘市、十堰市、孝感市、永州市、娄底市、湛江市等。数据来自2020年决算执行报告的地级市有：阿拉善盟、抚顺市、锦州市、双鸭山市、牡丹江市、芜湖市、漯河市、武汉市、黄冈市、清远市、东莞市、黔东南苗族侗族自治州、嘉峪关市等。此外，通过该地级市所在省级政府其他地级市或者相近省级政府所辖地级市数据的平均值和最低值的二次平均得出数据的地级市有：揭阳市、来宾市、三沙市、资阳市、凉山彝族自治州、毕节市、拉萨市、日喀则市、昌都市、林芝市、山南市、那曲市、金昌市、陇南市、石嘴山市、吴忠市等。

18. 住房保障支出占地方一般公共预算支出比例（%）指住房保障支

出/地方一般公共预算支出，数据来自各地级市政府 2022 年预算执行报告。其中，数据来自 2021 年预算草案报告的地级市有：汕头市、柳州市、河池市、海口市、三亚市、自贡市、遂宁市、阿坝藏族羌族自治州、拉萨市、日喀则市、山南市、阿里地区、咸阳市、汉中市、兰州市等。数据来自 2020 年决算执行报告的地级市有：清远市、东莞市、黔东南苗族侗族自治州、天水市、张掖市、平凉市、酒泉市、庆阳市、陇南市、海南藏族自治州、果洛藏族自治州。此外，通过该地级市所在省级政府其他地级市或者相近省级政府所辖地级市数据的平均值和最低值的二次平均得出数据的地级市有：焦作市、荆州市、长沙市、郴州市、深圳市、三沙市、资阳市、曲靖市、林芝市等。

19. 社会保险基金支出占地方一般公共预算支出比例（%）指社会保险基金支出/地方一般公共预算支出，数据来自各地级市政府 2022 年预算执行报告。其中，数据来自 2021 年预算执行报告的地级市有：宁德市、抚州市、上饶市、青岛市、新乡市、商丘市、十堰市、孝感市、永州市、娄底市、湛江市等。数据来自 2020 年决算执行报告的地级市有：宣城市、漯河市、武汉市、黄冈市、清远市、东莞市、黔东南苗族侗族自治州、嘉峪关市。此外，通过该地级市所在省级政府其他地级市或者相近省级政府所辖地级市数据的平均值和最低值的二次平均得出数据的地级市有：松原市、延边朝鲜族自治州、鹤岗市、绥化市、镇江市、阜阳市、亳州市、南昌市、开封市、揭阳市、来宾市、三沙市、资阳市、凉山彝族自治州、毕节市、拉萨市等。

20. 新增城镇就业（万人）数据主要来自各地级市政府 2022 年统计公报和 2023 年政府工作报告。其中，数据来自 2021 年统计公报的地级市有：周口市、黄石市、恩施土家族苗族自治州、江门市、来宾市、绵阳市、甘孜藏族自治州、曲靖市、临沧市、迪庆藏族自治州、日喀则市、昌都市、榆林市、博尔塔拉蒙古自治州等。数据来自 2020 年统计公报的地级市有：安庆市、泸州市、山南市、金昌市、陇南市、临夏回族自治州、甘南藏族自治州。此外，通过推算得出数据的地级市有：盘锦市、平顶山市、安阳市、孝感市、三沙市、遂宁市、雅安市、阿里地区、海北藏族自治州、黄南藏族自治州、玉树藏族自治州、石嘴山市、阿克苏地区。具体推算方式为：地级市政府城镇新增就业人数 =（地级市所在省级政府新增就业人数/省级政府常住人口）× 地级市政府常住人口 × 权重（权重依据同省内各地级市政府 GDP 排名确定）。

21. 新增转移农村劳动力（万人）数据主要来自各地级市政府 2022 年统计公报和 2023 年政府工作报告。其中，数据来自 2021 年统计公报的地级市有：周口市、武汉市、黄石市、贺州市、来宾市、崇左市、绵阳市、遵义市、铜仁市、曲靖市、日喀则市、昌都市、塔城地区。数据来自 2020 年统计公报的地级市有：赤峰市、双鸭山市、梧州市、玉林市、百色市、普洱市、迪庆藏族自治州、天水市、陇南市、临夏回族自治州、甘南藏族自治州、哈密市。此外，通过推算得出数据的地级市有：菏泽市、南阳市、信阳市、十堰市、宜昌市、襄阳市、鄂州市、荆门市等。具体推算方式为：地级市政府新增转移农村劳动力人数 =（地级市所在省级政府新增转移农村劳动力人数/省级政府常住人口）× 地级市政府常住人口 × 权重（权重依据同省内各地级市政府 GDP 排名确定）。

22. 参加基本养老保险人数占年末常住人口比例（%）指参加基本养老保险人数/年末常住人口数，年末常住人口数来自 2022 年地级市政府统计公报和第七次人口普查公报。参加基本养老保险人数数据来自 2022 年地级市政府统计公报。其中大兴安岭地区、镇江市、绍兴市、马鞍山市、淮北市、安庆市、阜阳市、池州市、宣城市、龙岩市、潍坊市、十堰市、荆门市、孝感市、肇庆市数据来自 2021 年地级市政府统计公报，黄山市、拉萨市数据来自 2020 年地级市政府统计公报。此外，通过推算得出数据的地级市有：衡水市、乌海市、阜新市、盘锦市、七台河市、南平市、聊城市、襄阳市、随州市、三沙市、德阳市、邵通市、阿里地区、博尔塔拉蒙古自治州等。具体推算方式为：参加基本养老保险人数 =（上一级政府参加基本养老保险人数/上一级政府常住人口）×本级政府常住人口×权重（权重依据同省内各地级市政府社会保障支出排名确定）。

23. 每万人口养老机构（个）指养老机构数量/年末常住人口数。年末常住人口数来自2022年地级市政府统计公报和第七次人口普查公报，参加基本养老保险人数数据来自2022年地级市政府统计公报。其中菏泽市、南阳市、襄阳市、荆门市、荆州市、咸宁市、岳阳市、中山市、自贡市、乐山市、石嘴山市、阿克苏地区、昌吉回族自治州数据来自2021年地级市政府统计公报，邢台市、巴彦淖尔市、泰州市、芜湖市、铜陵市、青岛市、拉萨市数据来自2020年地级市政府统计公报。此外，通过推算得出数据的地级市有：衡水市、朔州市、吕梁市、丹东市、营口市、牡丹江市、安庆市、宿州市、六安市、三明市、宁德市、泰安市等。具体推算方式为：养老机构数量=（上一级政府养老机构数量/上一级政府常住人口）×本级政府常住人口×权重（权重依据同省内各地级市政府社会保障支出排名确定）。

24. 每千人口养老机构床位（张）指养老机构床位数/年末常住人口数。年末常住人口数来自2022年地级市政府统计公报和第七次人口普查公报，养老机构床位的数据来自2022年地级市政府统计公报，其中宣城市、枣庄市、南阳市、荆门市、荆州市、咸宁市、中山市、自贡市、乐山市、眉山市、石嘴山市、阿克苏地区、昌吉回族自治州数据来自2021年地级市政府统计公报，苏州市、泰州市、芜湖市、拉萨市数据来自2020年地级市政府统计公报。此外，通过推算得出数据的地级市有：六安市、南平市、潍坊市、菏泽市、十堰市、襄阳市、鄂州市、孝感市、随州市、长沙市、三沙市、泸州市等。具体推算方式为：养老机构床位数=（上一级政府养老机构床位数/上一级政府常住人口）×本级政府常住人口×权重（权重依据同省内各地级市政府社会保障支出排名确定）。

25. 全年社会消费品零售总额增长率（%）数据来自各地级市政府2022年统计公报。其中，数据来自2021年统计公报的地级市有：朔州市、包头市、乌兰察布市、兴安盟、阿拉善盟、大连市、铁岭市、哈尔滨市、鹤岗市、牡丹江市、大兴安岭地区、威海市、日照市、聊城市、菏泽市、荆门市、南宁市、金昌市、石嘴山市、伊犁哈萨克自治州、阿勒泰地区等。此外，部分地级市政府的全年社会消费品零售总额增长率数据是根据所在省级政府全年社会消费品零售总额增长率推算得出的。当所在省级政府的全年社会消费品零售总额增长率为正数时，具体推算方式为全年社会消费品零售总额增长率 = 上一级政府全年社会消费品零售总额增长率 × 权重，通过推算得出数据的地级市有邵桐市。当所在省级政府全年社会消费品零售总额增长率为负数时，具体推算方式为全年社会消费品零售总额增长率 = 上一级政府全年社会消费品零售总额增长率/权重，通过推算得出数据的地级市有：三沙市、阿里地区（权重均依据同省内各地级市政府GDP 排名确定）。

26. 人均邮电业务量（元）指邮电业务总量/年末常住人口数，邮电业务总量 = 邮政业务总量 + 电信业务总量，数据来自各地级市政府 2022 年统计公报。其中数据来自 2021 年统计公报的地级市有：十堰市、张家界市、江门市、中山市、清远市、东莞市、深圳市、泸州市、德阳市、咸阳市、安康市、金昌市、平凉市、黄南藏族自治州、阿克苏地区、昌吉回族自治州等。数据来自 2020 年统计公报的地级市有：鹤岗市、六安市、鄂州市、咸宁市、南宁市、乐山市、邵通市、拉萨市。此外，通过推算得出数据的地级市有：随州市、三沙市、内江市、达州市、阿坝藏族羌族自治州、甘孜藏族自治州、阿里地区、榆林市、张掖市、酒泉市、玉树藏族自治州、银川市、石嘴山市、克拉玛依市等。具体推算方式为：邮电业务总量 =（上一级政府全年邮电业务总量/上一级政府常住人口）× 本级政府常住人口 × 权重（权重依据同省内各地级市政府 GDP 排名确定）。

27. 移动电话普及率（部/百人）指移动电话用户数/年末常住人口数，数据来自各地级市政府 2022 年统计公报。其中，数据来自 2021 年统计公报的地级市有：保定市、朔州市、阿拉善盟、大连市、营口市、阜新市、铁岭市、朝阳市、哈尔滨市、鹤岗市、牡丹江市、黑河市、南京市、温州市、嘉兴市、安庆市、黄山市、三明市、济宁市等。数据来自 2020 年统计公报的地级市有：邢台市、吕梁市、六安市、咸宁市、湛江市、阳江市、内江市、邵通市、拉萨市等。此外，通过推算得出数据的地级市有：大兴安岭地区、淮北市、聊城市、信阳市、荆州市、随州市、中山市、清远市、南宁市、三沙市、阿坝藏族羌族自治州、甘孜藏族自治州、阿里地区、玉树藏族自治州。具体推算方式为：移动电话用户数 =（上一级政府移动电话用户/上一级政府常住人口）× 本级政府常住人口 × 权重（权重依据同省内各地级市政府 GDP 排名确定）。

28. 互联网普及率（户/百人）指年末移动互联网用户/年末常住人口数，数据来自各地级市政府 2022 年统计公报。其中，数据来自 2021 年统计公报的地级市有：朝阳市、哈尔滨市、鹤岗市、牡丹江市、南京市、温州市、嘉兴市、安庆市、黄山市、三明市、枣庄市等。数据来自 2020 年统计公报的地级市有：秦皇岛市、邢台市、吕梁市、六安市、咸宁市、阳江市、内江市、邵通市。此外，通过推算得出数据的地级市有：随州市、肇庆市、中山市、潮州市、南宁市、三沙市、阿坝藏族羌族自治州、甘孜藏族自治州、拉萨市、阿里地区、榆林市、玉树藏族自治州、克拉玛依市、和田地区等。具体推算方式为：互联网用户 =（上一级政府互联网用户/上一级政府常住人口）× 本级政府常住人口 × 权重（权重依据同省内各地级市政府 GDP 排名确定）。

29. 固定资产投资增长率（%），数据来自各地级市政府 2022 年统计公报。其中，数据来自 2021 年统计公报的地级市有：朔州市、包头市、乌兰察布市、兴安盟、阿拉善盟、大连市、铁岭市、哈尔滨市、鹤岗市、牡丹江市、大兴安岭地区、威海市、日照市、聊城市、菏泽市、荆门市、南宁市。此外，有的地级市政府的固定资产投资增长率数据通过所在省级政府固定资产投资增长率推算得出，具体推算方式为：固定资产投资增长率 = 上一级政府固定资产投资增长率/权重（权重依据同省内各地级市政府 GDP 排名确定）。通过推算得出数据的地级市有：三沙市、阿里地区、遵义市、黔南布依族苗族自治州、那曲市。

30. GDP 增长率（%）数据来自各地级市政府 2022 年统计公报。其中，数据来自 2021 年统计公报的地级市有：朔州市、包头市、乌兰察布市、兴安盟、阿拉善盟、铁岭市、鹤岗市、牡丹江市、黄山市、日照市、聊城市、菏泽市、荆门市、金昌市、石嘴山市、伊犁哈萨克自治州、阿勒泰地区。此外，部分地级市政府的 GDP 增长率数据通过所在省级政府 GDP 增长率推算得出，当所在省级政府 GDP 增长率为正数时，具体推算方式为 GDP 增长率 = 上一级政府 GDP 增长率 × 权重，这样得出数据的地级市政府有阿里地区；当所在省级政府 GDP 增长率为负数时，具体推算方式为 GDP 增长率 = 上一级政府 GDP 增长率/权重，这样得出数据的地级市政府有三沙市（权重均依据同省内各地级市政府 GDP 排名确定）。

31. GDP（亿元）数据来自各地级市政府 2022 年统计公报。其中，数据来自 2021 年统计公报的地级市有：朔州市、包头市、乌兰察布市、兴安盟、阿拉善盟、铁岭市、鹤岗市、牡丹江市、黄山市、日照市、聊城市、菏泽市、荆门市、金昌市、石嘴山市、伊犁哈萨克自治州、阿勒泰地区。此外，通过该地级市所在省级政府其他地级市或者相近省级政府所辖地级市数据的平均值和最低值的二次平均得出数据的地级市有：三沙市、阿里地区。

32. 人均 GDP（元）指 GDP/常住人口数，数据来自各地级市政府 2022 年统计公报。其中，数据来自 2021 年统计公报的地级市有：大兴安岭地区、淮北市、安庆市、黄山市、阜阳市、青岛市、菏泽市、宜昌市、荆门市等。此外，通过该地级市所在省级政府其他地级市或者相近省级政府所辖地级市数据的平均值和最低值的二次平均得出数据的地级市有：三沙市。

33. 产业结构高级化（%）是指第三产业增加值与第二产业增加值的比值，数据来自各地级市政府 2022 年统计公报。其中，数据来自 2021 年统计公报的地级市有：迪庆藏族自治州、日喀则市、昌都市、山南市、咸阳市、延安市、汉中市、安康市、金昌市、天水市、庆阳市、海北藏族自治州、黄南藏族自治州、果洛藏族自治州、石嘴山市。此外，通过该地级市所在省级政府其他地级市或者相近省级政府所辖地级市数据的平均值和最低值的二次平均得出数据的地级市有：三沙市、那曲市。

34. 人均金融机构贷款余额（元），指金融机构贷款余额/年末常住人口数，年末常住人口数来自各地级市政府2022年统计公报和第七次人口普查公报。金融机构贷款余额数据来自各地级市政府2022年统计公报。其中阜阳市、日照市、荆门市、江门市、中山市、清远市、韶关市、揭阳市、南宁市、泸州市、德阳市、甘孜藏族自治州、邵通市、拉萨市、金昌市、石嘴山市、昌吉回族自治州等的数据来自地级市政府2021年统计公报。此外，通过推算得出数据的地级市有：三沙市、那曲市、阿里地区。具体推算方式为：金融机构贷款余额=（上一级政府金融机构贷款余额/上一级政府常住总人口）×本级政府常住人口×权重（权重依据同省内各地级市政府GDP排名确定）。

35. 数字经济发展数据源于各地级市政府网站，该指标评分标准为1~5分。参考2023年政府工作报告中的关键词“数字经济”的数量，出现6次及以上记5分，4~5次记4分，3次记3分，2次记2分，1次及以下记1分。

36. 乡村振兴政策源于各地级市政府网站，参考各地级市2023年《政府工作报告》中关键词“乡村振兴”的数量，该指标评分标准为1~5分。其中，4个及以下记1分；5~7个记3分；8~9个记4分；10个及以上记5分。

37. 乡村振兴效果主要根据有关“乡村振兴”实施的新闻报道的总数进行评分，参考各地级市政府网站，评分标准为1~5分。其中，地级市政府乡村振兴效果指标得1分的是该市实施乡村振兴政策的效果不明显、范围较窄；得3分的是该市实施乡村振兴政策的效果较为明显，但是范围较窄；得4分的是该市实施乡村振兴政策的效果较为明显，且范围较为广泛；

得 5 分的是该市实施乡村振兴政策的效果显著、覆盖范围广。

38. 农民人均粮食产量（千克/人）指地级市政府全年粮食产量/农村人口，农村人口 = 常住人口 − 城镇常住人口，全年粮食产量数据来自各地级市政府 2022 年统计公报。其中，数据来自 2021 年统计公报的地级市有：阜阳市、荆门市、江门市、中山市、德阳市、金昌市、石嘴山市、伊犁哈萨克自治州、阿勒泰地区等。此外，通过推算得出数据的地级市有：哈尔滨市、大兴安岭地区。具体推算方式为：全年粮食产量 =（上一级政府全年粮食产量/上一级政府农民人口）× 本级政府农民人口 × 权重（权重依据同省内各地级市政府第一产业增加值排名确定）。

39. 农民人均肉类产量（千克/人）指地级市政府全年肉类产量/农村人口，农村人口 = 常住人口 − 城镇常住人口，全年肉类产量数据来自各地级市政府 2022 年统计公报。其中，数据来自 2021 年统计公报的地级市有：黑河市、淮北市、安庆市、黄山市、阜阳市、临沂市、濮阳市、许昌市、漯河市、三门峡市、驻马店市、黄石市、荆门市、江门市、中山市等。此外，通过推算得出数据的地级市有：长治市、松原市、鹤岗市、大兴安岭地区、德阳市、黔南布依族苗族自治州、丽江市、红河哈尼族彝族自治州。具体推算方式为：全年肉类产量 =（上一级政府全年肉类产量/上一级政府农民人口）× 权重（权重依据同省内各地级市政府第一产业增加值排名确定）。

40. 新增乡镇公务员［名/（人 · 千米^2）］指地级市政府辖区内新增乡镇公务员人数/（常住人口 × 辖区面积），数据来自各地级市人力资源与社会保障局或地级市政府公务员考试网。其中，数据来自省考政务网的地级市有：石家庄市、呼伦贝尔市、巴彦淖尔市、乌兰察布市、运城市、忻州市、临汾市、双鸭山市、伊春市、黑河市、开封市、贺州市、河池市、崇左市、眉山市、宜宾市、广安市、六盘水市、安顺市、毕节市等。

41. 第一产业增长率（%），数据来自各地级市政府 2022 年统计公报。其中，数据来自 2021 年统计公报的地级市有：大兴安岭地区、安庆市、黄山市、焦作市、濮阳市、许昌市、漯河市、三门峡市、驻马店市、黄石市、荆门市、江门市等。

42. 新增高标准农田建设（万亩），数据来自各地级市政府2023年政府工作报告。其中，数据来自2022年政府工作报告的地级市有：运城市、双鸭山市、黑河市、临沂市、韶关市、贺州市、昆明市、曲靖市。此外，通过推算得出数据的地级市有：来宾市、泸州市、甘孜藏族自治州、黔东南苗族侗族自治州、黔南布依族苗族自治州、楚雄彝族自治州、昌都市、金昌市、果洛藏族自治州、石嘴山市、吐鲁番市等。具体推算方式为：新增高标准农田建设=（上一级政府新增高标准农田建设/上一级政府粮食种植面积）×本级政府粮食种植面积×权重（权重依据同省内各地级市政府全年粮食产量排名确定）。

43. 粮食种植面积占比（%）指粮食种植面积/地级市政府辖区总面积，粮食种植面积指当地最重要农产品（种植范围最大、面积最广的农产品）种植面积，数据来自2022年各地级市政府统计公报。其中，数据来自2021年统计公报的地级市有：崇左市、攀枝花市、泸州市、德阳市、凉山彝族自治州、贵阳市、黔南布依族苗族自治州、昆明市、丽江市、普洱市、昌都市、山南市、天水市、庆阳市、果洛藏族自治州等。数据来自2020年统计公报的地级市有：安顺市、拉萨市。此外，通过该地级市所在省级政府其他地级市或者相近省级政府所辖地级市数据的平均值和最低值的二次平均得出数据的地级市有：七台河市、大兴安岭地区。

44. 农林水事务支出占地方一般公共预算支出比例（%）指农林水事务支出/地方一般公共预算支出。数据来自地级市政府2022年预算执行报告。其中，数据来自2021年预算执行报告的地级市有：七台河市、淮北市、安庆市、驻马店市、江门市、中山市、韶关市、河池市、拉萨市、山南市、吐鲁番市。数据来自2020年决算执行报告的地级市有：通辽市、巴彦淖尔市、双鸭山市、牡丹江市、黄山市、阜阳市、漯河市、清远市、黔东南苗族侗族自治州、天水市、庆阳市、果洛藏族自治州。此外，通过该地级市所在省级政府其他地级市或者相近省级政府所辖地级市数据的平均值和最低值的二次平均得出数据的地级市有：焦作市、曲靖市。

45. 落实耕地保护责任数据源于各地级市政府网站，该指标评分标准为 1 ~5 分。参考 2023 年政府工作报告中的关键词“耕地”的数量，关于耕地保护、耕地责任等的关键词的词频为 5 次及以上记 5 分，4 次记 4 分，3 次记 3 分，2 次及以下记 1 分。

46. 权责清单指政府发布权力清单和责任清单的数量及时间，数据来自 2022 年各地级市政府法制办公室网站、地级市政府的政务服务网、地级市政府机构编制委员会办公室网站，主要根据权力清单和责任清单公布的总数多少、公布时间早晚评分，该指标评分标准为 1 ~5 分。其中，地级市政府权力清单和责任清单指标得 1 分的是该地级市公布权力清单和责任清单的部门少，各部门的权力清单数量少、公布时间晚；得 3 分的是该地级市公布权力清单和责任清单的部门较多，清单总数少、公布时间比较晚；得 4 分的是该地级市公布权力清单和责任清单的部门较多，清单总数较多，但公布时间比较晚；得 5 分的是该地级市公布权力清单的总数或综合部门数量多且公布得具体，公布时间早。

47. 常住人口增速（%）指 2022 年末常住人口增加数/2021 年末常住人口总数，数据主要来自各地级市政府 2022 年统计公报和第七次人口普查公报。其中，数据来自第七次人口普查公报的地级市有：大连市、阜新市、松原市、白城市、延边朝鲜族自治州、鸡西市、鹤岗市、双鸭山市、丽江市、红河哈尼族彝族自治州、拉萨市、昌都市等。此外，部分地级市政府的常住人口增速数据通过所在省级政府常住人口增速推算得出，当所在省级政府常住人口增速为正数时，具体推算方式为常住人口增速 = 上一级政府常住人口增速 × 权重，这样得出数据的地级市政府有海北藏族自治州、大同市、临汾市；当所在省级政府常住人口增速为负数时，具体推算方式为常住人口增速 = 上一级政府常住人口增速/权重，这样得出数据的地级市政府有阜新市、吉林市、通化市、松原市、白城市、延边朝鲜族自治州、齐齐哈尔市、鸡西市、鹤岗市、双鸭山市等（权重均依据同省内各地级市政府 GDP 排名确定）。

48. 市场主体数［个/（人·千米^2）］是指地级市政府辖区内登记的市场主体/（常住人口×辖区面积），数据主要来自地级市政府市场监督管理局网站。其中，数据为市监管局 2021 年数据的地级市有：延边朝鲜族自治州、淮北市、韶关市、百色市、甘孜藏族自治州、邵通市、拉萨市、吐鲁番市。数据为市监管局 2020 年数据的地级市有：漯河市、攀枝花市。此外，通过推算得出数据的地级市有：本溪市、辽源市、山南市、天水市、果洛藏族自治州、克孜勒苏柯尔克孜自治州。具体推算方式为：市场主体数＝［上一级政府市场主体数/（上一级政府常住总人口×行政区域面积）］×本级常住总人口×行政区域面积×权重（权重依据同省内各地级市政府 GDP 排名确定）。

49. 高新技术企业数量［个/（人·千米^2）］是指地级市政府辖区内登记的高新技术企业/（常住人口×辖区面积），数据主要来自地级市政府 2022 年统计公报。其中，数据来自 2021 年统计公报的地级市有：大兴安岭地区、徐州市、绍兴市、厦门市、萍乡市、鹰潭市、赣州市、宜春市、上饶市、济南市、枣庄市、潍坊市、日照市、临沂市、平顶山市、三门峡市、黄石市、长沙市。此外，通过推算得出数据的地级市有：伊春市、三沙市、邵通市、西双版纳傣族自治州、昌都市、山南市、那曲市、阿里地区、汉中市、商洛市、庆阳市、定西市、甘南藏族自治州、海北藏族自治州、海南藏族自治州、果洛藏族自治州、玉树藏族自治州、和田地区、克孜勒苏柯尔克孜自治州、阿勒泰地区。具体推算方式为：高新技术企业数量＝［上一级政府高新技术企业数量/（上一级政府常住人口×上级政府行政区域面积）］×本级政府常住人口×本级政府行政区域面积×权重（权重依据同省内各地级市政府科技支出排名确定）。

50. 外商投资增速（%），数据来自各地级市政府 2022 年统计公报。其中，数据来自 2021 年统计公报的地级市有：大兴安岭地区、淮北市、安庆市、黄山市、阜阳市、焦作市、许昌市、漯河市、三门峡市、驻马店市、黄石市、荆门市、江门市。数据来自 2020 年统计公报的地级市有：辽源市、铜仁市、红河哈尼族彝族自治州。此外，部分地级市政府的外商投资增速数据通过所在省级政府外商投资增速推算得出，当所在省级政府外商投资增速为正数时，具体推算方式为外商投资增速 = 上一级政府外商投资增速 × 权重，这样得出数据的地级市政府有淮安市、湖州市、绍兴市、合肥市、淮南市等；当所在省级政府外商投资增速为负数时，具体推算方式为外商投资增速 = 上一级政府外商投资增速/权重，这样得出数据的地级市政府有吉林市、四平市、白山市、松原市、七台河市等（权重均依据同省内各地级市政府 GDP 排名确定）。

51. 公司设立办结时限（天）指企业设立的审批时限，该指标为逆指标，本书测度时已将其转化为正指标，数据来自各地级市政府政务服务网。

52. 公司注销办结时限（天）指企业注销的审批时限，该指标是逆指标，本书测度时已将其转化为正指标，数据来自各地级市政府政务服务网。

53. 地方一般公共预算支出［元/（人 · 千米^2）］指地级市政府一般公共预算支出/（常住人口 × 辖区面积），数据来自各地级市政府 2022 年预算执行报告。其中，数据来自 2021 年预算执行报告的地级市有：朔州市、松原市、七台河市、河池市、拉萨市、山南市、吐鲁番市等。数据来自 2020 年预算执行报告的地级市有：包头市、乌海市、通辽市、巴彦淖尔市、抚顺市、天水市、张掖市、平凉市、酒泉市、庆阳市、陇南市、海南藏族自治州、果洛藏族自治州等。此外，通过对该地级市所在省级政府其他地级市或相近省级政府所辖地级市数据的平均值和最低值进行二次平均得出数据的地级市有：三沙市、曲靖市、林芝市、那曲市等。

54. 非税收入占地方一般公共预算收入比例（%）指非税收入/地方一般公共预算收入，该指标为逆指标，本书测度时已将其转化为正指标，数据来自各地级市政府2022年预算执行报告。其中，数据来自2021年预算执行报告的地级市有：秦皇岛市、太原市、临汾市、呼和浩特市、包头市、松原市、鹤岗市、七台河市、南通市、合肥市等。数据来自2020年预算执行报告的地级市有：锡林郭勒盟、锦州市、双鸭山市、牡丹江市、芜湖市、黄山市、滁州市、阜阳市、宿州市、宣城市、南昌市、东莞市、黔东南苗族侗族自治州、天水市等。此外，通过对该地级市所在省级政府其他地级市或相近省级政府所辖地级市数据的平均值和最低值进行二次平均得出数据的地级市有：南阳市、荆州市、长沙市、邵阳市、三沙市、曲靖市、林芝市。

55. 新增公务员人数［名/（人·千米^2）］指地级市政府辖区内新增公务员人数/（常住人口×辖区面积），数据主要来自2022年国家公务员考试职位表、公务员考试网。

56. 农村居民人均可支配收入（元），数据来自各地级市政府2022年统计公报。其中，数据来自2021年统计公报的地级市有：延边朝鲜族自治州、哈尔滨市、鸡西市、鹤岗市、双鸭山市、大庆市、牡丹江市、黑河市、大兴安岭地区、黄山市、九江市、新余市、鹰潭市、上饶市、济南市、枣庄市、泰安市、平顶山市等。此外，通过推算得出数据的地级市有：深圳市、三沙市、阿里地区。具体推算方式为：农村居民人均可支配收入=(上一级政府农村居民人均可支配收入/上一级政府GDP)×本级政府GDP×权重（权重依据同省内各地级市政府社会保障和就业支出排名确定）。

57. 城镇居民人均可支配收入（元）数据来自各地级市政府2022年统计公报。其中，数据来自2021年统计公报的地级市有：延边朝鲜族自治州、哈尔滨市、鸡西市、鹤岗市、双鸭山市、大庆市、牡丹江市、黑河市、大兴安岭地区、黄山市、九江市、新余市、鹰潭市、上饶市、济南市、枣庄市、泰安市、平顶山市等。此外，通过推算得出数据的地级市有：深圳市、三沙市、阿里地区、泸州市。具体推算方式为：城镇居民人均可支配收入=(上一级政府城镇居民人均可支配收入/上一级政府GDP)×本级政府 GDP × 权重（权重依据同省内各地级市政府社会保障和就业支出排名确定）。

58. 居民消费价格上涨指数（%），该指标为逆指标，本书测度时已将其转化为正指标，数据主要来自各地级市政府 2022 年统计公报及 2023 年政府工作报告。其中，数据来自 2021 年统计公报的地级市有：三门峡市、荆门市、揭阳、贵港市、崇左市、德阳市、遵义市、昆明市、丽江市、临沧市、昌都市、山南市、铜川市等。数据来自 2020 年政府统计公报的地级市有：南宁市、榆林市。此外，通过推算得出数据的地级市有：呼伦贝尔市、兴安盟、南平市、三沙市、红河哈尼族彝族自治州、那曲市、阿里地区、延安市、商洛市、海东市、海北藏族自治州、黄南藏族自治州、果洛藏族自治州、海西蒙古族藏族自治州、石嘴山市、阿克苏地区。具体推算方式为：居民消费价格上涨指数 = 上一级政府居民消费价格上涨指数/权重（权重依据同省内各地级市政府 GDP 排名确定）。

59. 城镇登记失业率（%），数据来自各地级市政府 2022 年统计公报。其中，数据来自 2021 年统计公报的地级市有：恩施土家族苗族自治州、郴州市、湛江市、茂名市、江门市、佛山市、贺州市、来宾市、绵阳市、雅安市、甘孜藏族自治州、贵阳市等。此外，通过推算得出数据的地级市有：石家庄市、乌海市、通辽市、锡林郭勒盟、盘锦市、松原市、萍乡市、九江市、赣州市、抚州市、潍坊市、威海市、周口市、驻马店市、孝感市。具体推算方式为：城镇登记失业率 = 上一级政府城镇登记失业率/权重（权重依据同省内各地级市政府常驻人口排名确定）。

60. 月最低工资标准（元），数据来自 2023 年各地级市政府人力资源和社会保障局最低工资标准的通知。

61. 人均金融机构存款余额（元），指金融机构存款余额/年末常住人口数。年末常住人口数来自各地级市政府 2022 年统计公报和第七次人口普查公报。金融机构存款余额数据来自各地级市政府 2022 年统计公报。其中，数据来自 2021 年统计公报的地级市有：阜阳市、日照市、荆门市、江门市、中山市、清远市、韶关市、揭阳市、南宁市、泸州市、甘孜藏族自治州、邵通市、拉萨市、金昌市、石嘴山市、昌吉回族自治州等。此外，通过推算得出数据的地级市有：三沙市、那曲市、阿里地区。具体推算方式为：金融机构存款余额＝（上一级政府金融机构存款余额/上一级政府常住总人口）×本级政府常住人口×权重（权重依据同省内各地级市政府 GDP 排名确定）。

62. 居民人均生活消费支出（元），数据来自各地级市政府 2022 年统计公报。其中，数据来自 2021 年统计公报的地级市有：保定市、朔州市、运城市、通辽市、巴彦淖尔市、乌兰察布市、兴安盟、阿拉善盟、大连市、辽阳市、哈尔滨市、齐齐哈尔市、鹤岗市、大兴安岭地区、镇江市、泰州市、湖州市、淮北市等。此外，通过推算得出数据的地级市有：石家庄市、邯郸市、邢台市、张家口市、承德市、衡水市、本溪市、盘锦市、铁岭市、长春市、马鞍山市、鄂州市、昆明市。具体推算方式为：居民人均生活消费支出＝上一级政府居民人均生活消费支出×权重（权重依据同省内各地级市政府 GDP 排名确定）。

63. 全体居民恩格尔系数（%），该指标是逆指标，本书测度时已将其转化为正指标，数据来自 2022 年地级市政府统计公报以及 2022 年地级市政府统计年鉴。其中，数据来自 2021 年统计公报的地级市有：阿拉善盟、大连市、辽阳市、盘锦市、铁岭市、长春市、哈尔滨市、齐齐哈尔市、鹤岗市、大兴安岭地区、苏州市等。数据来自 2020 年统计公报的地级市有：石家庄市、承德市、本溪市、安庆市、黄山市、景德镇市、恩施土家族苗族自治州、昆明市。此外，通过推算得出数据的地级市有：延边朝鲜族自治州、鸡西市、双鸭山市、大庆市、伊春市、七台河市、牡丹江市、绥化市、丽水市、合肥市、马鞍山市、莆田市、鹰潭市、吉安市、十堰市、宜昌市、襄阳市、鄂州市、长沙市、张家界市、清远市等。具体推算方式为：全体居民恩格尔系数＝上一级政府全体居民恩格尔系数/权重（权重依据同省内各地级市政府城镇居民人均可支配收入排名确定）。

64. 领导信息公开源于各地级市政府信息公开指南，数据统一采用的是2023年地级市政府网站信息公开栏目公布的政府主要领导信息，即市长或副市长个人信息。该指标评分标准为1~5分。其中，领导个人信息等于或多于5项的记5分；领导个人信息等于或少于4项的记4分；领导个人信息等于或少于3项（但至少有1项）的记3分；领导个人信息没有公开的记1分。

65. 政府新媒体公开指地级市政府网站是否有微信公众号、微博等新媒体联系方式，其来源于2022年地级市政府信息公开年报，该指标评分标准为1~5分。其中，有微信公众号、微博、微信小程序、App等官方新媒体的记5分，只有公众号和微博的记4分，只有微博或公众号的记3分，都没有的则记1分。

66. 三公经费公开，数据来自各地级市政府官网、地级市政府财政局网站、地级市政府预算报告，统一参考2022年财政预算执行情况和2023年财政预算草案的报告，该指标评分标准为1~5分。其中，完全公开政府部门三公经费的地级市政府记5分；政府部门三公经费公开比较全面的地级市政府记4分；只公开一些政府部门三公经费的地级市政府记3分；没有公开三公经费的地级市政府记1分。

67. 工作报告公开，数据来自各地级市政府官网，参考2023年地级市人民代表大会上审议的政府工作报告，该指标评分标准为1~5分。其中，公开2023年政府工作报告的记5分；只公开到2022年政府工作报告的记4分；只公开到2021年政府工作报告的记3分；只公开到2020年政府工作报告及以前政府工作报告的记1分。

68. 预算报告公开，数据来自各地级市政府网站，参考2023年预算（草案）报告，该指标评分标准为1~5分。其中，有2023年预算报告的记5分；只公布到2022年预算报告的记4分；只公布到2021年预算报告的记3分；只公布到2020年及以前预算报告的记1分。

69. 计划报告公开，数据来自各地级市政府网站，参考2023年计划报告，该指标评分标准为1~5分。其中，公开2023年计划报告的记5分；

只公开到 2022 年计划报告的记 4 分；只有 2021 年及以前计划报告的记 3 分；只有 2020 年及以前计划报告的记 1 分。

70. 统计公报公开，数据来自各地级市政府网站或者统计信息网，参考 2022 年统计公报，该指标评分标准为 1 ~5 分。其中，有 2022 年统计公报的记 5 分；只公开到 2021 年统计公报的记 4 分；只公开到 2020 年统计公报的记 3 分；只有 2019 年及以前统计公报的记 1 分。

71. 公务员招考信息公开，参考 2023 年 1 月 1 日至 2023 年 4 月 5 日各地级市政府官网公务员招考录用栏（公务员招考录用、招考信息、人事信息、人事任免、招生信息、考试信息）的公务员职位信息公开条数，该指标评分标准为 1 ~5 分。其中，公开条数大于或等于 7 条记 5 分，大于或等于 4 条小于 7 条记 4 分，大于或等于 1 条小于 4 条记 3 分，0 条记 1 分。

72. 政府办公室主动信息公开详尽程度指地级市政府办公室主动公开政府信息的情况表和报告中的文本内容相匹配的程度，数据来自各地级市政府官网—政务公开—政府信息公开年报—办公室信息公开年报，该指标评分标准为 1 ~5 分。其中，主动公开内容与表格内容完全匹配的记 5 分，主动公开内容与表格内容基本匹配记 4 分，略有匹配记 3 分，完全不匹配（表格内容缺失，或者都没有数量）记 1 分。

73. 政府办公室主动信息公开时效，是指市政府办公室主动公开政府信息的时效。数据来源于政府官网—政务公开—政府信息公开年报—办公室信息公开年报。其中 2023 年 1 月公开的，得 5 分；2023 年 2 月公开的，得 4 分；2023 年 3 月公开的，得 3 分；2023 年 4 月及以后公开和目前暂未公开的，得 1 分。

74. 政府办事时效，数据来自各地级市政府官网，参考市长信箱反映出的基本能解决信件上问题的时间，首先看来信时间与受理时间，根据其间隔长短评级；如果无来信时间就根据已处理信件的日期是否是近期进行评级，查询截止时间为 2023 年 4 月 5 日，该指标评分标准为 1 ~5 分。其中，处理时间长度为 1 ~3 天属于很好，4 ~5 天属于较好；6 ~10 天属于一般，10 天以上属于差。其中，最近邮件收到日期与反馈日期均公布的地级市，采用其最近 3 封的处理时间取平均值；仅公布反馈日期的地级市，参考其最近 3 封的反馈时间间隔取平均值；既无收到日期又无反馈日期的地级市、无市长信箱栏目的地级市、不开放邮件阅读的地级市，因为它们未能及时公布对公众诉求处理速度的信息，它们该项指标得分在全国地级市排名中并列最后一名。同时，在此基础上考察贯彻中央政策和上级精神的时效性，是否贯彻落实十九届三中全会精神和 2023 年全国两会精神。公开很好记 5 分；公开较好记 4 分；一般记 3 分；较差记 1 分。

75. 政府常务会议次数（次），统计区间是 2022 年 1 月 1 日至 2023 年 4 月 5 日，数据来自各地级市政府官网。

76. 政府常务会议议题数量（项）是指在 2022 年 1 月 1 日至 2023 年 4 月 5 日，最新一次（常务会议召开日期距离 4 月 5 日最近的一次）常务会议的议题数量，数据来自地级市政府官网。此外，通过对该地级市所在省级政府其他地级市数据的平均值和最低值进行二次平均得出数据的地级市有：玉溪市、保山市、昭通市、普洱市、海南藏族自治州、果洛藏族自治州、玉树藏族自治州、和田地区。

77. 传达全国两会精神时间指各地级市政府为学习全国两会精神召开常务会议的时间。可以直接搜索“市委、常务会议、学习全国两会精神”等关键词。注意要找到市委主持的召开学习全国两会精神的会议。2023 年 3 月 14 日及之前召开的，得 5 分；2023 年 3 月 15 ~ 17 日召开的，得 4 分；2023 年 3 月 18 ~ 20 日召开的，得 3 分；2023 年 3 月 21 日及以后召开的，得 1 分。

78. 政府主动信息公开时效的数据来源于各地级市政府官网—政务公开—政府信息公开年报。其中 2023 年 1 月公开的，得 5 分；2023 年 2 月公开的，得 4 分；2023 年 3 月公开的，得 3 分；2023 年 4 月及以后公开和目前暂未公开的，得 1 分。

注：本书有关地级市政府效率测度指标信息收集、查询截止时间为 2023 年 5 月 30 日。

附录2.3　2023年中国县级政府效率测度指标数据来源及处理说明

1. 科技支出占地方一般公共预算支出比例（%）指科学技术支出/地方一般公共预算支出。数据来自县级政府的2022年预算执行情况和2023年预算草案报告。其中，延吉市、图们市、汪清县、安图县、依兰县、木兰县、依安县、甘南县、拜泉县、宝清县、饶河县、杜尔伯特蒙古族自治县、南岔县、林口县、宁安市、五大连池市、嫩江市、明水县、肇东市、漠河市、江阴市、庐江县、濉溪县、凤阳县、临泉县、阜南县、界首市、灵璧县、江孜县、定日县、拉孜县、双湖县、措勤县、蒲城县、定边县、子洲县、平利县、旬阳市、白河县、洛南县、商南县、柞水县等的数据来自县级政府的2021年预算执行情况与2022年预算草案报告。此外，以下各县级政府科技支出数据是通过对其所在地区县级政府数据的平均值和最低值进行二次平均得到的：安多县、葛尔县、班戈县、申扎县、兴平市、潼关县、合阳县、神木市、景泰县、秦安县、武山县、古浪县、民乐县、泾川县、庄浪县、金塔县、瓜州县、阿克塞哈萨克族自治县、临洮县、正宁县、文县、礼县、积石山保安族东乡族撒拉族自治县、合作市、碌曲县、西和县、海原县等。

2. 文化旅游体育与传媒支出占地方一般公共预算支出比例（%）指文化旅游体育与传媒支出/地方一般公共预算支出。数据来自县级政府的2022年预算执行情况和2023年预算草案报告。其中，务川仡佬族苗族自治县、赤水市、江口县、思南县、沿河土家族自治县、江孜县、定日县、拉孜县、双湖县、措勤县、蒲城县、定边县、子洲县、神木市、平利县、旬阳市、白河县、洛南县、商南县、柞水县、永登县、临泽县、甘谷县、合水县、漳县、徽县、玛曲县、皋兰县、榆中县、民勤县、灵台县、崇信县等的数据来白县级政府的2021年预算执行情况与2022年预算草案报告。此外，以下各县级政府科技支出数据是通过对其所在地区县级政府数据的平均值和最低值进行二次平均得到的：固镇县、阜南县、界首市、金门县、涿州市、固安县、阳曲县、和林格尔县、调兵山市、朝阳县、建平县、喀喇沁左翼蒙古族自治县、兴城市、榆树市、永吉县、蛟河市、舒兰市、梨树县、德江县、黄平县、秦安县、武山县、古浪县、民乐县、泾川县、庄浪县、金塔县、瓜州县、阿克塞哈萨克族自治县、临洮县、正宁县、文县、礼县等。

3. 教育支出占地方一般公共预算支出比例（%）指教育支出/地方一般公共预算支出。数据来自县级政府的 2022 年预算执行情况和 2023 年预算草案报告。其中，汪清县、安图县、依兰县、木兰县、依安县、甘南县、拜泉县、宝清县、饶河县、杜尔伯特蒙古族自治县、南岔县、林口县、宁安市、明水县、肇东市、漠河市、江阴市、庐江县、濉溪县、凤阳县、临泉县、阜南县、界首市、舒城县、霍山县、涡阳县、东至县、青阳县等的数据来自县级政府的 2021 年预算执行情况与 2022 年预算草案报告；开阳县、正安县、习水县、织金县、石阡县、印江土家族苗族自治县、玉门市、庆城县、环县、敦煌市、庆城县、环县、华池县、宁县、镇原县、通渭县、陇西县、渭源县、岷县、成县、宕昌县、康县、临夏县、临夏市、永靖县、和政县、东乡族自治县、临潭县、卓尼县、舟曲县等的数据来自县级政府 2021 年预算草案报告。此外，以下各县级政府科技支出数据是通过对其所在地区（或地级市政府，下同）县级政府数据的平均值和最低值二次进行平均得到的：固镇县、金门县、固安县、阳曲县、清水河县、调兵山市、兴城市、榆树市、永吉县、蛟河市、双辽市、东丰县、东辽县、柳河县、扶余市、镇赉县、道真仡佬族苗族自治县、德江县、黄平县、大理市、芒市、梁河县、类乌齐县、边坝县、工布江达县、米林市、墨脱县、扎囊县、加查县、错那市、浪卡子县、安多县、葛尔县、班戈县、申扎县等。

4. 医疗卫生支出占地方一般公共预算支出比例（%）指医疗卫生支出/地方一般公共预算支出。数据来自县级政府的 2022 年预算执行情况和

2023年预算草案报告。其中，涡阳县、东至县、青阳县、郎溪县、广德市、闽清县、平潭县、宁化县、大田县、顺昌县、周宁县、柘荣县、上杭县、井陉县、无极县、平山县、元氏县、巨鹿县、平乡县、隆化县、青县、清徐县、古交市、阳高县、广灵县、灵丘县、浑源县、左云县、襄垣县、平顺县、黎城县、壶关县、长子县、沁县、沁源县、皋兰县、榆中县、民勤县、灵台县、崇信县、华亭市、合水县、漳县等的数据来自县级政府的2021年预算执行情况与2022年预算草案报告；此外，以下各县级政府科技支出数据是通过对其所在地区（或地级市政府，下同）县级政府数据的平均值和最低值进行二次平均得到的：固镇县、金门县、固安县、阳曲县、和林格尔县、调兵山市、开原市、北票市、兴城市、榆树市、永吉县、蛟河市、双辽市、东丰县、东辽县、柳河县、扶余市、镇赉县等。

5. 在校生人数占年末常住人口的比例（%）是指各级各类在校生人数/年末常住人口数，数据来自各县级政府2022年统计公报。其中，柳城县、鹿寨县、融安县、融水苗族自治县、三江侗族自治县、定安县、澄迈县、临高县、白沙黎族自治县、昌江黎族自治县、乐东黎族自治县、陵水黎族自治县、保亭黎族苗族自治县、琼中黎族苗族自治县、五指山市、琼海市、文昌市、万宁市、东方市、荣县、富顺县、蓬溪县、大英县、射洪市、威远县、犍为县、沐川县、峨眉山市、仁寿县等的数据来自2021年统计公报；灌阳县、资源县、蒙山县、岑溪市、上思县、东兴市、钟山县、天峨县、罗城仫佬族自治县、青川县、苍溪县、岐山县、眉县、陇县、千阳县、凤县、礼泉县、永寿县等的数据来自2020年统计公报。此外，通过推算得出数据的县级政府有：容城县、安新县、雄县、阳曲县、阳高县、灵丘县、浑源县、平定县、盂县、平顺县、壶关县、长子县、沁县、沁源县、山阴县、应县、右玉县、怀仁市、介休市、平陆县、定襄县、代县、繁峙县、宁武县等。具体推算方式为：在校生人数 =（上一级政府在校生人数/上一级政府常住人口）× 本级政府常住人口 × 权重（权重依据同市内各县级政府教育支出排名确定）。

6. 专利授权量（项/万人）指专利申请量/年末常住人口数，数据来自各县级政府2022年统计公报。其中，数据来自2021年统计公报的县级政府有：蠡县、顺平县、当阳市、洪湖市、松滋市、红安县、崇阳县、赤壁市、广水市、利川市、建始县、竹溪县、公安县、黄梅县、麻城市、元氏县、滦州市、栾川县、伊川县、鲁山县、汝州市、安阳县、滑县、延津县、沁阳市、清丰县、范县等。此外，通过推算得出数据的县级政府有：曲阳县、博野县、雄县、涿州市、安国市、高碑店市、张北县、康保县、沽源县、尚义县、蔚县、阳原县、怀安县、怀来县、涿鹿县、赤城县、承德县、兴隆县、滦平县、隆化县、丰宁满族自治县、宽城满族自治县、围场满族蒙古族自治县、平泉市等。具体推算方式为：专利授权量 =（上一级政府专利授权量/上一级政府常住人口）× 本级政府常住人口 × 权重（权重依据同市内各县级政府科技支出排名确定）。

7. 每万人口卫生机构（个）指卫生机构数量/年末常住人口数，数据来自各县级政府2022年统计公报。其中，数据来自2021年统计公报的县级政府有：武安市、沙河市、阜平县、定兴县、高阳县、易县、顺平县、定州市、安国市、高碑店市、尚义县、怀安县、丰宁满族自治县、宽城满族自治县、香河县、三河市、武强县、阜城县、深州市、浑源县、左云县、黎城县、壶关县、长子县、武乡县等。数据来自2020年统计公报的县级政府有：青龙满族自治县、涉县、邱县、广平县、康保县、安平县、灵丘县、奈曼旗、霍林郭勒市、丰镇市、科尔沁右翼前旗、突泉县、阿巴嘎旗、额济纳旗、康平县、调兵山市、东丰县、延吉市、珲春市、泰来县、纳河市、抚远市、金湖县、新干县等。此外，通过推算得出数据的县级政府有：昌黎县、临漳县、成安县、大名县、磁县、鸡泽县、馆陶县、魏县、曲周县、临城县、内丘县、柏乡县、隆尧县、宁晋县、巨鹿县、新和县、广宗县、平乡县、威县、清河县、临西县、南宫市、唐县等。具体推算方式为：卫生机构 =（上一级政府卫生机构/上一级政府常住人口）×本级政府常住人口×权重（权重依据同市内各县级政府卫生支出排名确定）。

8. 每千人口卫生机构床位（张）指卫生机构床位数量/年末常住人口数，数据来自县级政府2022年统计公报。其中，数据来自2021年统计公报的县级政府有：武安市、沙河市、阜平县、定兴县、高阳县、蠡县、顺平县、定州市、安国市、高碑店市、尚义县、怀安县、赤城县、丰宁满族自治县、宽城满族自治县、香河县、三河市、武强县、阜城县、深州市、浑源县、左云县、黎城县、壶关县、长子县等。数据来自2020年统计公报的县级政府有：万年县、淇县、长葛市、义马市、正阳县、田林县、罗城仫佬族自治县、大化瑶族自治县、梓潼县、旺苍县、西充县、松潘县、阿坝县、得荣县、松桃苗族自治县、宣威市、绥江县、镇雄县、景谷傣族彝族自治县、芒市、延长县、黄龙县、紫阳县、山阳县、镇安县、永登县、景泰县、秦安县等。此外，通过推算得出数据的县级政府有：扶沟县、西华县、商水县、沈丘县、郸城县、太康县、鹿邑县、项城市、西平县、上蔡县、平舆县、泌阳县、遂平县、新蔡县、远安县、长阳土家族自治县、枝江市、保康县、沙洋县、京山市、汉川市、醴陵市、常宁市、衡南县、安乡县、汉寿县、南县、新田县等。具体推算方式为：卫生机构床位=（上一级政府卫生机构床位/上一级政府常住人口）×本级政府常住人口×权重（权重依据同市内各县级政府卫生支出排名确定）。

9. 每千人口卫生技术人员（人）指卫生技术人员数/年末常住人口数，数据来自各县级政府2022年统计公报。其中，数据来自2021年统计公报的县级政府有：武安市、沙河市、阜平县、定兴县、易县、蠡县、顺平县、定州市、安国市、尚义县、怀安县、赤城县、丰宁满族自治县、宽城满族自治县、香河县、三河市、武强县、阜城县、深州市、浑源县、左云县、黎城县、壶关县、长子县、武乡县、沁县、陵川县、高平市、榆社县、左权县、和顺县、寿阳县等。数据来自2020年统计公报的县级政府有：青龙满族自治县、涉县、邱县、广平县、康保县、安平县、灵丘县、奈曼旗、霍林郭勒市、鄂托克旗、丰镇市、科尔沁右翼前旗、突泉县、阿巴嘎旗、康平县、调兵山市、东丰县、延吉市、珲春市、泰来县等。此外，通过推算得出数据的县级政府有：昌黎县、临漳县、成安县、大名县、磁县、鸡泽县、馆陶县、魏县、曲周县、临城县、内丘县、柏乡县、隆尧县、宁晋县、巨鹿县、新和县、广宗县、平乡县、威县、清河县、临西县、南宫市、唐县、高阳县、容城县、涞源县、望都县、安新县、曲阳县等。具体推算方式为：卫生技术员（上一级政府卫生技术员/上一级政府常住人口）×本级政府常住人口×权重（权重依据同市内各县级政府卫生支出排名确定）。

10. 社会保障和就业支出占地方一般公共预算支出比例（%）指社会保障和就业支出/地方一般公共预算支出。数据来自 2022 年预算执行情况和 2023 年预算草案报告。其中，务川仡佬族苗族自治县、赤水市、江口县、思南县、沿河土家族自治县、宁蒗彝族自治县、江孜县、定日县、拉孜县、双湖县、措勤县、蒲城县、定边县、子洲县、神木市、平利县、旬阳市、白河县、洛南县、商南县、柞水县、永登县、临泽县、甘谷县、合水县、漳县、徽县、玛曲县、皋兰县、榆中县、民勤县、灵台县等数据来自县级政府的 2021 年预算执行情况与 2022 年预算草案报告。此外，以下各县级政府社会保障和就业支出数据通过对该县级政府所在地区其他县级政府的平均值和最低数据进行二次平均推算得到：道真仡佬族苗族自治县、德江县、黄平县、弥勒市、大理市、芒市、梁河县、类乌齐县、边坝县、工布江达县、米林市、墨脱县、扎囊县、加查县、错那市、浪卡子县、安多县、葛尔县、班戈县、申扎县、景泰县、秦安县、武山县、古浪县、泾川县、庄浪县、金塔县等。

11. 住房保障支出占地方一般公共预算支出比例（%）指住房保障支出/地方一般公共预算支出，住房保障支出数据来自 2022 年预算执行情况和 2023 年预算草案报告。其中，蒲城县、定边县、子洲县、神木市、合水县、漳县、徽县、玛曲县、乌鲁木齐县、鄯善县、洛浦县、布尔津县、裕民县、民和回族土族自治县、互助土族自治县、化隆回族自治县、刚察县、门源回族自治县、共和县、贵德县、兴海县、玛沁县、达日县、玛多县、称多县、泽库县、乌兰县等的数据来自县级政府的2021年预算执行情况与2022年预算草案报告。此外，以下各县级政府社会保障和就业支出数据通过对该县级政府所在地区其他县级政府的平均值和最低数据进行二次平均推算得到：绥滨县、嘉善县、固镇县、天长市、大田县、涿州市、固安县、阳曲县、泽州县、沁水县、达拉特旗、乌审旗、清水河县、调兵山市、喀喇沁左翼蒙古族自治县、绥中县、兴城市、榆树市、永吉县、蛟河市、舒兰市、双辽市、东丰县、东辽县、柳河县、扶余市、镇赉县、汾阳市、中阳县、岚县等。

12. 新增城镇就业（万人）的数据主要来自各县级政府2022年统计公报及2023年政府工作报告。其中，灵寿县、卢龙县、鸡泽县、顺平县、天镇县、长子县、沁县、稷山县、宁武县、曲沃县、浮山县、乡宁县、汾西县、科尔沁左翼中旗、新巴尔虎左旗、新巴尔虎右旗、陈巴尔虎旗、雷州市、吴川市、遂溪县等的数据来自各县级政府2021年统计公报；广宗县、威县、灵丘县、梅河口市、长白朝鲜族自治县、长阳土家族自治县、神农架林区阳朔县、灵川县、全州县、平乐县、荔浦市、象州县、武宣县、金秀瑶族自治县、芒康县、洛隆县、礼泉县、丹凤县、靖远县、会宁县、甘谷县、天祝藏族自治县、合水县、泽库县、巴里坤哈萨克自治县等的数据来自各县级政府2020年统计公报。此外，元氏县、临城县、宁晋县、新河县、广宗县、平乡县、临西县、沙河市、阜平县、安新县、雄县、涿州市、高碑店市、康保县、沽源县、尚义县、蔚县、阳原县、怀安县、怀来县、涿鹿县、赤城县、丰宁满族自治县、宽城满族自治县、盐山县、南皮县等新增城镇就业数据通过推算得出。具体推算方式为：县新增城镇就业人数=（该县所在地级市新增就业人数/地级市常住人口）×该县常住人口×权重（权重依据同市内各县级政府GDP排名确定）。

13. 新增转移农村劳动力（万人）的数据主要来自各县级政府2022年统计公报及2023年政府工作报告。其中，共青城市、武宁县、修水县、分宜县、浮梁县、泰宁县、安溪县、南安市、武平县、旬邑县、淳化县、兴平市、澄城县、白水县、宜川县、黄龙县、洋县、留坝县、宁陕县、平利县、旬阳市、商南县、永昌县、民勤县、古浪县、景泰县、福鼎市、永寿县、丹凤县、蠡县、顺平县、安国市等的数据来自各县级政府2021年统计公报；东丰县、东辽县、讷河市、灵丘县、长宁县、平昌县、壤塘县、清镇市、纳雍县、沿河土家族自治县、松桃苗族自治县等的数据来自各县级政府2020年统计公报。此外，大余县、崇义县、遂川县、丰城市、靖安县、铜鼓县、崇仁县、金溪县、资溪县、泾县、绩溪县、旌德县、广德市、闽侯县、连江县、罗源县、平潭县、福清市、仙游县、明溪县、清流县、宁化县、尤溪县、将乐县、泰宁县、建宁县、永安市、安溪县、永春县、德化县等新增转移农村劳动力的数据是通过推算得出的。具体推算方式为：新增转移农村劳动力人数 =（该县所在地级市新增转移农村劳动力人数/地级市常住人口）× 该县常住人口 × 权重（权重依据同市内各县级政府 GDP 排名确定）。

14. 参加基本养老保险人数占年末常住人口比例（%）指参加基本养老保险人数/年末常住人口数，年末常住人口数来自各县级政府2022年统计公报和第七次人口普查公报。参加基本养老保险人数数据来自各县级政府2022年统计公报。其中，共青城市、武宁县、修水县、分宜县、浮梁县、泰宁县、安溪县、南安市、武平县、旬邑县、淳化县、兴平市、澄城县、白水县、宜川县、黄龙县、洋县、留坝县、宁陕县、平利县、旬阳市、商南县、永昌县、民勤县、古浪县、景泰县、福鼎市、永寿县、丹凤县、蠡县、顺平县、安国市、高碑店市、康保县、尚义县等的数据来自2021年统计公报；罗田县、行唐县、广平县、涞水县、青龙满族自治县、内乡县、崇义县、全南县、宜黄县、达日县、乌什县、喀什市、岳普湖县、木垒哈萨克自治县、栾川县、珲春市、克山县、拜泉县、萝北县等的数据来自2020年统计公报。此外，通过推算得出数据的县级政府有：莲花县、上栗县、永丰县、泰和县、遂川县、芦溪县等。具体推算方式为：参加基本养老保险人数 =（上一级政府参加基本养老保险人数/上一级政府常住人口）× 本级政府常住人口 × 权重（权重依据同市内各县级政府社会保障支出排名确定）。

15. 全年社会消费品零售总额增长率（%）的数据来自各县级政府 2022 年统计公报及 2023 年政府工作报告。其中，蠡县、顺平县、涿州市、安国市、高碑店市、康保县、怀安县、赤城县、丰宁满族自治县、阜城县、阳新县应城市、竹山县、竹溪县、丹江口市、当阳市、南漳县、公安县、监利市、洪湖市、团风县、红安县、蕲春县、崇阳县、五峰土家族自治县、宽城满族自治县、三河市、麻城市、淮滨县、大悟县等的数据来自各县级政府 2021 年统计公报；广平县、魏县、柏乡县、义马市、唐河市、崇义县、宜黄县、达日县、青铜峡市、延吉市、敦化市、珲春市、克山县、拜泉县、绥阳县、镇雄县、景谷傣族彝族自治县、利辛县、镇原县、西和县等的数据来自各县级政府 2020 年统计公报。此外，以下各县级政府的全年社会消费品零售总额增长率数据通过所在地级市政府全年社会消费品零售总额增长率推算得出，当所在地级市政府全年社会消费品零售总额增长率为正数时，通过所在地级市政府全年社会消费品零售总额增长率 × 权重得出数据的县级政府有大城县、武强县、安平县、景县、深州市、泊头市、黄骅市、香河县、文安县、饶阳县、故城县、晋州市、新河县、涞源县、安新县、易县、滦南县、威县、内黄县等；当所在地级市政府全年社会消费品零售总额增长率为负数时，通过所在地级市政府全年社会消费品零售总额增长率/权重得出数据的县级政府有兴县、西乌珠穆沁旗、抚顺县、新宾满族自治县、永吉县、富裕县、东海县、灌南县、内黄县、当雄县、波密县、察隅县、普兰县、札达县、噶尔县等（权重均依据同市内各县级政府 GDP 排名确定）。

16. 节能环保支出占地方一般公共预算支出比例（%）是指节能环保支出/地方一般公共预算支出。节能环保支出的数据来自各县级政府的 2022 年预算执行情况和 2023 年预算草案报告。其中，平利县、旬阳市、白河县、洛南县、商南县、柞水县、永登县、临泽县、甘谷县、皋兰县、榆中县、民勤县、灵台县、崇信县、华亭市、合水县、漳县、徽县、玛曲县、乌鲁木齐县、鄯善县、洛浦县、布尔津县、裕民县、共和县、贵德县、兴海县、玛沁县、达日县、玛多县、称多县、久治县、泽库县等的数据来自各县级政府 2021 年预算执行情况和 2022 年预算草案报告。此外，以下各县级政府节能环保支出数据是通过对该县级政府所在地区其他县级政府数据的平均值和最低值进行二次平均得到的：临洮县、正宁县、文县、礼县、积石山保安族东乡族撒拉族自治县、合作市、碌曲县、西和县、海原县、托克逊县、阿克苏市、拜城县、呼图壁县、霍城县、若羌县、石河子市、阿拉尔市、五家渠市、北屯市、铁门关市、昆玉市、胡杨河市、新星市、碌曲县等。

17. 移动电话普及率（部/百人）指移动电话用户数/年末常住人口数。移动电话用户数的数据来自县级政府 2022 年统计公报。康保县、尚义县、怀安县、赤城县、丰宁满族自治县、宽城满族自治县、香河县、阜城县、清徐县、左云县、襄垣县、黎城县、深州市、武乡县、沁县、阳城县、泽州县、榆社县、左权县、和顺县、祁县、绛县等的数据来自 2021 年统计公报。临城县、安平县、灵丘县、河津市、丰镇市、东丰县、延吉市、珲春市、泰来县、抚远市、固镇县、岳西县、泾县、仙游县、连城县、共青城市、庐山市、全南县、井冈山市、寿光市、费县、登封市、新安县、汝阳县、宝丰县、鲁山县等的数据来自县级政府 2020 年统计公报。此外，通过推算得出数据的县级政府有：井陉县、正定县、高邑县、深泽县、赞皇县、无极县、平山县、赵县、晋州市、新乐市、滦南县、迁西县、昌黎县、卢龙县、临漳县、成安县、大名县、涉县、磁县、邱县、鸡泽县、广平县、馆陶县、魏县等。具体推算方式为：移动电话用户数 =（上一级政府移动电话用户/上一级政府常住人口）× 本级政府常住人口 × 权重（权重依据同市内各县级政府 GDP 排名确定）。

18. 互联网普及率（户/百人）指互联网用户/年末常住人口数。互联网用户的数据来自县级政府 2022 年统计公报。其中，新干县、永丰县、安福县、永新县、樟树市、奉新县、万载县、上高县、宜丰县、靖安县、南城县、黎川县、乐安县、德兴市、玉山县、铅山县、横峰县、弋阳县等的数据来自县级政府 2021 年统计公报。临城县、安平县、灵丘县、河津市、丰镇市、东丰县、延吉市、珲春市、泰来县、抚远市、濉溪县、岳西县、泾县、仙游县、连城县、福鼎市、共青城市等的数据来自县级政府 2020 年统计公报。此外，通过推算得出数据的县级政府有：海兴县、盐山县、肃宁县、南皮县、吴桥县、献县、孟村回族自治县、泊头市、黄骅市、河间市、固安县、永清县、大城县、文安县、大厂回族自治县、霸州市、三河市、武邑县、饶阳县、临西县、南宫市、沙河市、阜平县、唐县、高阳县、容城县、涞源县、望都县、安新县、易县等。具体推算方式为：互联网用户 =（上一级政府互联网用户/上一级政府常住人口）× 本级政府常住人口 × 权重（权重依据同市内各县级政府 GDP 排名确定）。

19. 固定资产投资增长率（%）的数据来自各县级政府 2022 年统计公报。其中，长子县、沁县、阳城县、陵川县、高平市、应县、左权县、和顺县、祁县、平遥县、灵石县、介休市、平陆县、五台县、代县、静乐县、神池县、偏关县、原平市、曲沃县、翼城县等的数据来自 2021 年统计公报。高邑县、赞皇县、迁西县、滦州市、昌黎县、临漳县、成安县、邱县、鸡泽县、广平县、馆陶县、魏县、曲周县、平乡县、容城县、望都县、沧县、安平县、灵丘县、隰县、永和县等的数据来自 2020 年统计公报。此外，部分县级政府的固定资产投资增长率数据通过所在地级市政府固定资产投资增长率推算得出，当所在地级市政府固定资产投资增长率为正数时，通过所在地级市政府固定资产投资增长率 × 权重得出数据的县级政府有扶沟县、西华县、商水县、沈丘县、郸城县、鹿邑县、汶川县、理县、茂县、松潘县、金川县、小金县、黑水县等；当所在地级市政府固定资产投资增长率为负数时，通过所在地级市政府固定资产投资增长率/权重得出数据的县级政府有德庆县、汤阴县、尉氏县、泗水县、甘南县、龙江县、公主岭市、榆树市、辽阳县、伊通满族自治县、科尔沁左翼后旗、扎鲁特旗、霍林郭勒市等（权重均依据同市内各县级政府 GDP 排名确定）。

20. GDP 增长率（%）数据来自各县级政府 2022 年统计公报。其中，无极县、元氏县、辛集市、遵化市、涉县、宁晋县、新河县、清河县、高阳县、定兴县、安新县、蠡县、顺平县、博野县、涿州市、高碑店市、康保县、怀安县、赤城县、丰宁满族自治县、宽城满族自治县、围场满族蒙古族自治县、东光县、大厂回族自治县、娄烦县等的数据来自 2021 年统计公报。此外，部分县级政府的 GDP 增长率数据通过所在地级市政府 GDP 增长率推算得出，当所在地级市政府 GDP 增长率为正数时，通过所在地级市政府 GDP 增长率 × 权重得出数据的县级政府有深泽县、晋州市、临漳县、馆陶县、曲周县、临城县、迁西县、临西县、张北县、大城县、灵丘县、平定县、平顺县、山阴县、定襄县、繁峙县、宁武县等；当所在地级市政府 GDP 增长率为负数时，通过所在地级市政府 GDP 增长率/权重得出数据的县级政府有长白朝鲜族自治县、关岭布依族苗族自治县（权重均依据同市内县级政府 GDP 排名确定）。

21. GDP（亿元）数据来自各县级政府 2022 年统计公报。其中，偏关县、原平市、安泽县、吉县、汾西县、柳林县、清水河县、巴林左旗、乌兰浩特市、阿尔山市、科尔沁右翼前旗、科尔沁右翼中旗、扎赉特旗、太仆寺旗、镶黄旗、多伦县、康平县、法库县、长海县、台安县、公主岭市、蛟河市等的数据来自 2021 年统计公报。此外，通过对该县级政府所在地区其他县级政府的平均值和最低值的数据进行二次平均推算出数据的有深泽县、晋州市、临漳县、馆陶县、曲周县、临城县、巨鹿县、临西县、张北县、平泉市、固安县、永清县、香河县、山阴县、定襄县、繁峙县、宁武县、五寨县、隰县、兴县、托克托县、锡林浩特市、阿拉善左旗、岫岩满族自治县、桓仁满族自治县、东辽县、临江市、集贤县、金门县等。

22. 人均 GDP（元）指 GDP/常住人口数。数据来自各县级政府 2022 年统计公报。其中，灵寿县、无极县、滦南县、遵化市、涉县、邱县、阜平县、定兴县、新安县、蠡县、顺平县、涿州市、高碑店市、康保县、怀安县、赤城县、承德县、宽城满族自治县、围场满族蒙古族自治县、青县、大厂回族自治县、娄烦县、古交市、阳高县等的数据来自2021年统计公报；行唐县、高邑县、赞皇县、玉田县、迁安市、滦州市、青龙满族自治县、昌黎县、广平县、宁晋县、平乡县、威县、固安县、永清县、香河县、黎城县、长子县等的数据来自2020年县级统计年鉴。此外，通过对该县级政府所在地区其他县级政府的平均值和最低值的数据进行二次平均推算出数据的有深泽县、平山县、元氏县、晋州市、迁西县、临漳县、大名县、鸡泽县、馆陶县、魏县、曲周县、武安市、临城县、柏乡县、隆尧县、巨鹿县、新河县、清河县、临西县、南宫市、沙河市、唐县、高阳县、容城县等。

23. 人均金融机构贷款余额（元），指金融机构贷款余额/年末常住人口数，年末常住人口数来自2022年县级政府统计公报和第七次人口普查公报。金融机构贷款余额数据来自2022年县级政府统计公报。其中，山县、横峰县、弋阳县、余干县、鄱阳县、万年县、婺源县、平度市、桓台县、高青县、沂源县、滕州市、利津县、广饶县、龙口市、莱阳市、莱州市、栖霞市、海阳市、寿光市、昌邑市、昌乐县等的数据来自2021年县级政府统计公报。此外，通过推算得出数据的县级政府有：雄县、阳曲县、平定县、山阴县、应县、右玉县、定襄县、繁峙县、宁武县、五寨县、岢岚县、河曲县、保德县、古县、隰县、永和县、霍州市、文水县、交城县、兴县、临县、岚县、方山县、交口县等。具体推算方式为：金融机构贷款余额=(上一级政府金融机构贷款余额/上一级政府常住总人口)×本级政府常住人口×权重（权重依据同市内各县级政府GDP排名确定)。

24. 数字经济发展数据源于各县级政府网站，该指标评分标准为1～5分。参考2023年政府工作报告中的关键词“数字经济”出现的数量，出现6次及以上记5分，4～5次记4分，3次记3分，2次及以下记1分。

25. 权责清单。权责清单指政府发布权力清单和责任清单的数量及时间，数据来自2022年县级政府法制办公室网站、县级政府的政务服务网、县级政府机构编制委员会办公室网站。该指标评分标准为1~5分，主要根据权责清单公布的总数多少、公布时间早晚评分。其中，县级政府权责清单指标得1分的是该县级政府公布权责清单的部门少，各部门的权责清单数量少、公布时间晚；得3分的是该县级政府公布权责清单的部门较多，清单总数少、公布时间比较晚；得4分的是该县级政府公布权责清单的部门较多，清单总数较多，但公布时间比较晚；得5分的是该县级政府公布权责清单的总数或综合部门数量多且具体，公布时间早。

26. 外商投资增速（%）数据来自各县级政府2022年统计公报。其中，行唐县、元氏县、滦南县、玉田县、滦州市、涉县、武安市、宁晋县、沙河市、易县、蠡县、顺平县、安国市、高碑店市、怀安县、三河市、阜城县、古交市、涿州市、深州市、铁岭县、龙井市、延寿县、依安县、克东县、肇东市、丰县、沛县等的数据来自2021年统计公报。高邑县、广平县、临城县、柏乡县、平乡县、威县、唐县、安平县、内丘县、金湖县、枞阳县、界首市、仙游县、芦溪县、庐山市、定南县、全南县、于都县等的数据来自2020年统计公报。此外，以下各县级政府的外商投资增速数据通过所在地级市政府外商投资增速推算得出，当所在地级市政府外商投资增速为正数时，通过所在地级市政府外商投资增速×权重得出数据的县级政府有井陉县、正定县、灵寿县、深泽县、赞皇县、无极县、平山县、赵县、晋州市、新乐市、迁西县、青龙满族自治县、卢龙县、临漳县、成安县、大名县等；当所在地级市政府外商投资增速为负数时，通过所在地级市政府外商投资增速/权重得出数据的县级政府有阜平县、定兴县、城口县、丰都县、垫江县、忠县、云阳县、奉节县、巫山县、巫溪县、石柱土家族自治县等（权重均依据同市内各县级政府GDP排名确定）。

27. 常住人口增速（%）指2022年末常住人口增加数/2021年末常住人口总数。数据来自各县级政府2022年统计公报及第七次人口普查公报。其中，灵寿县、卢龙县、邱县、阜平县、蠡县、涿州市、大厂回族自治县、娄烦县、古交市、天镇县、高平市、怀仁市、寿阳县等的数据来自2021年统计公报。无极县、固安县、香河县、和顺县、洮南市、依兰县、拜泉县的数据来自2020年统计公报。此外，部分县级政府的常住人口增速数据通过所在地级市政府常住人口增速推算得出，当所在地级市政府常住人口增速为正数时，通过所在地级市政府固常住人口增速×权重得出数据的县级政府有井陉县、正定县、深泽县、晋州市、新乐市、乐亭县、玉田县、迁安市、滦州市、青龙满族自治县、昌黎县等；当所在地级市政府常住人口增速为负数时，通过所在地级市政府常住人口增速/权重得出数据的县级政府有临漳县、成安县、大名县、涉县、磁县、鸡泽县、广平县、馆陶县、魏县、曲周县、武安市、临城县、邱县、柏乡县、隆尧县、宁晋县、巨鹿县、新河县、广宗县、平乡县、赞皇县、迁西县、遵化市等（权重均依据同市内各县级政府GDP排名确定）。

28. 商业服务业等支出占地方一般公共预算支出比例（%）指商业服务业等支出/地方一般公共预算支出。商业服务业等支出来自各县级政府的2022年预算执行情况和2023年预算草案报告。其中，浮梁县、莲花县、上栗县、永修县、瑞金市、弋阳县、南城县、齐河县、阳谷县、高唐县、鄄城县、尉氏县、洛宁县、安阳县、原阳县、襄城县、禹州市、息县、竹溪县、洪湖市、鹤峰县、湘潭县、隆回县等的数据来自2021年预算执行情况和2022年预算草案报告。此外，通过对该县级政府所在地区其他县级政府的平均值和最低值的数据进行二次平均推算出数据的有芦溪县、修水县、泰和县、余干县、铜鼓县、宜丰县、奉新县、安丘市、庆云县、东阿县、巨野县、东明县、滑县、桐柏县、虞城县、丹江口市、仙桃市、廉江市、罗定市、广宁县、怀集县等。

29. 地方一般公共预算支出［元/（人·千米^2）］指县级政府一般公共预算支出/（常住人口×辖区面积），数据来自各县级政府2022年预算执行报告。其中，数据来自2021年预算执行情况和2022年预算草案报告的县级有：浮梁县、莲花县、上栗县、永修县、瑞金市、齐河县、洛宁县、安阳县、滑县、息县、松滋市、衡阳县、隆回县、绥宁县、芷江侗族自治县、双峰县、花垣县、澄迈县、临高县、小金县、雅江县、炉霍县、白玉县、石渠县等。此外，通过对该县级政府所在地级市政府其他县级或相近地级市数据的平均值和最低值进行二次平均得出数据的县级政府有：芦溪县、广昌县、余干县、铅山县、翁源县、龙门县、揭西县、金门县、固安县、阳曲县、柳河县等。

30. 非税收入占地方一般公共预算收入比例（%）是指非税收入/地方一般公共预算收入，该指标为逆指标，本书测度时已将其转化为正指标，非税收入的数据来自各县级政府 2022 年预算执行情况报告。其中，江口县、思南县、施秉县、三穗县、镇远县、岑巩县、天柱县、锦屏县、剑河县、台江县、黎平县、榕江县、从江县、独山县、平塘县、罗甸县、长顺县、龙里县、宁蒗彝族自治县、江孜县、定日县、拉孜县等的数据来自 2021 年预算执行情况和 2022 年预算草案报告。此外，通过对该县级政府所在地区其他县级政府的平均值和最低值的数据进行二次平均推算出数据的有德江县、黄平县、大理市、芒市、梁河县、类乌齐县、边坝县、工布江达县、米林市、墨脱县、扎囊县、加查县、错那市、浪卡子县、安多县、葛尔县、班戈县、申扎县、合阳县、礼泉县、措勤县、永登县、景泰县、秦安县、武山县等。

31. 新增公务员人数［名/（人 · 千米^2）］指县级政府辖区内新增公务员人数/（常住人口 × 辖区面积），数据主要来自 2023 年国家公务员考试职位表、公务员考试网。

32. 农村居民人均可支配收入（元）的数据来自各地县级政府 2022 年统计公报。其中，丰县、沛县、睢宁县、海安市、涟水县、响水县、宝应县、丹阳市、句容市、靖江市、泰兴市、苍南县、新昌县、诸暨市、东阳市、开化县、龙游县、天台县、庆元县、肥西县、庐江县、巢湖市、怀远县、五河县、固镇县、凤台县、寿县、当涂县、宿松县等的数据来自 2021 年统计公报。此外，通过推算得出数据的县级政府有：晋州市、临漳县、馆陶县、魏县、曲周县、临城县、隆尧县、巨鹿县、新和县、清河县、临西县、涞源县、安新县、雄县、阳原县、隆化县、平泉市、海兴县、盐山县、肃宁县等。具体推算方式为：农村居民人均可支配收入 =（上一级政府农村居民人均可支配收入/上一级政府 GDP）× 本级政府 GDP × 权重（权重依据同市内各县级政府社会保障和就业支出排名确定）。

33. 城镇居民人均可支配收入（元）的数据来自各地县级政府 2022 年统计公报。其中，霍邱县、舒城县、金寨县、涡阳县、利辛县、闽侯县、连江县、罗源县、福清市、清流县、泰宁县、建宁县、安溪县、南安市、东山县、武平县、安义县、进贤县、乐平市、浮梁县、上栗县、芦溪县、瑞昌市、共青城市、武宁县、修水县等的数据来自 2021 年统计公报。此外，通过推算得出数据的县级政府有：临漳县、馆陶县、魏县、曲周县、临城县、隆尧县、巨鹿县、新和县、清河县、临西县、涞源县、安新县、雄县、阳原县、隆化县、平泉市、海兴县、盐山县、肃宁县、南皮县、献县等。具体推算方式为：城镇居民人均可支配收入 =（上一级政府城镇居民人均可支配收入/上一级政府 GDP）× 本级政府 GDP × 权重（权重依据同市内各县级政府社会保障和就业支出排名确定）。

34. 城镇登记失业率（%）为逆指标，本书测度时已将其转化为正指标。其数据来自各县级政府 2022 年统计公报。其中，顺平县、涿鹿县、天镇县、长子县、永济市、宁武县、吉县、乡宁县、大宁县、汾西县、新巴尔虎左旗、新巴尔虎右旗、陈巴尔虎旗、古丈县、廉江市、雷州市、遂溪县、化州市、新兴县、怀集县、同江市、勃利县、逊克县、孙吴县、北安市、嫩江市、明水县等的数据来自 2021 年统计公报。此外，通过推算得出数据的县级政府有：赞皇县、元氏县、成安县、涉县、邱县、馆陶县、临城县、宁晋县、新河县、广宗县、平乡县、威县、临西县、沙河市、阜平县、唐县、望都县、安新县、雄县、涿州市、安国市、高碑店市、康保县、沽源县等。具体推算方式为：城镇登记失业率 = 上一级政府城镇登记失业率/权重（权重依据同市内各县级政府常住人口排名确定）。

35. 月最低工资标准（元）的数据来自2023年政府官网关于调整最低工资标准的通知以及2023年各省份最低工资标准。其中，望都县、安新县、易县、曲阳县、蠡县、顺平县、博野县、雄县、涿州市、定州市、安国市、高碑店市、张北县、康保县、沽源县、尚义县、蔚县、阳原县、怀安县、怀来县、涿鹿县、赤城县、承德县、兴隆县、滦平县、隆化县、丰宁满族自治县等县级政府数据来源于省级人力资源与社会保障厅公布的各地区最低工资标准情况。

36. 人均金融机构存款余额（元），指金融机构存款余额/年末常住人口数，年末常住人口数来自2022年县级政府统计公报和第七次人口普查公报。金融机构存款余额数据来自2022年县级政府统计公报。其中，数据来自2021年统计公报的县级政府有：阳高县、天镇县、浑源县、左云县、平顺县、黎城县、壶关县、长子县、武乡县、沁县、阳城县、陵川县、高平市、怀仁市、榆社县、左权县、和顺县、寿阳县、祁县、平遥县、灵石县、介休市、平陆县等。此外，通过推算得出数据的县级政府有：临邑县、巩义市、杞县、尉氏县、郏县、汤阴县、内黄县、林州市、方正县、木兰县、通河县、尚志市、五常市、龙江县、甘南县、密山市、肇源县、嘉荫县、汤旺县、丰林县、大箐山县、南岔县、铁力市、桦南县、德庆县、龙川县、惠来县、连平县、饶平县、三江侗族自治县、凌云县、金堂县、都江堰市、沐川县等。具体推算方式为：金融机构存款余额 =（上一级政府金融机构存款余额/上一级政府常住总人口）× 本级政府常住人口 × 权重（权重依据同市内各县级政府GDP排名确定）。

37. 居民人均生活消费支出（元），数据来自2022年县级政府统计公报。其中，数据来自2021年统计公报的县级政府有：通化县、图们市、汪清县、依安县、沛县、新沂市、邳州市、如东县、海安市、阜宁县、射阳县、建湖县、东台市、宝应县、涟水县、岳西县、沭阳县、泗阳县等。此外，通过推算得出数据的县级政府有：馆陶县、魏县、曲周县、武安市、临城县、内丘县、柏乡县、隆尧县、宁晋县、巨鹿县、新河县、广宗县、平乡县、威县、清河县、临西县、南宫市、沙河市、涞水县、定兴县、唐县、高阳县、容城县、涞源县、望都县、安新县、易县、固安县、永清县、香河县、大城县、文安县等。具体推算方式为：居民人均生活消费支出 = 上一级政府居民人均生活消费支出 × 权重（权重依据同市内各县级政府 GDP 排名确定）。

38. 全体居民恩格尔系数（%），该指标是逆指标，本书测度时已将其转化为正指标，数据来自 2022 年县级政府统计公报以及 2022 年县级政府统计年鉴。其中，数据来自 2021 年统计公报的县级政府有：如东县、海安市、阜宁县、射阳县、建湖县、东台市、宝应县、滨海县、沭阳县、泗阳县、桐庐县、平阳县、嘉善县、海盐县、枞阳县、岳西县、阜南县、灵璧县、涡阳县、泰宁县、平湖市、兰溪市、瑞昌市等。数据来自 2020 年统计公报的县级政府有：赞皇县、武安市、高碑店市、和顺县、金湖县、涟水县、泰顺县、旌德县、浦江县、常山县、定南县、峡江县、新龙县、黔西市、金沙县、赫章县、都匀市、永登县等。此外，通过推算得出数据的县级政府有：高阳县、容城县、涞源县、望都县、安新县、易县、曲阳县、蠡县、顺平县、博野县、雄县、涿州市、张北县、康保县、沽源县、尚义县、蔚县、阳原县、怀安县、怀来县、赤城县、承德县、兴隆县等。具体推算方式为：全体居民恩格尔系数 = 上一级政府全体居民恩格尔系数/权重（权重依据同市内各县级政府城镇居民人均可支配收入排名确定）。

39. 领导信息公开数据来源于县级政府信息公开指南。统一参考的是 2023 年县级政府网站信息公开栏目公布的政府办公室或相关部门电话、电子邮箱。其中，领导个人信息等于或多于 5 项的为 5 分，领导个人信息等于或少于 4 项的为 4 分，领导个人信息等于或少于 3 项（但至少有 1 项）的为 3 分，领导个人信息没有公开的为 1 分。

40. 三公经费公开数据来源于各县级政府官网、县级政府财政局网站、县级政府预算报告，统一参考 2022 年预算执行情况和 2023 年预算草案报告。其中，完全公开政府部门三公经费的县级政府为5分；政府部门三公经费公开比较全面的县级政府为4分；只公开一些政府部门三公经费的县级政府为3分；没有公开三公经费的县级政府为1分。

41. 工作报告公开数据来源于各县级政府官网，参考2023年县人民代表大会上审议的政府工作报告。其中，公开2023年政府工作报告的为5分；只公开到2022年政府工作报告的为4分；只公开到2021年政府工作报告的为3分；只公开到2020年政府工作报告及以前政府工作报告的为1分。

42. 预算报告公开数据来源于各县级政府网站，参考2023年预算草案报告。其中，有2023年预算草案报告的为5分；只公布到2022年预算草案报告的为4分；只公布到2021年预算草案报告的为3分；只公布到2020年及以前预算草案报告的为1分。

43. 计划报告公开数据来源于各县级政府网站，参考2023年计划报告。其中，公开2023年计划报告的为5分；只公开到2022年计划报告的为4分；只有2021年及以前计划报告的为3分；只有2020年及以前计划报告的为1分。

44. 统计公报公开数据来源于各县级政府网站或者统计信息网，参考2022年统计公报。其中，有2022年统计公报的为5分；只公布到2021年统计公报的为4分；只公布到2020年统计公报的为3分；只有2019年及以前统计公报的为1分。

45. 公务员招考信息公开参考2023年1月1日至2023年4月5日各县级政府官网公务员招考录用栏（公务员招考录用、招考信息、人事信息、人事任免、招生信息、考试信息）的公务员职位信息公开条数。公开条数大于或等于7条记5分，大于或等于4条小于7条记4分，大于或等于1条小于4条记3分，0条记1分。

46. 政府办公室主动信息公开详尽程度，是指县级政府办公室信息公开年报中主动公开信息的详细程度。数据来源于政府官网—政务公开—政府办公室信息公开年报。其中主动公开内容条数大于或等于 15 条的记 5 分，主动公开内容条数为 10 ~ 14 条的记 4 分，主动公开内容条数为 6 ~ 9 条的记 3 分，主动公开内容条数为 5 条及以下（或者最新的信息公开年报未公开）的记 1 分。

47. 政府办公室主动信息公开时效，是指县级政府办公室主动公开政府信息的时效。数据来源于政府官网—政务公开—政府信息公开年报—政府办公室信息公开年报。其中，2023 年 1 月公开的，得 5 分；2023 年 2 月公开的，得 4 分；2023 年 3 月公开的，得 3 分；2023 年 4 月及以后公开和目前暂未公开的，得 1 分。

48. 政府办事时效，数据来自各县级政府官网，参考县级政府行政负责人信箱反映出的基本能解决信件上问题的时间，首先看来信时间与受理时间，根据其间隔长短评级；如果无来信时间就根据已处理信件的日期是否是近期进行评级，查询截止时间为 2023 年 4 月 5 日，该指标评分标准为 1 ~5 分。其中，处理时间长度为 1 ~3 天属于很好，4 ~5 天属于较好；6 ~ 10 天属于一般，10 天以上属于差。其中，最近邮件收到日期与反馈日期均公布的县级政府，采用其最近 3 封的处理时间取平均值；仅公布反馈日期的县级政府，参考其最近 3 封的反馈时间间隔取平均值；对于既无收到日期又无反馈日期的县级政府、无县级政府行政负责人信箱栏目的县级政府、不开放邮件阅读的县级政府，因为它们未能及时公布对公众诉求处理速度的信息，所以它们在该项指标上的得分在全国县级政府排名中并列最后一名。同时，在此基础上考察贯彻中央政策和上级精神的时效性。公开很好记 5 分；公开较好记 4 分；一般记 3 分；较差记 1 分。

49. 政府常务会议次数（次）的相关数据来自各县级政府网站，统计区间为 2022 年 1 月 1 日至 2023 年 4 月 5 日。其中，通过对该县级政府所在地级市政府的所有县级政府数据的平均值和最低值进行二次平均得出数据的有尚义县、和顺县、万荣县、恒曲县、芮城县、永济市、河津市、定襄县、五台县、宁武县、神池县、五寨县、岢岚县、河曲县、保德县、古县、浮山县、吉县、蒲县、汾西县、霍州市、临县、方山县、林西县、霍林郭勒市、鄂托克旗等。

50. 政府常务会议议题数量（项）是指在 2022 年 1 月 1 日至 2023 年 4 月 5 日，最新一次（常务会议召开日期距离 2023 年 4 月 5 日最近的一次）常务会议的议题数量。其中，通过对该县级政府所在地级市政府所有县级政府数据的平均值和最低值进行二次平均得出数据的有宁明县、龙州县、大新县、定安县、屯昌县、白沙黎族自治县、乐东黎族自治县、万宁市、金堂县、崇州市、简阳市、米易县、中江县、广汉市、盐亭县、旺苍县、大英县、威远县等。

51. 传达全国两会精神时间特指各县级政府为学习全国两会精神召开会议的时间。可以在县级政府网站上直接搜索“学习全国两会精神”等关键词。注意要找到县委主持召开的学习全国两会精神的会议。2023 年 3 月 16 日及之前召开的，得 5 分；2023 年 17 ~ 19 日召开的，得 4 分；2023 年 20 ~ 22 日召开的，得 3 分；2023 年 3 月 23 日及以后召开的，得 1 分。

52. 政府主动信息公开时效，该指标数据来源于县级政府官网—政务公开—政府信息公开年报。其中，2023 年 1 月公开的，得 5 分；2023 年 2 月公开的，得 4 分；2023 年 3 月公开的，得 3 分；2023 年 4 月及以后公开和目前暂未公开的，得 1 分。

53. 乡村振兴政策。数据源于各县级政府网站，参考 2023 年县级政府工作报告中的关键词“乡村振兴”的条数，4 条及以下记 1 分，5 ~ 6 条及以下记 3 分，7 ~ 8 条记 4 分，9 条及以上记 5 分。

54. 乡村振兴效果。数据源于各县级政府网站，主要根据有关“乡村振兴”实施的新闻的总数多少进行评分。其中，县级政府乡村振兴效果指标得 1 分的是该县实施乡村振兴政策的效果不明显，范围较窄；得 3 分的是该县实施乡村振兴政策的效果较为明显，但是范围较窄；得 4 分的是该县实施乡村振兴政策的效果较为明显，且范围较广；得 5 分的是该县实施乡村振兴政策的效果显著，覆盖范围广。

55. 农林水事务支出占地方一般公共预算支出比例（%）指农林水事务支出/地方一般公共预算支出。数据来自县级政府2022年预算执行情况与2023年预算报告。其中，浮梁县、莲花县、上栗县、永修县、瑞金市、弋阳县、南城县、宜丰县、奉新县、齐河县、阳谷县、高唐县、洛宁县、安阳县、滑县、息县、竹溪县、洪湖市、鹤峰县、湘潭县、隆回县、绥宁县、辰溪县、新晃侗族自治县、双峰县、花垣县、台山市、连山壮族瑶族自治县、宾阳县、澄迈县、临高县、白沙黎族自治县、什邡市、开江县、石棉县、小金县、雅江县、炉霍县、白玉县、石渠县等的数据来自2021年预算执行情况与2022年预算报告。此外，通过对该县级政府所在地级市政府其他县级或相近地级市数据的平均值和最低值进行二次平均得出数据的县级政府有：固镇县、金门县、固安县、阳曲县、和林格尔县、调兵山市、喀喇沁左翼蒙古族自治县、兴城市、榆树市、永吉县、蛟河市、舒兰市、双辽市、东丰县、东辽县、柳河县、扶余市、镇赉县等。

56. 落实耕地保护责任数据源于各县级政府网站，该指标评分标准为1~5分。参考2023年县级政府工作报告中的关键词“耕地”的数量，其中关于耕地保护、耕地责任等的关键词的词频为5次及以上记5分，4次记4分，3次记3分，2次及以下记1分。

57. 粮食种植面积占比（%）是指粮食种植面积/县级政府辖区总面积。县级政府辖区面积来自县级政府官网。粮食种植面积指的是当地最重要农产品（种植范围、面积最广的农产品）种植面积，其数据来自各县级政府2022年统计公报。其中尚义县、阳原县、赤城县、承德县、丰宁满族自治县、沧县、任丘市、香河县、大厂回族自治县、武强县、阜城县、阳曲县、娄烦县、古交市、阳高县、天镇县、浑源县、黎城县、壶关县、长子县、武乡县、沁源县、高平市、榆社县、左权县、寿阳县、祁县、平遥县等的数据来自2021年统计公报。此外，以下县级政府粮食种植面积的数据是通过对该县级政府所在地级市政府所有县级政府数据的平均值和最低值进行二次平均得到的：沽源县、蔚县、兴隆县、隆化县、平泉市、青县、东光县、海兴县、盐山县、肃宁县、南皮县、吴桥县、献县、孟村回族自治县、泊头市、黄骅市、永清县、大城县、霸州市、武邑县、饶阳县、故城县、景县、深州市、广灵县、平定县、平顺县、沁县、山阴县、应县、右玉县等。

58. 第一产业增长率（%）的数据来自县级政府2022年统计公报。其中，枣强县、武强县、阜城县、深州市、阳曲县、娄烦县、古交市、阳高县、天镇县、左云县、平顺县、黎城县、长子县、沁县、阳城县、陵川县、高平市、怀仁市、榆社县、左权县、和顺县、寿阳县、祁县、平遥县、灵石县、介休市、平陆县、定襄县、五台县、代县、繁峙县等的数据来自2021年统计公报。此外，部分县级政府的第一产业增长率数据通过所在地级市政府第一产业增长率推算得出，当所在地级市政府第一产业增长率为正数时，通过所在地级市政府第一产业增长率×权重得出数据的县级政府有井陉县、正定县、深泽县、平山县、赵县、新乐市、临城县、柏乡县、隆尧县、巨鹿县、新河县、威县、清河县、临西县、雄县、张北县、蔚县、阳原县、隆化县、平泉市、东光县、盐山县、肃宁县等；当所在地级市政府第一产业增长率为负数时，通过所在地级市政府第一产业增长率/权重得出数据的县级政府有内黄县、合作市、玛多县（权重均依据同市内各县级政府GDP排名确定）。

59. 农民人均粮食产量（千克/人）指县级政府全年粮食产量/农村人口，农村人口=常住人口-城镇常住人口，全年粮食产量数据来自各县级政府2022年统计公报。其中，数据来自2021年统计公报的县级政府有：邵东市、石门县、安仁县、道县、冷水江市、雷州市、吴川市、遂溪县、罗定市、新兴县、郁南县、怀集县、开平市、鹤山市、佛冈县、乐昌市、始兴县、仁化县、翁源县、新丰县、海丰县、兴宁市、五华县等。此外，通过推算得出数据的县级政府有：邵阳县、南县、徐闻县、化州市、阳西县、紫金县、龙川县、连平县、和平县、东源县、博罗县、龙门县、大埔县、安岳县、理县、松潘县、金川县、小金县、若尔盖县、红原县、康定市、道孚县、德格县、白云县、木里藏族自治县、会东县、普格县、赤水市、德江县。具体推算方式为：全年粮食产量 =（上一级政府全年粮食产量/上一级政府农民人口）× 本级政府农民人口 × 权重（权重依据同市内各县级政府第一产业增加值排名确定）。

60. 农民人均肉类产量（千克/人）指县级政府全年肉类产量/农村人口，农村人口 = 常住人口 – 城镇常住人口，全年肉类产量数据来自各县级政府 2022 年统计公报。其中，数据来自 2021 年统计公报的县级政府有：峨眉山市、蓬安县、仪陇县、洪雅县、丹棱县、长宁县、高县、筠连县、屏山县、华蓥市、宣汉县、万源市、通江县、平昌县、马尔康市、汶川县、茂县、九寨沟县、壤塘县、泸定县、丹巴县、九龙县、雅江县、石渠县、色达县、理塘县等。此外，通过推算得出数据的县级政府有：犍为县、井研县、沐川县、马边彝族自治县、仁寿县、青神县、珙县、兴文县、开江县、大竹县、渠县、荥经县、汉源县、石棉县、芦山县、安岳县、理县、松潘县、金川县、小金县、黑水县、康定市、道孚县、炉霍县、德格县、白云县。具体推算方式为：全年肉类产量 =（上一级政府全年肉类产量/上一级政府农民人口）× 本级政府农民人口 × 权重（权重依据同市内各县级政府第一产业增加值排名确定）。

61. 新增高标准农田建设（万亩）的数据来自各县级政府 2023 年政府工作报告。其中，鸡泽县、黎城县、长子县、科尔沁左翼中旗、青冈县、射阳县、玉环市的数据来自县级政府 2021 年政府工作报告。此外，通过推算得出数据的县级政府有：怀来县、涿鹿县、赤城县、承德县、丰宁满族自治县、宽城满族自治县、盐山县、南皮县、献县、泊头市、河间市、固安县、永清县、香河县、大城县、大厂回族自治县、霸州市、武邑县、武强县、饶阳县、故城县、景县、阜城县、沁县、阳城县、左权县、和顺县、灵石县等。具体推算方式为：新增高标准农田建设 =（上一级政府新增高标准农田建设/上一级政府粮食种植面积）× 本级政府粮食种植面积 × 权重（权重依据同市内各县级政府全年粮食产量排名确定）。

62. 村民自治公开的数据来自县级政府官网。在县级政府官网检索关键字“村民或村民自治”，时间范围为“2022 年 1 月 1 日至 2023 年 4 月 5 日”，搜索范围为“全文”，根据信息条数打分。具体评分标准为：0 ~ 500 条记 1 分，501 ~ 800 条记 3 分，801 ~ 1000 条记 4 分，1000 条以上记 5 分。

63. 新增乡镇公务员［名/（人·千米^2）］是指县级政府辖区内新增乡镇公务员人数/（年末常住人口 × 辖区面积）。新增乡镇公务员的数据来自县级人力资源与社会保障局或县级政府公务员考试网。

64. 乡村生态文明建设数据源于各县级政府网站，该指标评分标准为 1 ~ 5 分。参考 2023 年县级政府工作报告中的“农村”“乡村”“村庄”等关键词，检索是否有涉及农村或农民绿色生态、村居环境、生态文化的内容，计算词频数，出现 16 条及以上记 5 分，11 ~ 15 条记 4 分，6 ~ 10 条记 3 分，0 ~ 5 条记 1 分。本指标数据要区别于经济类指标，要体现农民生态文明建设。

注：本书有关县级政府效率测度指标信息收集、查询截止时间为 2023 年 5 月 30 日。

附录2.4　2023年中国区政府效率测度指标数据来源及处理说明

1. 科技支出占地方一般公共预算支出比例（%）指科学技术支出/地方一般公共预算支出，数据来自各区政府 2022 年预算执行情况和 2023 年预算草案的报告。其中，数据来自 2021 年预算执行情况和 2022 年预算草案的报告的区政府有聊城市茌平区、滨州市滨城区、菏泽市牡丹区、郑州市中原区、郑州市金水区、烟台市福山区、济宁市兖州区、日照市东港区、淮北市相山区、淮北市杜集区、淮北市烈山区、六安市金安区、亳州市谯城区、福州市仓山区、福州市马尾区、福州市晋安区、福州市长乐区、莆田市涵江区、龙岩市永定区、莆田市荔城区等。此外，以下各区政府科技支出数据是通过对该区所在地级市政府的所有区政府数据的平均值和最低值进行二次平均得到的：宿州市埇桥区、宣城市宣州区、福州市鼓楼区、六安市叶集区、萍乡市安源区、萍乡市湘东区、鹰潭市月湖区、淄博市博山区、淄博市淄川区、淄博市临淄区、荆州市沙市区、株洲市荷塘区、株洲市天元区、岳阳市岳阳楼区、娄底市娄星区、广州市从化区、广州市白云区、深圳市龙华区、深圳市龙湖区、深圳市潮阳区等。

2. 在校生人数占年末常住人口的比例（%）指各级各类在校生人数/年末常住人口总数，在校生人数＝高中生在校人数＋初中生在校人数＋小学生在校人数＋在园幼儿数，其数据来自各区政府 2022 年统计公报。其中，数据来自 2021 年统计公报的区有：石家庄市藁城区、邯郸市峰峰矿区、保定市满城区、张家口市桥西区、张家口市下花园区、大同市平城区、大同市云州区、烟台市牟平区、潍坊市奎文区、潍坊市潍城区、潍坊市寒亭区、潍坊市坊子区、济宁市任城区、威海市环翠区、德州市陵城区。此外，通过推算得出数据的区政府有：石家庄市长安区、石家庄市新华区、石家庄市井陉矿区、石家庄市鹿泉区、石家庄市栾城区、唐山市路北区、唐山市路南区、唐山市古冶区、唐山市开平区、唐山市丰南区、唐山市丰润区、唐山市曹妃甸区、邯郸市丛台区、邯郸市邯山区、邯郸市复兴区、邯郸市肥乡区、邯郸市永年区、邢台市襄都区、邢台市信都区、邢台市任泽区、邢台市南和区、保定市竞秀区、保定市莲池区、保定市清苑区、保定市徐水区、张家口市桥东区等。具体推算方式为：在校生人数＝（上一级政府在校生人数/上一级政府常住人口）×本级政府常住人口×权重（权重依据同市内各区政府教育支出排名确定）。

3. 教育支出占地方一般公共预算支出比例（%）指教育支出/地方一般公共预算支出，数据来自各区政府 2022 年预算执行情况和 2023 年预算草案的报告。其中，数据来自 2021 年预算执行情况和 2022 年预算草案的报告的区政府有：聊城市茌平区、滨州市滨城区、菏泽市牡丹区、郑州市中原区、郑州市金水区、烟台市福山区、济宁市兖州区、日照市东港区、淮北市杜集区、淮北市烈山区、六安市金安区、亳州市谯城区、福州市仓山区、福州市马尾区、福州市晋安区、福州市长乐区、莆田市涵江区、龙岩市永定区、莆田市荔城区、三明市三元区等。此外以下各区政府教育支出数据是通过对该区所在地级市政府的所有区政府数据的平均值和最低值进行二次平均得到的：宿州市埇桥区、宣城市宣州区、福州市鼓楼区、六安市叶集区、萍乡市安源区、萍乡市湘东区、鹰潭市月湖区、荆州市沙市区、株洲市荷塘区、娄底市娄星区、广州市从化区、深圳市龙华区、深圳市龙湖区、深圳市潮阳区等。

4. 文化旅游体育与传媒支出占地方一般公共预算支出比例（%）指文化旅游体育与传媒支出/地方一般公共预算支出，数据来自各区政府 2022 年预算执行情况和 2023 年预算草案的报告。其中，数据来自 2021 年预算执行情况和 2022 年预算草案的报告的区政府有：聊城市茌平区、滨州市滨城区、菏泽市牡丹区、郑州市中原区、郑州市金水区、烟台市福山区、济宁市兖州区、日照市东港区、淮北市相山区、淮北市杜集区、淮北市烈山区、亳州市谯城区、福州市仓山区、福州市马尾区、福州市晋安区、福州市长乐区、莆田市涵江区、龙岩市永定区、莆田市荔城区、三明市三元区、漳州市芗城区、漳州市长泰区、南平市延平区、景德镇市珠山区、济南市市中区等。此外，以下各区政府文化旅游体育与传媒支出数据是通过对该区所在地级市政府的所有区政府数据的平均值和最低值进行二次平均得到的：宿州市埇桥区、六安市金安区、宣城市宣州区、福州市鼓楼区、六安市叶集区、萍乡市安源区、萍乡市湘东区、鹰潭市月湖区、淄博市博山区、淄博市淄川区、淄博市临淄区、新乡市卫滨区、周口市淮阳区、荆州市沙市区、株洲市荷塘区、娄底市娄星区、广州市从化区、广州市白云区、深圳市龙华区、深圳市龙湖区、深圳市潮阳区等。

5. 每万人口卫生机构（个）指卫生机构数量/年末常住人口数，卫生机构数量的数据来自各区政府 2022 年统计公报。其中，数据来自 2021 年统计公报的区政府有：石家庄市藁城区、唐山市路北区、保定市满城区、张家口市崇礼区、太原市迎泽区、大同市平城区、长治市潞州区、长治市屯留区、忻州市忻府区、通辽市科尔沁区、鄂尔多斯市东胜区、巴彦淖尔市临河区、沈阳市和平区、沈阳市沈河区、沈阳市辽中区、大连市中山区、鞍山市立山区、本溪市明山区、丹东市振安区等。此外，通过推算得出数据的区政府有：沈阳市苏家屯区、沈阳市沈北新区、沈阳市于洪区、大连市西岗区、大连市沙河口区、大连市旅顺口区、大连市金州区、大连市普兰店区、鞍山市铁东区、鞍山市铁西区、鞍山市千山区、抚顺市顺城区、抚顺市新抚区、抚顺市望花区等。具体推算方式为：卫生机构 =（上一级政府卫生机构/上一级政府常住人口）× 本级政府常住人口 × 权重（权重依据同市内各区政府卫生支出排名确定）。

6. 每千人口卫生机构床位（张）指卫生机构床位/年末常住人口数，卫生机构床位的数据来自各区政府 2022 年统计公报。其中，数据来自 2021 年统计公报的区政府有石家庄市藁城区、唐山市路北区、保定市满城区、张家口市崇礼区、太原市迎泽区、大同市云冈区、长治市潞州区、长治市屯留区、通辽市科尔沁区、鄂尔多斯市东胜区、巴彦淖尔市临河区、沈阳市和平区、沈阳市沈河区、沈阳市辽中区、大连市中山区、鞍山市立山区、本溪市明山区、丹东市振安区、锦州市凌河区、营口市鲅鱼圈区、营口市老边区等。此外，通过推算得出数据的区政府有：石家庄市长安区、石家庄桥西区、石家庄市新华区、石家庄市井陉矿区、石家庄市裕华区、石家庄市栾城区、唐山市古冶区、唐山市开平区、唐山市丰南区、唐山市丰润区、秦皇岛市海港区、秦皇岛市山海关区、邯郸市丛台区、邯郸市邯山区、邯郸市复兴区、邯郸市峰峰矿区、邯郸市肥乡区、邯郸市永年区、邢台市襄都区、邢台市信都区、邢台市南和区等。具体推算方式为：卫生机构床位 =（上一级政府卫生机构床位/上一级政府常住人口）× 本级政府常住人口 × 权重（权重依据同市内各区政府卫生支出排名确定）。

7. 每千人口卫生技术员（人）指卫生技术人员数/年末常住人口数，卫生技术人员数来自各区政府 2022 年统计公报。其中，数据来自 2021 年统计公报的区政府有石家庄市藁城区、唐山市路北区、保定市满城区、张家口市崇礼区、太原市迎泽区、大同市云冈区、长治市潞州区、长治市屯留区、通辽市科尔沁区、鄂尔多斯市东胜区、巴彦淖尔市临河区、沈阳市和平区、沈阳市沈河区、沈阳市辽中区、大连市中山区、鞍山市立山区、本溪市明山区、丹东市振安区、锦州市凌河区等。此外，通过推算得出数据的区政府有：石家庄市长安区、石家庄桥西区、石家庄市新华区、石家庄市井陉矿区、石家庄市裕华区、石家庄市栾城区、唐山市古冶区、唐山市开平区、唐山市丰南区、唐山市丰润区、秦皇岛市海港区、秦皇岛市山海关区、邯郸市丛台区、邯郸市邯山区、邯郸市复兴区、邯郸市峰峰矿区、邯郸市肥乡区、邯郸市永年区、邢台市襄都区、邢台市信都区、邢台市南和区、保定市竞秀区等。具体推算方式为：卫生技术员 =（上一级政府卫生技术员/上一级政府常住人口）× 本级政府常住人口 × 权重（权重依据同市内各区政府卫生支出排名确定）。

8. 医疗卫生支出占地方一般公共预算支出比例（%）指医疗卫生支出/地方一般公共预算支出，数据来自区政府 2022 年预算执行情况与 2023 年预算报告。其中，聊城市茌平区、滨州市滨城区、菏泽市牡丹区、郑州市中原区、郑州市金水区、烟台市福山区、济宁市兖州区、日照市东港区、淮北市相山区、淮北市杜集区、淮北市烈山区、六安市金安区、亳州市谯城区、福州市仓山区、福州市马尾区、福州市晋安区、福州市长乐区、莆田市涵江区、龙岩市永定区、莆田市荔城区、三明市三元区、漳州市芗城区、漳州市长泰区、南平市延平区、景德镇市珠山区等的数据来源于 2021 年预算执行情况和 2022 年预算草案的报告。此外，以下各区政府科技支出数据是通过对其所在地区（或地级市政府下同）区政府数据的平均值和最低值进行二次平均得到的：宿州市埇桥区、宣城市宣州区、福州市鼓楼区、六安市叶集区、萍乡市安源区、萍乡市湘东区、鹰潭市月湖区、淄博市博山区、荆州市沙市区、株洲市荷塘区、娄底市娄星区、广州市从化区、深圳市龙华区、深圳市龙湖区、深圳市潮阳区等。

9. 生产安全事故死亡人数占年末常住人口数的比例（%）指生产安全事故死亡人数/年末常住人口数，该指标是逆指标，本书测度时已将其转化为正指标。生产安全事故死亡人数的数据来自 2022 年区政府统计公报。其中，张家口市桥西区、张家口市下花园区、张家口市万全区、张家口市崇礼区、烟台市莱山区、潍坊市坊子区、济宁市任城区、威海市环翠区、临沂市河东区、德州市陵城区、长治市潞州区、巴彦淖尔市临河区、赤峰市红山区、长治市上党区、长治市屯留区、盘锦市兴隆台区、盘锦市大洼区、哈尔滨市香坊区、哈尔滨市呼兰区、哈尔滨市阿城区、南京市浦口区、泰州市海陵区、湖州市南浔区、台州市路桥区、合肥市蜀山区、芜湖市繁昌区、铜陵市铜官区、枣庄市山亭区、焦作市山阳区、南阳市宛城区、信阳市浉河区、武汉市黄陂区等的数据来自 2021 年区政府统计公报。此外，通过推算得出数据的区政府有：石家庄市长安区、石家庄市桥西区、石家庄市新华区、石家庄市井陉矿区、石家庄市裕华区、石家庄市藁城区、石家庄市鹿泉区、石家庄市栾城区、唐山市路北区、唐山市路南区、唐山市古冶区、唐山市开平区、唐山市丰南区、唐山市丰润区、唐山市曹妃甸区、秦皇岛市海港区、秦皇岛市山海关区、秦皇岛市抚宁区、秦皇岛市北戴河区、邯郸市丛台区、邯郸市邯山区、邯郸市复兴区、邯郸市峰峰矿区等。具体推算方式为：生产安全事故死亡人数 =（上一级政府生产安全事故死亡人数/上一级政府常住人口）× 本级政府常住人口/权重（权重依据同市内各区政府公共安全支出排名确定）。

10. 全年空气质量优良率（%）的数据主要来自各区政府 2022 年统计公报。其中，数据来自 2021 年统计公报的区政府有秦皇岛市抚宁区、保定市满城区、张家口市崇礼区、太原市尖草坪区、大同市平城区、大同市云冈区、大同市新荣区、大同市云州区、阳泉市城区、阳泉市矿区、朔州市朔城区、晋中市太谷区、呼和浩特市回民区等。此外，通过推算得出数据的区政府有：石家庄桥西区、石家庄新华区、石家庄井陉矿区、石家庄藁城区、石家庄栾城区、唐山市古冶区、唐山市开平区、唐山市路北区、唐山市路南区、秦皇岛市海港区、秦皇岛市山海关区、秦皇岛市北戴河区、邯郸市丛台区、邯郸市邯山区、邯郸市复兴区等。具体推算方式为：全年

空气质量优良率 = 上一级政府全年空气质量优良率 × 权重（权重依据同市内各区政府第三产业增长率排名确定）。

11. 落实总体国家安全观。落实国家总体安全观是指对于国家安全的宣传普及情况，参考各区政府网站，对“国家安全教育日”宣传较多、形式丰富的记 5 分；对“国家安全教育日”宣传较多、范围较广的记 4 分；对“国家安全教育日”宣传较多、范围较窄的记 3 分；对“国家安全教育日”的报道较少的记 1 分。数据来源于各区政府官方网站。

12. 公共安全支出占地方一般公共预算支出比例（%）指公共安全支出/地方一般公共预算支出，数据来自区政府 2022 年预算支出执行情况与 2023 年预算报告。其中聊城市茌平区、滨州市滨城区、菏泽市牡丹区、郑州市中原区、郑州市管城回族区、郑州市金水区、烟台市福山区、济宁市兖州区、日照市东港区、淮北市相山区、淮北市杜集区、淮北市烈山区、六安市金安区、亳州市谯城区、福州市仓山区、福州市马尾区、福州市晋安区、福州市长乐区、莆田市涵江区、龙岩市永定区等的数据来自 2021 年预算支出执行情况与 2022 年预算报告。此外，通过该区政府所在地级市政府其他区政府或者相近地级市数据的平均值和最低值的二次平均得出数据的区政府有：宿州市埇桥区、宣城市宣州区、福州市鼓楼区、六安市叶集区、泉州市丰泽区、萍乡市安源区、萍乡市湘东区、鹰潭市月湖区、淄博市博山区、淄博市临淄区、武汉市青山区、武汉市汉南区、荆州市沙市区、株洲市荷塘区、郴州市苏仙区、娄底市娄星区、广州市从化区、深圳市龙华区、深圳市龙湖区、汕头市潮阳区等。

13. 灾害防治及应急管理支出占地方一般公共预算支出比例（%）指灾害防治及应急管理支出/地方一般公共预算支出，数据来自区政府 2022 年预算支出执行情况与 2023 年预算报告。其中聊城市茌平区、滨州市滨城区、菏泽市牡丹区、郑州市中原区、郑州市金水区、开封市鼓楼区、烟台市福山区、济宁市兖州区、日照市东港区、淮北市相山区、淮北市杜集区、淮北市烈山区、亳州市谯城区、福州市台江区、福州市仓山区、福州市马尾区、福州市晋安区、福州市长乐区、莆田市涵江区、龙岩市永定区等的数据来源于2021年预算执行情况和2022年预算草案的报告。此外，通过该区政府所在地级市政府其他区政府或者相近地级市数据的平均值和最低值的二次平均得出数据的区政府有：郑州市管城回族区、合肥市庐阳区、芜湖市弋江区、宿州市埇桥区、宣城市宣州区、福州市鼓楼区、六安市叶集区、六安市金安区、六安市裕安区、六安市叶集区、萍乡市安源区、萍乡市湘东区、鹰潭市月湖区、淄博市博山区、淄博市淄川区、淄博市临淄区、新乡市卫滨区、周口市淮阳区、荆州市沙市区、株洲市荷塘区、宜昌市夷陵区、鄂州市鄂城区等。

14. 社会保障和就业支出占地方一般公共预算支出比例（%）指社会保障和就业支出/地方一般公共预算支出，数据来源于各区政府2022年预算支出执行情况与2023年预算报告。其中，数据来自2021年预算执行情况和2022年预算草案的报告的区政府有：聊城市茌平区、滨州市滨城区、菏泽市牡丹区、郑州市中原区、郑州市金水区、烟台市福山区、济宁市兖州区、日照市东港区、淮北市杜集区、淮北市烈山区、六安市金安区、亳州市谯城区、福州市仓山区、福州市马尾区、福州市晋安区、福州市长乐区、莆田市涵江区、龙岩市永定区、莆田市荔城区、三明市三元区等。此外，以下各区政府社会保障和就业支出数据是通过对该区所在地级市政府的所有区政府数据的平均值和最低值进行二次平均得到的：宿州市埇桥区、宣城市宣州区、福州市鼓楼区、六安市叶集区、萍乡市安源区、萍乡市湘东区、鹰潭市月湖区、淄博市博山区、荆州市沙市区、株洲市荷塘区、娄底市娄星区、广州市从化区、广州市白云区、深圳市龙华区、深圳市龙湖区、汕头市潮阳区等。

15. 住房保障支出占地方一般公共预算支出比例（%）指住房保障支出/地方一般公共预算支出，数据主要来自各区政府2022年预算支出执行情况与2023年预算报告。其中，数据来自2021年预算执行情况和2022年预算草案的报告的区政府有：聊城市茌平区、滨州市滨城区、菏泽市牡丹区、郑州市中原区、郑州市金水区、烟台市福山区、济宁市兖州区、日照市东港区、淮北市相山区、淮北市杜集区、淮北市烈山区、六安市金安区、亳州市谯城区、福州市仓山区、福州市台江区、福州市马尾区、福州市晋安区、莆田市涵江区、龙岩市永定区、莆田市荔城区、三明市三元区、漳州市芗城区、漳州市长泰区、南平市延平区、景德镇市珠山区等。此外，以下各区政府住房保障支出数据是通过对该区所在地级市政府的所有区政府数据的平均值和最低值的二次平均得到的：郑州市管城回族区、安庆市宜秀区、宿州市埇桥区、宣城市宣州区、福州市鼓楼区、六安市叶集区、福州市长乐区、萍乡市安源区、萍乡市湘东区、鹰潭市月湖区、淄博市博山区、淄博市淄川区、新乡市卫滨区、周口市淮阳区、荆州市沙市区、株洲市荷塘区等。

16. 新增城镇就业（万人）数据主要来自 2022 年统计公报。其中，数据来自 2021 年统计公报的区政府有忻州市忻府区、鄂尔多斯东胜区、丹东市振安区、辽阳市白塔区、吉林市船营区、四平市铁西区、辽源市西安区、哈尔滨市道里区、哈尔滨市双城区、无锡市滨湖区、苏州市相城区、连云港市海州区、淮安市淮阴区、盐城市亭湖区、扬州市广陵区、泰州市海陵区、杭州市临安区、金华市金东区、福州市鼓楼区等。此外，通过推算得出数据的区政府有：石家庄市新华区、石家庄市井陉矿区、石家庄市栾城区、唐山市路南区、唐山市开平区、唐山市丰润区、秦皇岛山海关区、邢台市南和区、保定市竞秀区、保定市莲池区、保定市清苑区、张家口下花园区、沧州市新华区、廊坊市安次区、衡水市桃城区、衡水市冀州区、太原市尖草坪区、大同市平城区、大同市云冈区、大同市云州区、长治市上党区、长治市潞城区、乌海市海勃湾区等。具体推算方式为：区政府城镇新增就业人数 =（区政府所在地级市政府新增就业人数/地级市政府常住人口）× 区政府常住人口 × 权重（权重依据同市内各区政府 GDP 排名确定）。

17. 新增转移农村劳动力（万人）数据主要来自 2022 年统计公报。其中，数据来自2021年统计公报的区政府有：鄂尔多斯市东胜区、吉林市船营区、四平市铁西区、南通市通州区、连云港市海州区、连云港市赣榆区、湖州市南浔区、淮北市杜集区、宿州市埇桥区、临沂市河东区、焦作市中站区、岳阳市云溪区、永州市冷水滩区等。此外，石家庄市长安区、石家庄市桥西区、石家庄市新华区、石家庄市井陉矿区、石家庄市裕华区、石家庄市藁城区、石家庄市鹿泉区、石家庄市栾城区、唐山市路北区、唐山市路南区、唐山市古冶区、唐山市开平区、唐山市丰南区、唐山市丰润区、秦皇岛市海港区、秦皇岛市山海关区等新增转移农村劳动力的数据是通过推算得出的，具体推算方式为：区政府新增转移农村劳动力人数＝（区政府所在地级市政府新增转移农村劳动力人数/地级市政府常住人口）×区政府常住人口×权重（权重依据同市内各区政府GDP排名确定）。

18. 参加基本养老保险人数占年末常住人口比例（%）指参加基本养老保险人数/年末常住人口数，年末常住人口数来自2022年区政府统计公报和第七次人口普查公报。参加基本养老保险人数数据来自2022年区政府统计公报。其中，深圳市龙华区、深圳市光明区、江门市江海区、江门市新会区、惠州市惠城区、肇庆市端州区、肇庆市鼎湖区、湛江市披头区、湛江市麻章区、汕头市龙湖区、汕头市潮阳区、北京市延庆区、天津市河东区、天津市武清区、天津市宁河区、重庆市渝中区、北京市平谷区、洛阳市涧西区、漯河市源汇区、成都市锦江区、成都市青羊区、成都市成华区等的数据来自2021年区政府统计公报。此外，通过推算得出数据的区政府有：南京市玄武区、南京市秦淮区、南京市建邺区、南京市鼓楼区、南京市栖霞区、南京市雨花台区、南京市江宁区、南京市六合区、南京市高淳区、无锡市梁溪区、无锡市惠山区、无锡市滨湖区、无锡市新吴区、徐州市云龙区、徐州市鼓楼区等。具体推算方式为：参加基本养老保险人数＝（上一级政府参加基本养老保险人数/上一级政府常住人口）×本级政府常住人口×权重（权重依据同市内各区政府社会保障支出排名确定）。

19. 全年社会消费品零售总额增长率（%）数据主要来自2022年统计公报。其中，数据来自2021年统计公报的区政府有：济南市长清区、济南市济阳区、济南市莱芜区、淄博市淄川区、枣庄市台儿庄区、枣庄市山亭区、东营市东营区、烟台市牟平区、烟台市蓬莱区、潍坊市奎文区、潍坊市寒亭区、潍坊市坊子区、济宁市兖州区、泰安市岱岳区、临沂市河东区、德州市陵城区、广州市越秀区、广州市海珠区、广州市天河区、广州市白云区、广州市黄埔区、广州市花都区、广州市增城区等。此外，部分区政府的全年社会消费品零售总额增长率数据通过所在地级市政府全年社会消费品零售总额增长率推算得出，当所在地级市政府全年社会消费品零售总额增长率为正数时，通过所在地级市政府全年社会消费品零售总额增长率×权重得出数据的区政府有泸州市龙马潭区、德阳市旌阳区、眉山市东坡区、宜宾市叙州区、厦门市同安区、莆田市秀屿区、石家庄市井陉矿区、唐山市开平区、邯郸市丛台区、邯郸市峰峰矿区、保定市竞秀区等；当所在地级市政府全年社会消费品零售总额增长率为负数时，通过所在地级市政府全年社会消费品零售总额增长率/权重得出数据的区政府有晋中市榆次区、长春市双阳区、通化市二道江区、白山市浑江区、白山市江源区、齐齐哈尔市龙沙区、齐齐哈尔市铁锋区等（权重均依据同市内各区政府GDP排名确定）。

20. 固定资产投资增长率（%）数据主要来自2022年统计公报。其中，数据来自2021年统计公报的区政府有秦皇岛市抚宁区、保定市满城区、张家口市崇礼区、承德市鹰手营子矿区、大同市平城区、大同市云冈区、长治市上党区、忻州市忻府区、吕梁市离石区、呼和浩特市新城区、鄂尔多斯市东胜区、巴彦淖尔市临河区、沈阳市和平区、沈阳市沈北新区等。此外，部分区政府的固定资产投资增长率数据通过所在地级市政府固定资产投资增长率推算得出，当所在地级市政府固定资产投资增长率为正数时，通过所在地级市政府固定资产投资增长率×权重得出数据的区政府有石家庄新华区、石家庄井陉矿区、石家庄藁城区、石家庄栾城区、唐山市古冶区、唐山市开平区、秦皇岛市海港区、秦皇岛市山海关区、秦皇岛市北戴河区、邯郸市丛台区、邯郸市邯山区、邯郸市复兴区等；当所在地级市政府固定资产投资增长率为负数时，通过所在地级市政府固定资产投资增长率/权重得出数据的区政府有西宁市城东区、西宁市城北区、西宁市湟中区、海东市乐都区、海东市平安区、石嘴山市惠农区等（权重均依据同市内各区政府 GDP 排名确定）。

21. GDP 增长率（%）数据主要来自 2022 年统计公报。其中，数据来自 2021 年统计公报的区政府有蚌埠市禹会区、蚌埠市淮上区、马鞍山市雨山区、福州市晋安区、龙岩市新罗区、南昌市新建区、景德镇市珠山区、萍乡市湘东区、九江市濂溪区、九江市柴桑区、新余市渝水区、赣州市章贡区、赣州市南康区、赣州市赣县区、济南市市中区、济南市历城区、济南市长清区、济南市章丘区、济南市莱芜区、淄博市淄川区、枣庄市台儿庄区、烟台市芝罘区、烟台市牟平区、潍坊市寒亭区、潍坊市坊子区、洛阳市涧西区、洛阳市孟津区、平顶山市新华区、平顶山市湛河区等。此外，部分区政府的 GDP 增长率数据通过所在地级市政府 GDP 增长率推算得出，当所在地级市政府 GDP 增长率为正数时，通过所在地级市政府 GDP 增长率×权重得出数据的区政府有宁德市蕉城区、安阳市龙安区等；当所在地级市政府 GDP 增长率为负数时，通过所在地级市政府 GDP 增长率/权重得出数据的区政府有揭阳市榕城区、揭阳市揭东区、三沙市西沙区、三沙市南沙区、上海市崇明区等（权重均依据同市内各区政府 GDP 排名确定）。

22. GDP（亿元）数据主要来自 2022 年统计公报。其中，数据来自 2021 年统计公报的区政府有蚌埠市禹会区、龙岩市新罗区、南昌市新建区、景德镇市珠山区、萍乡市湘东区、九江市濂溪区、九江市柴桑区、新余市渝水区、鹰潭市余江区、赣州市章贡区、赣州市南康区、赣州市赣县区、济南市市中区、济南市莱芜区、淄博市淄川区、焦作市山阳区、武汉市汉阳区、武汉市洪山区、宜昌市点军区、宜昌市夷陵区、荆门市掇刀区、荆州市荆州区、黄冈市黄州区、广州市花都区、广州市增城区等。此外，以下各区政府 GDP 数据是通过对该区所在地级市政府的所有区政府数据的平均值和最低值的二次平均得到的：宁德市蕉城区、平顶山市龙安区等。

23. 人均 GDP（元）指 GDP/年末常住人口数，GDP 的数据主要来自 2022 年统计公报。其中，数据来自 2021 年统计公报的区政府有合肥市蜀山区、芜湖市繁昌区、淮南市田家庵区、淮南市潘集区、铜陵市铜官区、滁州市琅琊区、滁州市南谯区、宿州市埇桥区、六安市裕安区、亳州市谯城区、福州市鼓楼区、福州市马尾区、福州市晋安区、福州市长乐区、莆田市城厢区等。此外，以下各区政府人均 GDP 数据是通过对该区所在地级市政府的所有区政府数据的平均值和最低值进行二次平均得到的：合肥市瑶海区、合肥市庐阳区、蚌埠市蚌山区、蚌埠市龙子湖区、蚌埠市禹会区、蚌埠市淮上区、淮南市谢家集区、马鞍山市雨山区、淮北市烈山区、龙岩市新罗区、宁德市蕉城区、南昌市新建区、景德镇市昌江区、九江市浔阳区、鹰潭市余江区、赣州市赣县区、上饶市信州区、济南市莱芜区、淄博市博山区、淄博市临淄区、枣庄市市中区等。

24. 第二产业增长率（%）数据主要来自 2022 年统计公报。其中，数据来自 2021 年统计公报的区政府有淮南市谢家集区、马鞍山市雨山区、马鞍山市花山区、铜陵市铜官区、安庆市宜秀区、滁州市琅琊区、滁州市南谯区、宿州市埇桥区、六安市叶集区、亳州市谯城区、福州市马尾区、福州市晋安区、福州市长乐区、福州市鼓楼区、莆田市城厢区、泉州市鲤城区、漳州市龙文区、漳州市芗城区、龙岩市新罗区等。此外，部分区政府的第二产业增长率数据通过所在地级市政府第二产业增长率推算得出，当所在地级市政府第二产业增长率为正数时，通过所在地级市政府第二产业增长率×权重得出数据的区政府有平顶山市卫东区、平顶山市湛河区、新乡市卫滨区、新乡市凤泉区、新乡市牧野区、焦作市解放区、焦作市马村区、许昌市魏都区、漯河市召陵区、南阳市卧龙区等；当所在地级市政府第二产业增长率为负数时，通过所在地级市政府第二产业增长率/权重得出数据的区政府有赤峰市松山区、巴彦淖尔市临河区、鞍山市铁西区、鞍山市铁东区、本溪市平山区、本溪市溪湖区、本溪市南芬区等（权重均依据同市内各区政府 GDP 排名确定）。

25. 第三产业增长率（%）数据主要来自 2022 年统计公报。其中，数据来自 2021 年统计公报的区政府有宁波市北仑区、宁波市镇海区、宁波市鄞州区、宁波市奉化区、温州市鹿城区、温州市龙湾区、温州市瓯海区、温州市洞头区、嘉兴市南湖区、嘉兴市秀洲区、湖州市吴兴区、湖州市南浔区、绍兴市越城区、绍兴市柯桥区、绍兴市上虞区、金华市婺城区、金华市金东区、衢州市柯城区等。此外，部分区政府的第三产业增长率数据通过所在地级市政府第三产业增长率推算得出，当所在地级市政府第三产业增长率为正数时，通过所在地级市政府第三产业增长率 × 权重得出数据的区政府有合肥市瑶海区、合肥市庐阳区、蚌埠市禹会区、福州市台江区、六安市裕安区、厦门市翔安区、莆田市荔城区、莆田市秀屿区、泉州市泉港区等；当所在地级市政府第三产业增长率为负数时，通过所在地级市政府第三产业增长率/权重得出数据的区政府有辽阳市弓长岭区、吉林市龙潭区、三沙市南沙区等（权重均依据同市内各区政府 GDP 排名确定）。

26. 商业服务业等支出占地方一般公共预算支出比例（%）指商业服务业等支出/地方一般公共预算支出，数据主要来自各区政府 2022 年预算执行情况和 2023 年预算草案的报告。其中，数据来自 2021 年预算草案报告的区政府有聊城市茌平区、滨州市滨城区、菏泽市牡丹区、郑州市中原区、郑州市二七区、郑州市金水区、烟台市福山区、济宁市兖州区、日照市东港区、淮北市相山区、淮北市杜集区、淮北市烈山区、亳州市谯城区、福州市台江区、福州市仓山区、福州市马尾区、福州市晋安区、福州市长乐区、莆田市涵江区、龙岩市永定区等。此外，以下各区政府商业服务业等支出数据是通过对该区所在地级市政府的所有区政府数据的平均值和最低值二次平均得到的：郑州市管城回族区、合肥市庐阳区、芜湖市弋江区、蚌埠市龙子湖区、蚌埠市淮上区、淮南市谢家集区、马鞍山市雨山区、六安市金安区、六安市裕安区、六安市叶集区、宿州市埇桥区、宣城市宣州区、福州市鼓楼区、厦门市海沧区、厦门市翔安区等。

27. 人均金融机构贷款余额（元），指金融机构贷款余额/年末常住人口数，年末常住人口数来自 2022 年区政府统计公报和第七次人口普查公报。金融机构贷款余额数据来自 2022 年区政府统计公报。其中江门市新会区、湛江市坡头区、湛江市麻章区、茂名市茂南区、肇庆市端州区、肇庆市鼎湖区、河源市源城区、清远市清城区、云浮市云城区、云浮市云安区、南宁市武鸣区、防城港市港口区、贵港市港北区、百色市右江区、贺州市八步区、河池市金城江区、来宾市兴宾区、崇左市江州区、三亚市海棠区等的数据来自 2021 年区政府统计公报。此外，通过推算得出数据的区政府有：通化市二道江区、通化市东昌区、白山市浑江区、白山市江源区、松原市宁江区、白城市洮北区、哈尔滨市道里区、哈尔滨市南岗区、哈尔滨市道外区、哈尔滨市平房区、哈尔滨市香坊区、齐齐哈尔市建华区、齐齐哈尔市龙沙区、齐齐哈尔市铁锋区、齐齐哈尔市富拉尔基区、齐齐哈尔市碾子山区。具体推算方式为：金融机构贷款余额 =（上一级政府金融机构贷款余额/上一级政府常住总人口）× 本级政府常住人口 × 权重（权重依据同市内各区政府 GDP 排名确定）。

28. 数字经济发展数据源于各区政府网站，该指标评分标准为 1 ~ 5 分。参考 2023 年区政府工作报告中关键词“数字经济”出现的数量，出现 6 次及以上记 5 分，4 ~ 5 次记 4 分，3 次记 3 分，2 次及以下记 1 分。

29. 乡村振兴政策数据源于各区政府网站，参考各区 2022 年区政府工作报告中关键词“乡村振兴”的个数，4 个及以下记 1 分，5 ~ 7 个记 3 分，8 ~ 9 个记 4 分，10 个及以上记 5 分。

30. 乡村振兴效果数据源于各区政府网站，该指标评分标准为 1 ~ 5 分，主要根据“乡村振兴”新闻总数的多少进行评分。其中，区政府乡村振兴效果指标得 1 分的是其实施乡村振兴政策的效果不明显，范围较窄；得 3 分的是其实施乡村振兴政策的效果较为明显，但是范围较窄；得 4 分的是其实施乡村振兴政策的效果较为明显，范围较广；得 5 分的是其实施乡村振兴政策的效果显著，覆盖范围广。

31. 第一产业增长率（%）数据主要来自 2022 年统计公报。其中，数据来自 2021 年统计公报的区政府有扬州市邗江区、扬州市广陵区、扬州市江都区、镇江市京口区、泰州市海陵区、泰州市高港区、宿迁市宿城区、合肥市蜀山区、合肥市包河区、淮南市谢家集区、马鞍山市雨山区、马鞍山市花山区、铜陵市铜官区、安庆市宜秀区、滁州市琅琊区、滁州市南谯区、宿州市埇桥区、六安市叶集区、亳州市谯城区、福州市马尾区、福州市晋安区、福州市长乐区、厦门市同安区、莆田市城厢区等。此外，部分区政府的第一产业增长率数据通过所在地级市政府第一产业增长率推算得出，当所在地级市政府第一产业增长率为正数时，通过所在地级市政府第一产业增长率×权重得出数据的区政府有福州市台江区、六安市裕安区、厦门市思明区、厦门市湖里区、厦门市翔安区、莆田市荔城区、莆田市秀屿区、泉州市泉港区、漳州市长泰区等；当所在地级市政府第一产业增长率为负数时，通过所在地级市政府第一产业增长率/权重得出数据的区政府有北京市东城区、北京市西城区、北京市石景山区、上海市黄浦区、上海市徐汇区、上海市长宁区等（权重均依据同市内各区政府 GDP 排名确定）。

32. 城乡社区支出占地方一般公共预算支出比例（%）指城乡社区支出/地方一般公共预算支出，数据主要来自各区政府 2022 年预算执行情况和 2023 年预算草案的报告。其中，数据来自 2021 年预算执行情况和 2022 年预算草案的报告的区政府有聊城市茌平区、滨州市滨城区、菏泽市牡丹区、郑州市中原区、郑州市金水区、烟台市福山区、济宁市兖州区、日照市东港区、淮北市相山区、淮北市杜集区、淮北市烈山区、六安市金安区、亳州市谯城区、福州市仓山区、福州市马尾区、福州市晋安区、福州市长乐区、莆田市涵江区、龙岩市永定区、莆田市荔城区等。此外，以下各区政府城乡社区支出数据是通过对该区所在地级市政府的所有区政府数据的平均值和最低值进行二次平均得到的：宿州市埇桥区、宣城市宣州区、福州市鼓楼区、六安市叶集区、萍乡市安源区、萍乡市湘东区、鹰潭市月湖区、淄博市博山区、淄博市临淄区、武汉市黄陂区、荆州市沙市区、株洲市荷塘区、鄂州市鄂城区、株洲市泸松区、株洲市天元区、娄底市娄星区、广州市从化区、深圳市龙华区、深圳市龙湖区、汕头市潮阳区等。

33. 权责清单指政府发布的权力清单和责任清单，数据来自 2022 年区政府法制办公室网站、区政府的政务服务网、区政府机构编制委员会办公室网站。该指标评分标准为 1 ~5 分，主要根据权力清单和责任清单公布总数的多少、公布时间的早晚评分。其中区政府权责清单指标得 1 分的是该区政府公布权力清单和责任清单的部门少，各部门的权力清单和责任清单数量少、公布时间晚；得 3 分的是该区政府公布权力清单和责任清单的部门较多，清单总数少、公布时间比较晚；得 4 分的是该区政府公布权力清单和责任清单的部门较多，清单总数较多、公布时间比较晚；得 5 分的是该区政府公布权力清单和责任清单的总数或综合部门数量多且具体，公布时间早。

34. 常住人口增速（%）指 2022 年末常住人口增加数/2021 年末常住人口总数。数据主要来自各区政府 2022 年统计公报和第七次人口普查公报。其中，合肥市蜀山区、芜湖市鸠江区、淮南市田家庵区、马鞍山市博望区、铜陵市铜官区、滁州市琅琊区、滁州市南谯区、宿州市埇桥区、六安市裕安区、福州市鼓楼区等的数据来自 2021 年统计公报。芜湖市弋江区、三明市三元区、上饶市广信区、济南市历城区、洛阳市瀍河回族区、平顶山市石龙区等的数据来自 2020 年统计公报。此外，部分区政府的常住人口增速数据通过所在地级市政府常住人口增速推算得出，当所在地级市政府常住人口增速为正数时，通过所在地级市政府常住人口增速 × 权重得出数据的区政府有池州市贵池区、龙岩市新罗区、宁德市蕉城区、南昌市新建区、南昌市红谷滩区、景德镇市昌江区、萍乡市安源区、萍乡市湘东区、九江市浔阳区、九江市濂溪区、九江市柴桑区等；当所在地级市政府常住人口增速为负数时，通过所在地级市政府常住人口增速/权重得出数据的区政府有赤峰市松山区、通辽市科尔沁区、呼伦贝尔市海拉尔区、乌兰察布市集宁区、大连市西岗区、大连市中山区、大连市沙河口区等（权重均依据同市内各区政府 GDP 排名确定）。

35. 外商投资增速（%）数据主要来自 2022 年统计公报。其中，数据来自 2021 年统计公报的区有秦皇岛市抚宁区、保定市满城区、张家口市崇礼区、沈阳市和平区、沈阳市沈北新区、大连市西岗区、丹东市振安区、长春市宽城区、长春市九台区、哈尔滨市道里区、哈尔滨市南岗区、哈尔滨市道外区、南京市建邺区、南京市高淳区、无锡市梁溪区、连云港市连云区、盐城市大丰区、扬州市邗江区、镇江市京口区等。此外，部分区政府的外商投资增速数据通过所在地级市政府外商投资增速推算得出，当所在地级市政府外商投资增速为正数时，通过所在地级市政府外商投资增速 × 权重得出数据的区政府有石家庄桥西区、石家庄新华区、石家庄井陉矿区、石家庄裕华区、石家庄藁城区、石家庄鹿泉区、石家庄栾城区、唐山市古冶区、唐山市开平区、秦皇岛市海港区、秦皇岛市山海关区、秦皇岛市北戴河区、邯郸市丛台区、邯郸市邯山区、邯郸市复兴区、邯郸市峰峰矿区等；当所在地级市政府外商投资增速为负数时，通过所在地级市政府外商投资增速/权重得出数据的区政府有保定市竞秀区、保定市莲池区、保定市清苑区、保定市徐水区、张家口市桥西区、张家口市桥东区、张家口市宣化区、张家口市下花园区等（权重均依据同市内各区政府 GDP 排名确定）。

36. 公司设立办结时限（天）指企业设立的审批时限，该指标为逆指标，本书测度时已将其转化为正指标，数据来自各区政府政务服务网。

37. 公司注销办结时限（天）指企业注销的审批时限，该指标是逆指标，本书测度时已将其转化为正指标，数据来自各区政府政务服务网。

38. 地方一般公共预算支出［元/（人 · 千米^2）］指区政府一般公共预算支出/（常住人口 × 辖区面积），数据主要来自区政府 2022 年预算执行情况和2023年预算草案的报告。其中数据来自2021年预算执行情况和2022年预算草案的报告的区政府有聊城市茌平区、滨州市滨城区、郑州市惠济区、济宁市兖州区、日照市东港区、淮北市杜集区、六安市金安区、宣城市宣州区、莆田市涵江区、龙岩市永定区、莆田市荔城区、三明市三元区、漳州市芗城区、漳州市长泰区、南平市延平区、景德镇市珠山区、济南市市中区、济南市莱芜区、枣庄市峄城区、淄博市博山区等。此外，以下各区政府地方一般公共预算支出数据是通过对该区所在地级市政府的所有区政府数据的平均值和最低值进行二次平均得到的：萍乡市安源区、萍乡市湘东区、新乡市卫滨区、荆州市沙市区、株洲市荷塘区、娄底市娄星区、广州市从化区、深圳市龙华区、深圳市龙湖区、深圳市潮阳区等。

39. 非税收入占地方一般公共预算收入比例（%）指非税收入/地方一般公共预算收入，数据来自各区政府2022年预算执行情况和2023年预算草案的报告，该指标是逆指标，本书已将其转化为正指标。其中，数据来自2021年预算执行情况与2022年预算报告的区政府有聊城市茌平区、滨州市滨城区、郑州市中原区、郑州市惠济区、济宁市兖州区、日照市东港区、淮北市相山区、淮北市杜集区、淮北市烈山区、六安市金安区、亳州市谯城区、福州市仓山区、福州市马尾区、福州市晋安区、福州市长乐区等。此外，以下各区政府非税收入数据是通过对该区所在地级市政府的所有区政府数据的平均值和最低值进行二次平均得到的：福州市台江区、南昌市青云谱区、萍乡市安源区、萍乡市湘东区、淄博市博山区、青岛市李沧区、新乡市凤泉区、周口市淮阳区、荆州市沙市区、株洲市荷塘区等。

40. 新增公务员人数［名/（人·千米^2）］是指区政府辖区内新增公务员人数/（常住人口×辖区面积），该指标的数据主要来自2023年国家公务员考试职位表、公务员考试网。

41. 农村居民人均可支配收入（元）数据主要来自2022年统计公报。其中，数据来自2021年统计公报的区政府有沧州市新华区、太原市小店区、大同市平城区、大同市云冈区、长治市上党区、长治市屯留区、通辽市科尔沁区、巴彦淖尔市临河区、丹东市振安区、辽源市西安区、哈尔滨市松北区、哈尔滨市道里区、哈尔滨市双城区、南京市浦口区等。此外，通过推算得出数据的区政府有：石家庄桥西区、石家庄市新华区、石家庄市裕华区、唐山市古冶区、唐山市丰南区、唐山市丰润区、邯郸市丛台区、邯郸市峰峰矿区、邯郸市肥乡区、邢台市襄都区、邢台市信都区、邢台市南和区、保定市竞秀区、保定市清苑区、张家口市桥西区、张家口市桥东区、张家口市下花园区、承德市双桥区、承德市双滦区、廊坊市安次区等。具体推算方式为：农村居民人均可支配收入 =（上一级政府农村居民人均可支配收入/上一级政府 GDP）× 本级政府 GDP × 权重（权重依据同市内各区政府社会保障和就业支出排名确定）。

42. 城镇居民人均可支配收入（元）数据主要来自 2022 年统计公报。其中，数据来自 2021 年统计公报的区政府有：沧州市新华区、太原市杏花岭区、太原市小店区、太原市迎泽区、大同市平城区、大同市云冈区、长治市上党区、长治市屯留区、通辽市科尔沁区、鄂尔多斯市东胜区、巴彦淖尔市临河区、沈阳市和平区、鞍山市立山区、本溪市明山区、丹东市振安区、营口市鲅鱼圈区、营口市老边区、辽阳市白塔区、辽阳市文圣区等。此外，通过推算得出数据的区政府有：唐山市古冶区、唐山市丰南区、唐山市丰润区、邯郸市丛台区、邯郸市峰峰矿区、邯郸市肥乡区、邢台市襄都区、邢台市信都区、邢台市南和区、保定市竞秀区、保定市清苑区、张家口市下花园区、承德市双桥区、承德市双滦区、廊坊市安次区、衡水市桃城区、衡水市冀州区、太原市万柏林区等。具体推算方式为：城镇居民人均可支配收入 =（上一级政府城镇居民人均可支配收入/上一级政府 GDP）× 本级政府 GDP × 权重（权重依据同市内各区政府社会保障和就业支出排名确定）。

43. 居民消费价格上涨指数（%）数据主要来自 2022 年统计公报，该指标是逆指标，本书已将其转化为正指标。其中数据来自 2021 年统计公报的区政府有：盐城市大丰区、宿迁市宿城区、清城区、江南区、右江区、田阳区、天涯区、吉安市青原区、宜春市袁州区、上饶市信州区、济南市天桥区、枣庄市山亭区、临沂市河东区、德州市陵城区、深圳市罗湖区、深圳市盐田区、江门市蓬江区、江门市新会区、肇庆市端州区、肇庆市鼎湖区、佛山市南海区等。此外，通过推算得出数据的区政府有：南京市玄武区、南京市秦淮区、南京市建邺区、南京市鼓楼区、南京市浦口区、南京市栖霞区、南京市雨花台区、南京市江宁区、南京市六合区、南京市溧水区、南京市高淳区、无锡市梁溪区、无锡市锡山区、无锡市惠山区等。具体推算方式为：居民消费价格上涨指数 = 上一级政府居民消费价格上涨指数/权重（权重依据同市内各区政府 GDP 排名确定）。

44. 城镇登记失业率（%）数据主要来自 2022 年统计公报，该指标是逆指标，本书已将其转化为正指标。其中，数据来自 2021 年统计公报的区政府有：鄂尔多斯东胜区、巴彦淖尔市临河区、大连市西岗区、鞍山市立山区、丹东市振安区、锦州市凌河区、辽阳市白塔区、朝阳市双塔区、长春市宽城区、吉林市船营区、吉林市昌邑区、辽源市西安区、哈尔滨市道里区、哈尔滨市道外区、哈尔滨市香坊区、哈尔滨市双城区、苏州市相城区、苏州市吴江区等。此外，通过推算得出数据的区政府有：石家庄市新华区、石家庄市井陉矿区、石家庄市裕华区、石家庄市藁城区、石家庄市鹿泉区、石家庄市栾城区、唐山市路南区、唐山市古冶区、唐山市开平区、唐山市丰润区、秦皇岛山海关区、秦皇岛北戴河区、邯郸市峰峰矿区、邯郸市肥乡区、邯郸市永年区、邢台市信都区等。具体推算方式为：城镇登记失业率 = 上一级政府城镇登记失业率/权重（权重依据同市内各区政府常住人口排名确定）。

45. 月最低工资标准（元）的数据来自 2023 年各地级市政府人力资源和社会保障局最低工资标准的通知。其中，数据来源于省级人力资源与社会保障厅各地区最低工资标准情况的区政府有：沈阳市浑南区、沈阳市和平区、沈阳市沈河区、沈阳市大东区、沈阳市皇姑区、沈阳市铁西区、沈阳市苏家屯区、沈阳市沈北新区、沈阳市于洪区、沈阳市辽中区、大连市西岗区、大连市中山区、大连市沙河口区、大连市甘井子区、大连市旅顺口区、大连市金州区、大连市普兰店区、鞍山市铁东区、鞍山市立山区等。

46. 人均金融机构存款余额（元）指金融机构贷款余额/年末常住人口数，年末常住人口数来自 2022 年区政府统计公报和第七次人口普查公报。金融机构存款余额数据来自 2022 年区政府统计公报。其中乌鲁木齐市米东区、吐鲁番市高昌区、哈密市伊州区、北京市顺义区、北京市平谷区、北京市延庆区、天津市河北区、天津市东丽区、天津市西青区、天津市北辰区、天津市武清区、天津市宝坻区、天津市宁河区、天津市静海区、上海市奉贤区等的数据来自 2021 年区政府统计公报。此外，通过推算得出数据的区政府有：乌鲁木齐市新市区、乌鲁木齐水磨沟区、乌鲁木齐市头屯河区、乌鲁木齐市达坂城区、克拉玛依市克拉玛依区、克拉玛依市独山子区、北京市大兴区、天津市河西区、天津市和平区、天津市河东区、天津市南开区、天津市红桥区、上海市黄浦区、上海市徐汇区、上海市长宁区、上海市静安区、上海市虹口区、上海市杨浦区等。具体推算方式为：金融机构存款余额 =（上一级政府金融机构存款余额/上一级政府常住总人口）× 本级政府常住人口 × 权重（权重依据同市内各区 GDP 排名确定）。

47. 居民人均生活消费支出（元），数据来自 2022 年区政府统计公报。其中，数据来自 2021 年统计公报的区政府有：秦皇岛市北戴河区、潍坊市潍城区、济宁市任城区、泰安市岱岳区、威海市环翠区、临沂市河东区、德州市陵城区、呼和浩特市新城区、忻州市忻府区、通辽市科尔沁区、阜新市海州区、南京市高淳区、南京市溧水区、南京市六合区、南京市浦口区、南京市建邺区、无锡市惠山区等。此外，通过推算得出数据的区政府有：石家庄市长安区、石家庄市桥西区、石家庄市新华区、石家庄市井陉矿区、石家庄市裕华区、石家庄市藁城区、石家庄市鹿泉区、石家庄市栾城区、秦皇岛市海港区、秦皇岛市山海关区、秦皇岛市抚宁区、邯郸市丛台区、邯郸市邯山区、邯郸市复兴区、邯郸市峰峰矿区、邯郸市肥乡区等。具体推算方式为：居民人均生活消费支出 = 上一级政府居民人均生活消费支出 × 权重（权重依据同市内各区 GDP 排名确定）。

48. 领导信息公开来源于区政府信息公开指南。统一参考的是 2023 年区政府网站信息公开栏目公布的政府办公室或相关部门电话、电子邮箱。其中，领导个人信息等于或多于 5 项的为 5 分，领导个人信息等于或少于 4 项的为 4 分，领导个人信息等于或少于 3 项（但至少有 1 项）的为 3 分，领导个人信息没有公开的为 1 分。

49. 政府新媒体公开指区政府网站是否有微信公众号、微博等新媒体联系方式。其来源于 2022 年区政府信息公开年报。该指标评分标准是：有微信公众号、微博、微信小程序、App 等官方新媒体的记 5 分，只有微信公众号及微博的记 4 分，只有微博或微信公众号的记 3 分，都没有的则记 1 分。

50. 三公经费公开数据来源于各区政府官网、区政府财政局网站、区政府预算报告，统一参考 2022 年预算执行情况和 2023 年预算草案报告。其中，完全公开政府部门三公经费的区政府记 5 分；公开比较全面的区政府记 4 分；只公开一些的区政府记 3 分；没有公开三公经费的区政府记 1 分。

51. 工作报告公开数据来源于各区政府官网，参考 2023 年区人民代表大会上审议的区政府工作报告。其中，公开 2023 年政府工作报告的为 5 分；只公开到 2022 年政府工作报告的为 4 分；只公开到 2021 年政府工作报告的为 3 分；只公开 2020 年及以前政府工作报告的为 1 分。

52. 预算报告公开数据来源于各区政府网站，参考 2023 年预算草案报告。其中，有 2023 年预算草案报告的为 5 分；只公开到 2022 年预算草案报告的为 4 分；只公开到 2021 年预算草案报告的为 3 分；只有 2020 年及以前预算草案报告的为 1 分。

53. 计划报告公开数据来源于各区政府网站，参考 2023 年计划报告。其中，公开 2023 年计划报告的为 5 分；只公开到 2022 年计划报告的为 4

分；只有 2021 年及以前计划报告的为 3 分；只有 2020 年及以前计划报告的为 1 分。

54. 统计公报公开数据来源于各区政府网站或者统计信息网，参考 2022 年统计公报。其中，有 2022 年统计公报的为 5 分；只公布到 2021 年统计公报的为 4 分；只有 2020 年及以前统计公报的为 3 分；只有 2019 年及以前统计公报的为 1 分。

55. 公务员招考信息公开参考 2023 年 1 月 1 日至 2023 年 4 月 5 日各区政府官网公务员招考录用栏（公务员招考录用、招考信息、人事信息、人事任免、招生信息、考试信息）的公务员职位信息公开条数。公开条数大于或等于 7 条记 5 分，大于或等于 4 条小于 7 条记 4 分，大于或等于 1 条小于 4 条记 3 分，0 条记 1 分。

56. 政府办公室主动信息公开详尽程度，是指区政府信息公开年报中主动公开信息的详细程度。数据来源于政府官网—政务公开—政府办公室信息公开年报。其中主动公开内容条数大于或等于 15 条的记 5 分，主动公开内容条数为 10 ~ 14 条的记 4 分，主动公开内容条数为 6 ~ 9 条的记 3 分，主动公开内容条数为 5 条及以下（或者最新的信息公开年报未公开）的记 1 分。

57. 政府办公室主动信息公开时效，是指区政府办公室主动公开政府信息的时效。数据来源于政府官网—政务公开—政府信息公开年报—政府办公室信息公开年报。其中 2023 年 1 月公开的，得 5 分；2023 年 2 月公开的，得 4 分；2023 年 3 月公开的，得 3 分；2023 年 4 月及以后公开和目前暂未公开的，得 1 分。

58. 政府办事时效数据来源于各区政府官网。参考在区长信箱中反映的基本能解决信件上问题的时间，首先看来信时间与受理时间，根据其间隔长短评级；如果无来信时间就根据已处理信件的日期是否是近期进行评级，查询截止时间为 2023 年 4 月 5 日。其中，处理时间长度为 1 ~ 3 天属于很好，4 ~ 5 天属于较好；6 ~ 10 天属于一般，10 天以上属于差。其中，最近邮件收到日期与反馈日期均公布的区政府，采用其最近 3 封的处理时间取平均值；仅公布反馈日期的区政府，参考其最近 3 封的反馈时间间隔取平均值；既无收到日期又无反馈日期的区政府、无区长信箱栏目的区政府、不开放邮件阅读的区政府，因为它们未能及时公布对公众诉求处理速度的信息，所以它们在该项指标上的得分在全国区政府排名中并列最后一名。在此基础上考察贯彻中央政策和上级精神的时效性。公开很好记 5 分；公开较好记 4 分；一般记 3 分；较差记 1 分。

59. 政府常务会议次数（次），统计区间是 2022 年 1 月 1 日至 2023 年 4 月 5 日。其数据来源于各区政府官网。

60. 政府常务会议议题数量（项）是指在统计区间 2022 年 1 月 1 日至 2023 年 4 月 5 日，最新一次（常务会议召开日期距离 2023 年 4 月 5 日最近的一次）常务会议的议题数量。数据来自区政府官网。此外，以下各区政府常务会议议题数量数据是通过对该区所在地级市政府的所有区政府数据的平均值和最低值进行二次平均得到的：石家庄市新华区、唐山市路南区、唐山市开平区、唐山市丰南区、秦皇岛市海港区、邯郸市复兴区、邯郸市永年区、保定市徐水区、张家口市桥西区、张家口市崇礼区。

61. 传达全国两会精神时间特指各区政府为学习全国两会精神召开会议的时间。可以在区政府网站直接搜索“学习全国两会精神”等关键词。注意要找到区委主持召开的学习全国两会精神的会议。2023 年 3 月 16 日及之前召开的，得 5 分；2023 年 3 月 17 ~ 19 日召开的，得 4 分；2023 年 3 月 20 ~ 22 日召开的，得 3 分；2023 年 3 月 23 日及以后召开的，得 1 分。

62. 政府主动信息公开时效的数据来源于各区政府官网—政务公开—政府信息公开年报。其中 2023 年 1 月公开的，得 5 分；2023 年 2 月公开的，得 4 分；2023 年 3 月公开的，得 3 分；2023 年 4 月及以后公开和目前暂未公开的，得 1 分。

注：本书有关区政府效率测度指标信息收集、查询截止时间为 2023 年 5 月 30 日。

附录3　2023年中国地方政府效率测度样本

附录3.1　2023年中国省级政府效率测度样本（31个）

1. 华东地区（7个）

上海市、江苏省、浙江省、安徽省、福建省、江西省、山东省。

2. 中南地区（6个）

河南省、湖北省、湖南省、广东省、广西壮族自治区、海南省。

3. 西南地区（5个）

重庆市、四川省、贵州省、云南省、西藏自治区。

4. 西北地区（5个）

陕西省、甘肃省、青海省、宁夏回族自治区、新疆维吾尔自治区。

5. 华北地区（5个）

北京市、天津市、河北省、山西省、内蒙古自治区。

6. 东北地区（3个）

辽宁省、吉林省、黑龙江省。

附录3.2　2023年中国地级市政府效率测度样本（333个）

1. 华东地区76个地级市

（1）安徽省 16 个地级市

合肥市、芜湖市、蚌埠市、淮南市、马鞍山市、淮北市、铜陵市、安庆市、黄山市、滁州市、阜阳市、宿州市、六安市、亳州市、池州市、宣城市。

（2）福建省 9 个地级市

福州市、厦门市、莆田市、三明市、泉州市、漳州市、南平市、龙岩市、宁德市。

（3）江苏省 13 个地级市

南京市、无锡市、徐州市、常州市、苏州市、南通市、连云港市、淮安市、盐城市、扬州市、镇江市、泰州市、宿迁市。

（4）江西省 11 个地级市

南昌市、景德镇市、萍乡市、九江市、新余市、鹰潭市、赣州市、吉安市、宜春市、抚州市、上饶市。

（5）山东省 16 个地级市

济南市、青岛市、淄博市、枣庄市、东营市、烟台市、潍坊市、济宁市、泰安市、威海市、日照市、临沂市、德州市、聊城市、滨州市、菏泽市。

（6）浙江省 11 个地级市

杭州市、宁波市、温州市、嘉兴市、湖州市、绍兴市、金华市、衢州市、舟山市、台州市、丽水市。

2. 中南地区83个地级市

（1）广东省 21 个地级市

广州市、深圳市、佛山市、中山市、珠海市、湛江市、茂名市、阳江市、云浮市、肇庆市、江门市、清远市、东莞市、韶关市、河源市、惠州市、汕尾市、梅州市、揭阳市、汕头市、潮州市。

（2）广西壮族自治区 14 个地级市

南宁市、北海市、钦州市、防城港市、崇左市、梧州市、玉林市、贵港市、来宾市、柳州市、百色市、河池市、桂林市、贺州市。

（3）海南省 4 个地级市

海口市、三亚市、三沙市、儋州市。

（4）河南省 17 个地级市

郑州市、开封市、洛阳市、平顶山市、安阳市、鹤壁市、新乡市、焦作市、濮阳市、许昌市、漯河市、三门峡市、南阳市、商丘市、信阳市、周口市、驻马店市。

（5）湖北省 13 个地级市

武汉市、黄石市、十堰市、宜昌市、襄阳市、鄂州市、荆门市、孝感市、荆州市、黄冈市、咸宁市、随州市、恩施土家族苗族自治州。

（6）湖南省 14 个地级市

长沙市、株洲市、湘潭市、衡阳市、邵阳市、岳阳市、常德市、张家界市、益阳市、郴州市、永州市、怀化市、娄底市、湘西土家族苗族自治州。

3. 西南地区53个地级市

（1）贵州省 9 个地级市

贵阳市、六盘水市、遵义市、安顺市、毕节市、铜仁市、黔西南布依族苗族自治州、黔东南苗族侗族自治州、黔南布依族苗族自治州。

（2）四川省 21 个地级市

成都市、自贡市、攀枝花市、泸州市、德阳市、绵阳市、广元市、遂宁市、内江市、乐山市、南充市、眉山市、宜宾市、广安市、达州市、雅安市、巴中市、资阳市、阿坝藏族羌族自治州、甘孜藏族自治州、凉山彝族自治州。

（3）西藏自治区 7 个地级市

拉萨市、日喀则市、昌都市、林芝市、山南市、那曲市、阿里地区。

（4）云南省 16 个地级市

昆明市、曲靖市、玉溪市、保山市、昭通市、丽江市、普洱市、临沧市、楚雄彝族自治州、红河哈尼族彝族自治州、文山壮族苗族自治州、西双版纳傣族自治州、大理白族自治州、德宏傣族景颇族自治州、怒江傈僳族自治州、迪庆藏族自治州。

4. 西北地区51个地级市

（1）甘肃省 14 个地级市

兰州市、嘉峪关市、金昌市、白银市、天水市、酒泉市、张掖市、武威市、定西市、陇南市、平凉市、庆阳市、临夏回族自治州、甘南藏族自治州。

（2）宁夏回族自治区 5 个地级市

银川市、石嘴山市、吴忠市、固原市、中卫市。

（3）青海省 8 个地级市

西宁市、海东市、海北藏族自治州、黄南藏族自治州、海南藏族自治州、果洛藏族自治州、玉树藏族自治州、海西蒙古族藏族自治州。

（4）陕西省 10 个地级市

西安市、铜川市、宝鸡市、咸阳市、渭南市、汉中市、安康市、商洛市、延安市、榆林市。

（5）新疆维吾尔自治区 14 个

乌鲁木齐市、克拉玛依市、吐鲁番市、哈密市、阿克苏地区、喀什地区、和田地区、昌吉回族自治州、博尔塔拉蒙古自治州、巴音郭楞蒙古自治州、克孜勒苏柯尔克孜自治州、伊犁哈萨克自治州、塔城地区、阿勒泰地区。

5. 华北地区34个地级市

（1）河北省 11 个地级市

石家庄市、唐山市、秦皇岛市、邯郸市、邢台市、保定市、张家口市、承德市、沧州市、廊坊市、衡水市。

（2）内蒙古自治区 12 个地级市

呼和浩特市、包头市、乌海市、赤峰市、通辽市、鄂尔多斯市、呼伦贝尔市、巴彦淖尔市、乌兰察布市、兴安盟、锡林郭勒盟、阿拉善盟。

（3）山西省 11 个地级市

太原市、大同市、朔州市、忻州市、阳泉市、吕梁市、晋中市、长治市、晋城市、临汾市、运城市。

6. 东北地区36个地级市

（1）黑龙江省 13 个地级市

哈尔滨市、齐齐哈尔市、牡丹江市、佳木斯市、大庆市、鸡西市、双鸭山市、伊春市、七台河市、鹤岗市、黑河市、绥化市、大兴安岭地区。

（2）吉林省 9 个地级市

长春市、吉林市、四平市、辽源市、通化市、白山市、松原市、白城市、延边朝鲜族自治州。

（3）辽宁省 14 个地级市

沈阳市、大连市、鞍山市、抚顺市、本溪市、丹东市、锦州市、营口市、阜新市、辽阳市、盘锦市、铁岭市、朝阳市、葫芦岛市。

附录3.3　2023年中国县级政府效率测度样本（1866个）

1. 华东地区356个县级政府

（1）江苏省 40 个县级政府

无锡市：江阴市、宜兴市。

徐州市：丰县、沛县、睢宁县、新沂市、邳州市。

常州市：溧阳市。

苏州市：常熟市、张家港市、昆山市、太仓市。

南通市：如东县、启东市、如皋市、海安市。

连云港市：东海县、灌云县、灌南县。

淮安市：涟水县、盱眙县、金湖县。

盐城市：响水县、滨海县、阜宁县、射阳县、建湖县、东台市。

扬州市：宝应县、仪征市、高邮市。

镇江市：丹阳市、扬中市、句容市。

泰州市：兴化市、靖江市、泰兴市。

宿迁市：沭阳县、泗阳县、泗洪县。

（2）浙江省 53 个县级政府

杭州市：桐庐县、淳安县、建德市。

宁波市：象山县、宁海县、余姚市、慈溪市。

温州市：永嘉县、平阳县、苍南县、文成县、泰顺县、瑞安市、乐清市、龙港市。

嘉兴市：嘉善县、海盐县、海宁市、平湖市、桐乡市。

湖州市：德清县、长兴县、安吉县。

绍兴市：新昌县、诸暨市、嵊州市。

金华市：武义县、浦江县、磐安县、兰溪市、义乌市、东阳市、永康市。

衢州市：常山县、开化县、龙游县、江山市。

舟山市：岱山县、嵊泗县。

台州市：三门县、天台县、仙居县、温岭市、临海市、玉环市。

丽水市：青田县、缙云县、遂昌县、松阳县、云和县、庆元县、景宁畲族自治县、龙泉市。

（3）安徽省59个县级政府

合肥市：长丰县、肥东县、肥西县、庐江县、巢湖市。

芜湖市：南陵县、无为市。

蚌埠市：怀远县、五河县、固镇县。

淮南市：凤台县、寿县。

马鞍山市：当涂县、含山县、和县。

淮北市：濉溪县。

铜陵市：枞阳县。

安庆市：怀宁县、太湖县、宿松县、望江县、岳西县、桐城市、潜山市。

黄山市：歙县、休宁县、黟县、祁门县。

滁州市：来安县、全椒县、定远县、凤阳县、天长市、明光市。

阜阳市：临泉县、太和县、阜南县、颍上县、界首市。

宿州市：砀山县、萧县、灵璧县、泗县。

六安市：霍邱县、舒城县、金寨县、霍山县。

亳州市：涡阳县、蒙城县、利辛县。

池州市：东至县、石台县、青阳县。

宣城市：郎溪县、泾县、绩溪县、旌德县、宁国市、广德市。

（4）福建省53个县级政府

福州市：闽侯县、连江县、罗源县、闽清县、永泰县、平潭县、福清市。

莆田市：仙游县。

三明市：明溪县、清流县、宁化县、大田县、尤溪县、将乐县、泰宁县、建宁县、永安市。

泉州市：惠安县、安溪县、永春县、德化县、石狮市、晋江市、南安市、金门县。

漳州市：云霄县、漳浦县、诏安县、东山县、南靖县、平和县、华安县。

南平市：顺昌县、浦城县、光泽县、松溪县、政和县、邵武市、武夷山市、建瓯市。

龙岩市：长汀县、上杭县、武平县、连城县、漳平市。

宁德市：霞浦县、古田县、屏南县、寿宁县、周宁县、柘荣县、福安市、福鼎市。

（5）江西省 73 个县级政府

南昌市：南昌县、安义县、进贤县。

景德镇市：乐平市、浮梁县。

萍乡市：莲花县、上栗县、芦溪县。

九江市：瑞昌市、共青城市、庐山市、武宁县、修水县、永修县、德安县、都昌县、湖口县、彭泽县。

新余市：分宜县。

鹰潭市：贵溪市。

赣州市：瑞金市、龙南市、信丰县、大余县、上犹县、崇义县、安远县、定南县、全南县、宁都县、于都县、兴国县、会昌县、寻乌县、石城县。

吉安市：井冈山市、吉安县、吉水县、峡江县、新干县、永丰县、泰和县、遂川县、万安县、安福县、永新县。

宜春市：丰城市、樟树市、高安市、奉新县、万载县、上高县、宜丰县、靖安县、铜鼓县。

抚州市：南城县、黎川县、南丰县、崇仁县、乐安县、宜黄县、金溪县、资溪县、广昌县。

上饶市：德兴市、玉山县、铅山县、横峰县、弋阳县、余干县、鄱阳县、万年县、婺源县。

(6) 山东省 78 个县级政府

济南市：平阴县、商河县。

青岛市：胶州市、平度市、莱西市。

淄博市：桓台县、高青县、沂源县。

枣庄市：滕州市。

东营市：利津县、广饶县。

烟台市：龙口市、莱阳市、莱州市、招远市、栖霞市、海阳市。

潍坊市：青州市、诸城市、寿光市、安丘市、高密市、昌邑市、临朐县、昌乐县。

济宁市：曲阜市、邹城市、微山县、鱼台县、金乡县、嘉祥县、汶上县、泗水县、梁山县。

泰安市：新泰市、肥城市、宁阳县、东平县。

威海市：荣成市、乳山市。

日照市：五莲县、莒县。

临沂市：沂南县、郯城县、沂水县、兰陵县、费县、平邑县、莒南县、蒙阴县、临沭县。

德州市：乐陵市、禹城市、宁津县、庆云县、临邑县、齐河县、平原县、夏津县、武城县。

聊城市：临清市、阳谷县、莘县、东阿县、冠县、高唐县。

滨州市：邹平市、惠民县、阳信县、无棣县、博兴县。

菏泽市：单县、成武县、巨野县、郓城县、鄄城县、曹县、东明县。

2. 中南地区395个县级政府

(1) 河南省 103 个县级政府

郑州市：中牟县、巩义市、荥阳市、新密市、新郑市、登封市。

开封市：杞县、通许县、尉氏县、兰考县。

洛阳市：新安县、栾川县、嵩县、汝阳县、宜阳县、洛宁县、伊川县。

平顶山市：宝丰县、叶县、鲁山县、郏县、舞钢市、汝州市。

安阳市：安阳县、汤阴县、滑县、内黄县、林州市。

鹤壁市：浚县、淇县。

新乡市：新乡县、获嘉县、原阳县、延津县、封丘县、卫辉市、辉县市、长垣市。

焦作市：修武县、博爱县、武陟县、温县、沁阳市、孟州市。

濮阳市：清丰县、南乐县、范县、台前县、濮阳县。

许昌市：鄢陵县、襄城县、禹州市、长葛市。

漯河市：舞阳县、临颍县。

三门峡市：渑池县、卢氏县、义马市、灵宝市。

南阳市：南召县、方城县、西峡县、镇平县、内乡县、淅川县、社旗县、唐河县、新野县、桐柏县、邓州市。

商丘市：民权县、睢县、宁陵县、柘城县、虞城县、夏邑县、永城市。

信阳市：罗山县、光山县、新县、商城县、固始县、潢川县、淮滨县、息县。

周口市：扶沟县、西华县、商水县、沈丘县、郸城县、太康县、鹿邑县、项城市。

驻马店市：西平县、上蔡县、平舆县、正阳县、确山县、泌阳县、汝南县、遂平县、新蔡县。

省直辖县级政府：济源市。

（2）湖北省 64 个县级政府

黄石市：阳新县、大冶市。

十堰市：郧西县、竹山县、竹溪县、房县、丹江口市。

宜昌市：远安县、兴山县、秭归县、长阳土家族自治县、五峰土家族自治县、宜都市、当阳市、枝江市。

襄阳市：南漳县、谷城县、保康县、老河口市、枣阳市、宜城市。

荆门市：沙洋县、钟祥市、京山市。

孝感市：孝昌县、大悟县、云梦县、应城市、安陆市、汉川市。

荆州市：公安县、监利市、江陵县、石首市、洪湖市、松滋市。

黄冈市：团风县、红安县、罗田县、英山县、浠水县、蕲春县、黄梅县、麻城市、武穴市。

咸宁市：嘉鱼县、通城县、崇阳县、通山县、赤壁市。

随州市：随县、广水市。

恩施土家族苗族自治州：恩施市、利川市、建始县、巴东县、宣恩县、咸丰县、来凤县、鹤峰县。

省直辖县级政府：潜江市、仙桃市、天门市、神农架林区。

(3) 湖南省86个县级政府

长沙市：长沙县、浏阳市、宁乡市。

株洲市：醴陵市、攸县、茶陵县、炎陵县。

湘潭市：湘乡市、韶山市、湘潭县。

衡阳市：耒阳市、常宁市、衡阳县、衡南县、衡山县、衡东县、祁东县。

邵阳市：武冈市、邵阳县、新邵县、邵东市、隆回县、洞口县、绥宁县、新宁县、城步苗族自治县。

岳阳市：汨罗市、临湘市、岳阳县、华容县、湘阴县、平江县。

常德市：津市市、安乡县、汉寿县、澧县、临澧县、桃源县、石门县。

张家界市：慈利县、桑植县。

益阳市：沅江市、南县、桃江县、安化县。

郴州市：资兴市、桂阳县、宜章县、永兴县、嘉禾县、临武县、汝城县、桂东县、安仁县。

永州市：祁阳市、东安县、双牌县、道县、江永县、宁远县、蓝山县、新田县、江华瑶族自治县。

怀化市：洪江市、中方县、沅陵县、辰溪县、溆浦县、会同县、麻阳苗族自治县、新晃侗族自治县、芷江侗族自治县、靖州苗族侗族自治县、通道侗族自治县。

娄底市：冷水江市、涟源市、双峰县、新化县。

湘西土家族苗族自治州：吉首市、泸溪县、凤凰县、花垣县、保靖县、古丈县、永顺县、龙山县。

（4）广东省 57 个县级政府

湛江市：廉江市、雷州市、吴川市、遂溪县、徐闻县。

茂名市：高州市、化州市、信宜市。

阳江市：阳春市、阳西县。

云浮市：罗定市、新兴县、郁南县。

肇庆市：四会市、广宁县、怀集县、封开县、德庆县。

江门市：台山市、开平市、鹤山市、恩平市。

清远市：英德市、连州市、佛冈县、阳山县、连山壮族瑶族自治县、连南瑶族自治县。

韶关市：乐昌市、南雄市、始兴县、仁化县、翁源县、新丰县、乳源瑶族自治县。

河源市：紫金县、龙川县、连平县、和平县、东源县。

惠州市：博罗县、惠东县、龙门县。

汕尾市：陆丰市、海丰县、陆河县。

梅州市：兴宁市、大埔县、丰顺县、五华县、平远县、蕉岭县。
揭阳市：普宁市、揭西县、惠来县。

汕头市：南澳县。

潮州市：饶平县。

（5）广西壮族自治区 70 个县级政府

南宁市：隆安县、马山县、上林县、宾阳县、横州市。

柳州市：柳城县、鹿寨县、融安县、融水苗族自治县、三江侗族自治县。

桂林市：阳朔县、灵川县、全州县、兴安县、永福县、灌阳县、龙胜各族自治县、资源县、平乐县、荔浦市、恭城瑶族自治县。

梧州市：苍梧县、藤县、蒙山县、岑溪市。

北海市：合浦县。

防城港市：上思县、东兴市。

钦州市：灵山县、浦北县。

贵港市：平南县、桂平市。

玉林市：容县、陆川县、博白县、兴业县、北流市。

百色市：田东县、德保县、那坡县、凌云县、乐业县、田林县、西林县、隆林各族自治县、靖西市、平果市。

贺州市：昭平县、钟山县、富川瑶族自治县。

河池市：南丹县、天峨县、凤山县、东兰县、罗城仫佬族自治县、环江毛南族自治县、巴马瑶族自治县、都安瑶族自治县、大化瑶族自治县。

来宾市：忻城县、象州县、武宣县、金秀瑶族自治县、合山市。

崇左市：扶绥县、宁明县、龙州县、大新县、天等县、凭祥市。

（6）海南省 15 个县级政府

省直辖县级政府：定安县、屯昌县、澄迈县、临高县、白沙黎族自治县、昌江黎族自治县、乐东黎族自治县、陵水黎族自治县、保亭黎族苗族自治县、琼中黎族苗族自治县、五指山市、琼海市、文昌市、万宁市、东方市。

3. 西南地区390个县级政府

（1）四川省 128 个县级政府

成都市：金堂县、大邑县、蒲江县、都江堰市、彭州市、邛崃市、崇州市、简阳市。

自贡市：荣县、富顺县。

攀枝花市：米易县、盐边县。

泸州市：泸县、合江县、叙永县、古蔺县。

德阳市：中江县、广汉市、什邡市、绵竹市。

绵阳市：三台县、盐亭县、梓潼县、北川羌族自治县、平武县、江油市。

广元市：旺苍县、青川县、剑阁县、苍溪县。

遂宁市：蓬溪县、大英县、射洪市。

内江市：威远县、资中县、隆昌市。

乐山市：犍为县、井研县、夹江县、沐川县、峨边彝族自治县、马边彝族自治县、峨眉山市。

南充市：南部县、营山县、蓬安县、仪陇县、西充县、阆中市。

眉山市：仁寿县、洪雅县、丹棱县、青神县。

宜宾市：江安县、长宁县、高县、珙县、筠连县、兴文县、屏山县。

广安市：岳池县、武胜县、邻水县、华蓥市。

达州市：宣汉县、开江县、大竹县、渠县、万源市。

雅安市：荥经县、汉源县、石棉县、天全县、芦山县、宝兴县。

巴中市：通江县、南江县、平昌县。

资阳市：安岳县、乐至县。

阿坝藏族羌族自治州：马尔康市、汶川县、理县、茂县、松潘县、九寨沟县、金川县、小金县、黑水县、壤塘县、阿坝县、若尔盖县、红原县。

甘孜藏族自治州：康定市、泸定县、丹巴县、九龙县、雅江县、道孚县、炉霍县、甘孜县、新龙县、德格县、白玉县、石渠县、色达县、理塘县、巴塘县、乡城县、稻城县、得荣县。

凉山彝族自治州：西昌市、木里藏族自治县、盐源县、德昌县、会理市、会东县、宁南县、普格县、布拖县、金阳县、昭觉县、喜德县、冕宁县、越西县、甘洛县、美姑县、雷波县。

（2）贵州省72个县级政府

贵阳市：开阳县、息烽县、修文县、清镇市。

六盘水市：六枝特区、盘州市。

遵义市：桐梓县、绥阳县、正安县、道真仡佬族苗族自治县、务川仡佬族苗族自治县、凤冈县、湄潭县、余庆县、习水县、赤水市、仁怀市。

安顺市：普定县、镇宁布依族苗族自治县、关岭布依族苗族自治县、紫云苗族布依族自治县。

毕节市：大方县、黔西市、金沙县、织金县、纳雍县、威宁彝族回族苗族自治县、赫章县。

铜仁市：江口县、玉屏侗族自治县、石阡县、思南县、印江土家族苗族自治县、德江县、沿河土家族自治县、松桃苗族自治县。

黔西南布依族苗族自治州：兴义市、兴仁市、普安县、晴隆县、贞丰县、望谟县、册亨县、安龙县。

黔东南苗族侗族自治州：凯里市、黄平县、施秉县、三穗县、镇远县、岑巩县、天柱县、锦屏县、剑河县、台江县、黎平县、榕江县、从江县、雷山县、麻江县、丹寨县。

黔南布依族苗族自治州：都匀市、福泉市、荔波县、贵定县、瓮安县、独山县、平塘县、罗甸县、长顺县、龙里县、惠水县、三都水族自治县。

（3）云南省112个县级政府

昆明市：富民县、宜良县、石林彝族自治县、嵩明县、禄劝彝族苗族自治县、寻甸回族彝族自治县、安宁市。

曲靖市：师宗县、罗平县、富源县、会泽县、宣威市、陆良县。

玉溪市：通海县、华宁县、易门县、峨山彝族自治县、新平彝族傣族自治县、元江哈尼族彝族傣族自治县、澄江市。

保山市：施甸县、龙陵县、昌宁县、腾冲市。

昭通市：鲁甸县、巧家县、盐津县、大关县、永善县、绥江县、镇雄县、彝良县、威信县、水富市。

丽江市：玉龙纳西族自治县、永胜县、华坪县、宁蒗彝族自治县。

普洱市：宁洱哈尼族彝族自治县、墨江哈尼族自治县、景东彝族自治县、景谷傣族彝族自治县、镇沅彝族哈尼族拉祜族自治县、江城哈尼族彝族自治县、孟连傣族拉祜族佤族自治县、澜沧拉祜族自治县、西盟佤族自治县。

临沧市：凤庆县、云县、永德县、镇康县、双江拉祜族佤族布朗族傣族自治县、耿马傣族佤族自治县、沧源佤族自治县。

楚雄彝族自治州：楚雄市、双柏县、牟定县、南华县、姚安县、大姚县、永仁县、元谋县、武定县、禄丰市。

红河哈尼族彝族自治州：个旧市、开远市、蒙自市、弥勒市、屏边苗族自治县、建水县、石屏县、泸西县、元阳县、红河县、金平苗族瑶族傣族自治县、绿春县、河口瑶族自治县。

文山壮族苗族自治州：文山市、砚山县、西畴县、麻栗坡县、马关县、丘北县、广南县、富宁县。

西双版纳傣族自治州：景洪市、勐海县、勐腊县。

大理白族自治州：大理市、漾濞彝族自治县、祥云县、宾川县、弥渡县、南涧彝族自治县、巍山彝族回族自治县、永平县、云龙县、洱源县、剑川县、鹤庆县。

德宏傣族景颇族自治州：瑞丽市、芒市、梁河县、盈江县、陇川县。

怒江傈僳族自治州：泸水市、福贡县、贡山独龙族怒族自治县、兰坪白族普米族自治县。

迪庆藏族自治州：香格里拉市、德钦县、维西傈僳族自治县。

（4）西藏自治区66个县级政府

拉萨市：林周县、当雄县、尼木县、曲水县、墨竹工卡县。

日喀则市：南木林县、江孜县、定日县、萨迦县、拉孜县、昂仁县、谢通门县、白朗县、仁布县、康马县、定结县、仲巴县、亚东县、吉隆县、聂拉木县、萨嘎县、岗巴县。

昌都市：江达县、贡觉县、类乌齐县、丁青县、察雅县、八宿县、左贡县、芒康县、洛隆县、边坝县。

林芝市：工布江达县、米林市、墨脱县、波密县、察隅县、朗县。

山南市：扎囊县、贡嘎县、桑日县、琼结县、曲松县、措美县、洛扎县、加查县、隆子县、错那市、浪卡子县。

那曲市：嘉黎县、比如县、聂荣县、安多县、申扎县、索县、班戈县、巴青县、尼玛县、双湖县。

阿里地区：普兰县、札达县、噶尔县、日土县、革吉县、改则县、措勤县。

（5）重庆市 12 个县级政府

重庆：城口县、丰都县、垫江县、忠县、云阳县、奉节县、巫山县、巫溪县、石柱土家族自治县、秀山土家族苗族自治县、酉阳土家族苗族自治县、彭水苗族土家族自治县。

4. 西北地区289个县级政府

（1）陕西省 76 个县级政府

西安市：蓝田县、周至县。

铜川市：宜君县。

宝鸡市：岐山县、扶风县、眉县、陇县、千阳县、麟游县、凤县、太白县。

咸阳市：三原县、泾阳县、乾县、礼泉县、永寿县、长武县、旬邑县、淳化县、武功县、兴平市、彬州市。

渭南市：潼关县、大荔县、合阳县、澄城县、蒲城县、白水县、富平县、韩城市、华阴市。

延安市：延长县、延川县、志丹县、吴起县、甘泉县、富县、洛川县、宜川县、黄龙县、黄陵县、子长市。

汉中市：城固县、洋县、西乡县、勉县、宁强县、略阳县、镇巴县、留坝县、佛坪县。

榆林市：府谷县、靖边县、定边县、绥德县、米脂县、佳县、吴堡县、清涧县、子洲县、神木市。

安康市：汉阴县、石泉县、宁陕县、紫阳县、岚皋县、平利县、镇坪县、旬阳市、白河县。

商洛市：洛南县、丹凤县、商南县、山阳县、镇安县、柞水县。

（2）甘肃省69个县级政府

兰州市：永登县、皋兰县、榆中县。

金昌市：永昌县。

白银市：靖远县、会宁县、景泰县。

天水市：清水县、秦安县、甘谷县、武山县、张家川回族自治县。

武威市：民勤县、古浪县、天祝藏族自治县。

张掖市：肃南裕固族自治县、民乐县、临泽县、高台县、山丹县。

平凉市：泾川县、灵台县、崇信县、庄浪县、静宁县、华亭市。

酒泉市：金塔县、瓜州县、肃北蒙古族自治县、阿克塞哈萨克族自治县、玉门市、敦煌市。

庆阳市：庆城县、环县、华池县、合水县、正宁县、宁县、镇原县。

定西市：通渭县、陇西县、渭源县、临洮县、漳县、岷县。

陇南市：成县、文县、宕昌县、康县、西和县、礼县、徽县、两当县。

临夏回族自治州：临夏市、临夏县、康乐县、永靖县、广河县、和政县、东乡族自治县、积石山保安族东乡族撒拉族自治县。

甘南藏族自治州：合作市、临潭县、卓尼县、舟曲县、迭部县、玛曲县、碌曲县、夏河县。

（3）青海省37个县级政府

西宁市：大通回族土族自治县、湟源县。

海东市：民和回族土族自治县、互助土族自治县、化隆回族自治县、循化撒拉族自治县。

海北藏族自治州：海晏县、祁连县、刚察县、门源回族自治县。

黄南藏族自治州：同仁市、尖扎县、泽库县、河南蒙古族自治县。

海南藏族自治州：共和县、同德县、贵德县、兴海县、贵南县。

果洛藏族自治州：玛沁县、班玛县、甘德县、达日县、久治县、玛多县。

玉树藏族自治州：玉树市、杂多县、称多县、治多县、囊谦县、曲麻莱县。

海西蒙古族藏族自治州：德令哈市、格尔木市、茫崖市、乌兰县、都兰县、天峻县。

(4) 宁夏回族自治区 13 个县级政府

银川市：灵武市、永宁县、贺兰县。

石嘴山市：平罗县。

吴忠市：青铜峡市、盐池县、同心县。

固原市：西吉县、隆德县、泾源县、彭阳县。

中卫市：中宁县、海原县。

(5) 新疆维吾尔自治区 94 个县级政府

乌鲁木齐市：乌鲁木齐县。

吐鲁番市：鄯善县、托克逊县。

哈密市：伊吾县、巴里坤哈萨克自治县。

阿克苏地区：阿克苏市、库车市、温宿县、沙雅县、新和县、拜城县、乌什县、阿瓦提县、柯坪县。

喀什地区：喀什市、疏附县、疏勒县、英吉沙县、泽普县、莎车县、叶城县、麦盖提县、岳普湖县、伽师县、巴楚县、塔什库尔干塔吉克自治县。

和田地区：和田市、和田县、墨玉县、皮山县、洛浦县、策勒县、于田县、民丰县。

昌吉回族自治州：昌吉市、阜康市、呼图壁县、玛纳斯县、奇台县、吉木萨尔县、木垒哈萨克自治县。

博尔塔拉蒙古自治州：博乐市、阿拉山口市、精河县、温泉县。

巴音郭楞蒙古自治州：库尔勒市、轮台县、尉犁县、若羌县、且末县、和静县、和硕县、博湖县、焉耆回族自治县。

克孜勒苏柯尔克孜自治州：阿图什市、阿克陶县、阿合奇县、乌恰县。

伊犁哈萨克自治州：伊宁市、奎屯市、霍尔果斯市、伊宁县、霍城县、巩留县、新源县、昭苏县、特克斯县、尼勒克县、察布查尔锡伯自治县。

塔城地区：塔城市、乌苏市、额敏县、沙湾市、托里县、裕民县、和布克赛尔蒙古自治县。

阿勒泰地区：阿勒泰市、布尔津县、富蕴县、福海县、哈巴河县、青河县、吉木乃县。

省直辖县级政府：石河子市、阿拉尔市、图木舒克市、五家渠市、北屯市、铁门关市、双河市、可克达拉市、昆玉市、胡杨河市、新星市。

5. 华北地区289个县级政府

（1）河北省 118 个县级政府

石家庄市：井陉县、正定县、行唐县、灵寿县、高邑县、深泽县、赞皇县、无极县、平山县、元氏县、赵县、辛集市、晋州市、新乐市。

唐山市：滦南县、乐亭县、迁西县、玉田县、遵化市、迁安市、滦州市。

秦皇岛市：青龙满族自治县、昌黎县、卢龙县。

邯郸市：临漳县、成安县、大名县、涉县、磁县、邱县、鸡泽县、广平县、馆陶县、魏县、曲周县、武安市。

邢台市：临城县、内丘县、柏乡县、隆尧县、宁晋县、巨鹿县、新河县、广宗县、平乡县、威县、清河县、临西县、南宫市、沙河市。

保定市：涞水县、阜平县、定兴县、唐县、高阳县、容城县、涞源县、望都县、安新县、易县、曲阳县、蠡县、顺平县、博野县、雄县、涿州市、定州市、安国市、高碑店市。

张家口市：张北县、康保县、沽源县、尚义县、蔚县、阳原县、怀安县、怀来县、涿鹿县、赤城县。

承德市：承德县、兴隆县、滦平县、隆化县、丰宁满族自治县、宽城满族自治县、围场满族蒙古族自治县、平泉市。

沧州市：沧县、青县、东光县、海兴县、盐山县、肃宁县、南皮县、吴桥县、献县、孟村回族自治县、泊头市、任丘市、黄骅市、河间市。

廊坊市：固安县、永清县、香河县、大城县、文安县、大厂回族自治县、霸州市、三河市。

衡水市：枣强县、武邑县、武强县、饶阳县、安平县、故城县、景县、阜城县、深州市。

（2）山西省 91 个县级政府

太原市：清徐县、阳曲县、娄烦县、古交市。

大同市：阳高县、天镇县、广灵县、灵丘县、浑源县、左云县。

阳泉市：平定县、盂县。

长治市：襄垣县、平顺县、黎城县、壶关县、长子县、武乡县、沁县、沁源县。

晋城市：沁水县、阳城县、陵川县、泽州县、高平市。

朔州市：山阴县、应具、右玉县、怀仁市。

晋中市：榆社县、左权县、和顺县、昔阳县、寿阳县、祁县、平遥县、灵石县、介休市。

运城市：临猗县、万荣县、闻喜县、稷山县、新绛县、绛县、垣曲县、夏县、平陆县、芮城县、永济市、河津市。

忻州市：定襄县、五台县、代县、繁峙县、宁武县、静乐县、神池县、五寨县、岢岚县、河曲县、保德县、偏关县、原平市。

临汾市：曲沃县、翼城县、襄汾县、洪洞县、古县、安泽县、浮山县、吉县、乡宁县、大宁县、隰县、永和县、蒲县、汾西县、霍州市、侯马市。

吕梁市：文水县、交城县、兴县、临县、柳林县、石楼县、岚县、方山县、中阳县、交口县、孝义市、汾阳市。

（3）内蒙古自治区 80 个县级政府

呼和浩特市：土默特左旗、托克托县、和林格尔县、清水河县、武川县。

包头市：土默特右旗、固阳县、达尔罕茂明安联合旗。

赤峰市：阿鲁科尔沁旗、巴林左旗、巴林右旗、林西县、克什克腾旗、翁牛特旗、喀喇沁旗、宁城县、敖汉旗。

通辽市：科尔沁左翼中旗、科尔沁左翼后旗、开鲁县、库伦旗、奈曼旗、扎鲁特旗、霍林郭勒市。

鄂尔多斯市：达拉特旗、准格尔旗、鄂托克前旗、鄂托克旗、杭锦旗、乌审旗、伊金霍洛旗。

呼伦贝尔市：阿荣旗、莫力达瓦达斡尔族自治旗、鄂温克族自治旗、鄂伦春自治旗、陈巴尔虎旗、新巴尔虎左旗、新巴尔虎右旗、满洲里市、牙克石市、扎兰屯市、额尔古纳市、根河市。

巴彦淖尔市：五原县、磴口县、乌拉特前旗、乌拉特中旗、乌拉特后旗、杭锦后旗。

乌兰察布市：卓资县、化德县、商都县、兴和县、凉城县、察哈尔右翼前旗、察哈尔右翼中旗、察哈尔右翼后旗、四子王旗、丰镇市。

兴安盟：乌兰浩特市、阿尔山市、科尔沁右翼前旗、科尔沁右翼中旗、扎赉特旗、突泉县。

锡林郭勒盟：二连浩特市、锡林浩特市、阿巴嘎旗、苏尼特左旗、苏尼特右旗、东乌珠穆沁旗、西乌珠穆沁旗、太仆寺旗、镶黄旗、正镶白旗、正蓝旗、多伦县。

阿拉善盟：阿拉善左旗、阿拉善右旗、额济纳旗。

6. 东北地区147个县级政府

（1）辽宁省 41 个县级政府

沈阳市：康平县、法库县、新民市。

大连市：长海县、瓦房店市、庄河市。

鞍山市：台安县、岫岩满族自治县、海城市。

抚顺市：抚顺县、新宾满族自治县、清原满族自治县。

本溪市：本溪满族自治县、桓仁满族自治县。

丹东市：宽甸满族自治县、东港市、凤城市。

锦州市：黑山县、义县、凌海市、北镇市。

营口市：盖州市、大石桥市。

阜新市：阜新蒙古族自治县、彰武县。

辽阳市：辽阳县、灯塔市。

盘锦市：盘山县。

铁岭市：铁岭县、西丰县、昌图县、调兵山市、开原市。

朝阳市：朝阳县、建平县、喀喇沁左翼蒙古族自治县、北票市、凌源市。

葫芦岛市：绥中县、建昌县、兴城市。

（2）吉林省 39 个县级政府

长春市：农安县、榆树市、德惠市、公主岭市。

吉林市：永吉县、蛟河市、桦甸市、舒兰市、磐石市。

四平市：梨树县、伊通满族自治县、双辽市。

辽源市：东丰县、东辽县。

通化市：通化县、辉南县、柳河县、梅河口市、集安市。

白山市：抚松县、靖宇县、长白朝鲜族自治县、临江市。

松原市：前郭尔罗斯蒙古族自治县、长岭县、乾安县、扶余市。

白城市：镇赉县、通榆县、洮南市、大安市。

延边朝鲜族自治州：延吉市、图们市、敦化市、珲春市、龙井市、和龙市、汪清县、安图县。

（3）黑龙江省 67 个县级政府

哈尔滨市：依兰县、方正县、宾县、巴彦县、木兰县、通河县、延寿县、尚志市、五常市。

齐齐哈尔市：龙江县、依安县、泰来县、甘南县、富裕县、克山县、克东县、拜泉县、讷河市。

鸡西市：鸡东县、虎林市、密山市。

鹤岗市：萝北县、绥滨县。

双鸭山市：集贤县、友谊县、宝清县、饶河县。

大庆市：肇州县、肇源县、林甸县、杜尔伯特蒙古族自治县。

伊春市：嘉荫县、汤旺县、丰林县、大箐山县、南岔县、铁力市。

佳木斯市：桦南县、桦川县、汤原县、同江市、富锦市、抚远市。

七台河市：勃利县。

牡丹江市：林口县、绥芬河市、海林市、宁安市、穆棱市、东宁市。

黑河市：逊克县、孙吴县、北安市、五大连池市、嫩江市。

绥化市：望奎县、兰西县、青冈县、庆安县、明水县、绥棱县、安达市、肇东市、海伦市。

大兴安岭地区：漠河市、呼玛县、塔河县。

附录3.4　2023年中国区政府效率测度样本（977个）

1. 华东地区269个区政府

（1）江苏省 55 个区政府

无锡市：梁溪区、锡山区、惠山区、滨湖区、新吴区。

徐州市：云龙区、鼓楼区、贾汪区、泉山区、铜山区。

常州市：新北区、钟楼区、武进区、金坛区、天宁区。

苏州市：姑苏区、虎丘区、吴中区、相城区、吴江区。

南通市：崇川区、通州区、海门区。

连云港市：海州区、连云区、赣榆区。

淮安市：淮安区、洪泽区、淮阴区、清江浦区。

盐城市：亭湖区、盐都区、大丰区。

扬州市：邗江区、广陵区、江都区。

镇江市：京口区、润州区、丹徒区。

泰州市：海陵区、高港区、姜堰区。

宿迁市：宿城区、宿豫区。

南京市：玄武区、秦淮区、建邺区、鼓楼区、浦口区、栖霞区、雨花台区、江宁区、六合区、溧水区、高淳区。

（2）浙江省 37 个区政府

杭州市：上城区、拱墅区、西湖区、滨江区、萧山区、余杭区、富阳区、临安区、临平区、钱塘区。

宁波市：海曙区、江北区、北仑区、镇海区、鄞州区、奉化区。

温州市：鹿城区、龙湾区、瓯海区、洞头区。

嘉兴市：南湖区、秀洲区。

湖州市：吴兴区、南浔区

绍兴市：越城区、柯桥区、上虞区。

金华市：婺城区、金东区

衢州市：柯城区、衢江区。

舟山市：定海区、普陀区。

台州市：椒江区、黄岩区、路桥区。

丽水市：莲都区。

（3）安徽省 45 个区政府

合肥市：蜀山区、瑶海区、庐阳区、包河区。

芜湖市：鸠江区、镜湖区、弋江区、湾沚区、繁昌区。

蚌埠市：蚌山区、龙子湖区、禹会区、淮上区。

淮南市：田家庵区、大通区、谢家集区、八公山区、潘集区。

马鞍山市：雨山区、花山区、博望区。

淮北市：相山区、杜集区、烈山区。

铜陵市：铜官区、义安区、郊区。

安庆市：大观区、迎江区、宜秀区。

黄山市：屯溪区、黄山区、徽州区。

滁州市：琅琊区、南谯区。

阜阳市：颍州区、颍东区、颍泉区。

宿州市：埇桥区。

六安市：金安区、裕安区、叶集区。

亳州市：谯城区。

池州市：贵池区。

宣城市：宣州区。

（4）福建省 31 个区政府

福州市：鼓楼区、台江区、仓山区、马尾区、晋安区、长乐区。

莆田市：城厢区、涵江区、荔城区、秀屿区。

三明市：沙县区、三元区。

泉州市：丰泽区、鲤城区、洛江区、泉港区。

漳州市：龙海区、龙文区、芗城区、长泰区。

南平市：建阳区、延平区。

龙岩市：新罗区、永定区。

宁德市：蕉城区。

厦门市：思明区、海沧区、湖里区、集美区、同安区、翔安区。

（5）江西省 27 个区政府

南昌市：西湖区、东湖区、青云谱区、青山湖区、新建区、红谷滩区。

景德镇市：昌江区、珠山区。

萍乡市：安源区、湘东区。

九江市：浔阳区、濂溪区、柴桑区。

新余市：渝水区。

鹰潭市：月湖区、余江区。

赣州市：章贡区、南康区、赣县区。

吉安市：吉州区、青原区。

宜春市：袁州区。

抚州市：临川区、东乡区。

上饶市：信州区、广丰区、广信区。

(6) 山东省 58 个区政府

济南市：市中区、历下区、槐荫区、天桥区、历城区、长清区、章丘区、济阳区、莱芜区、钢城区。

青岛市：市南区、市北区、黄岛区、崂山区、李沧区、城阳区、即墨区。

淄博市：张店区、淄川区、博山区、临淄区、周村区。

枣庄市：薛城区、市中区、峄城区、台儿庄区、山亭区。

东营市：东营区、河口区、垦利区。

烟台市：莱山区、芝罘区、福山区、牟平区、蓬莱区。

潍坊市：奎文区、潍城区、寒亭区、坊子区。

济宁市：任城区、兖州区。

泰安市：泰山区、岱岳区。

威海市：环翠区、文登区。

日照市：东港区、岚山区。

临沂市：兰山区、罗庄区、河东区。

德州市：德城区、陵城区。

聊城市：东昌府区、茌平区。

滨州市：滨城区、沾化区。

菏泽市：牡丹区、定陶区。

(7) 上海市 16 个区政府

黄浦区、徐汇区、长宁区、静安区、普陀区、虹口区、杨浦区、闵行区、宝山区、嘉定区、浦东新区、金山区、松江区、青浦区、奉贤区、崇明区。

2. 中南地区245个区政府

(1) 河南省 54 个区政府

郑州市：中原区、二七区、管城回族区、金水区、上街区、惠济区。

开封市：鼓楼区、龙亭区、顺河回族区、祥符区、禹王台区。

洛阳市：西工区、老城区、瀍河回族区、涧西区、孟津区、洛龙区、偃师区。

平顶山市：新华区、卫东区、石龙区、湛河区。

安阳市：北关区、文峰区、殷都区、龙安区。

鹤壁市：淇滨区、鹤山区、山城区。

新乡市：红旗区、卫滨区、凤泉区、牧野区。

焦作市：解放区、中站区、马村区、山阳区。

濮阳市：华龙区。

许昌市：魏都区、建安区。

漯河市：源汇区、郾城区、召陵区。

三门峡市：湖滨区、陕州区。

南阳市：宛城区、卧龙区。

商丘市：梁园区、睢阳区。

信阳市：浉河区、平桥区。

周口市：川汇区、淮阳区。

驻马店市：驿城区。

（2）湖北省 39 个区政府

黄石市：下陆区、黄石港区、西塞山区、铁山区。

十堰市：茅箭区、张湾区、郧阳区。

宜昌市：西陵区、伍家岗区、点军区、猇亭区、夷陵区。

襄阳市：襄城区、樊城区、襄州区。

荆门市：东宝区、掇刀区。

孝感市：孝南区。

荆州市：沙市区、荆州区。

黄冈市：黄州区。

咸宁市：咸安区。

随州市：曾都区。

武汉市：江岸区、江汉区、硚口区、汉阳区、武昌区、青山区、洪山区、东西湖区、汉南区、江夏区、黄陂区、蔡甸区、新洲区。

鄂州市：鄂城区、梁子湖区、华容区。

（3）湖南省 36 个区政府

长沙市：望城区、芙蓉区、岳麓区、雨花区、开福区、天心区。

株洲市：石峰区、芦淞区、荷塘区、渌口区、天元区。

湘潭市：雨湖区、岳塘区。

衡阳市：蒸湘区、南岳区、石鼓区、雁峰区、珠晖区。

邵阳市：大祥区、双清区、北塔区。

岳阳市：岳阳楼区、云溪区、君山区。

常德市：武陵区、鼎城区。

张家界市：永定区、武陵源区。

益阳市：赫山区、资阳区。

永州市：冷水滩区、零陵区。

怀化市：鹤城区。

娄底市：娄星区。

郴州市：北湖区、苏仙区。

（4）广东省 65 个区政府

湛江市：赤坎区、霞山区、坡头区、麻章区。

茂名市：茂南区、电白区。

阳江市：江城区、阳东区。

云浮市：云城区、云安区。

肇庆市：端州区、鼎湖区、高要区。

江门市：蓬江区、江海区、新会区。

清远市：清城区、清新区。

韶关市：武江区、浈江区、曲江区。

河源市：源城区。

惠州市：惠城区、惠阳区。

汕尾市：城区。

梅州市：梅江区、梅县区。

揭阳市：榕城区、揭东区。

汕头市：金平区、龙湖区、濠江区、潮阳区、潮南区、澄海区。

潮州市：湘桥区、潮安区。

广州市：越秀区、荔湾区、海珠区、天河区、白云区、黄埔区、番禺区、花都区、南沙区、从化区、增城区。

深圳市：福田区、罗湖区、南山区、宝安区、龙岗区、盐田区、龙华区、坪山区、光明区。

珠海市：香洲区、斗门区、金湾区。

佛山市：禅城区、南海区、顺德区、三水区、高明区。

（5）广西壮族自治区 41 个区政府

南宁市：青秀区、兴宁区、江南区、西乡塘区、良庆区、邕宁区、武鸣区。

柳州市：柳北区、城中区、鱼峰区、柳南区、柳江区。

桂林市：临桂区、秀峰区、叠彩区、象山区、七星区、雁山区。

梧州市：长洲区、万秀区、龙圩区。

北海市：海城区、银海区、铁山港区。

防城港市：港口区、防城区。

钦州市：钦南区、钦北区。

贵港市：港北区、覃塘区、港南区。

玉林市：玉州区、福绵区。

百色市：右江区、田阳区。

贺州市：平桂区、八步区。

河池市：宜州区、金城江区。

来宾市：兴宾区。

崇左市：江州区。

（6）海南省10个区政府

海口市：龙华区、秀英区、琼山区、美兰区。

三亚市：吉阳区、海棠区、天涯区、崖州区。

三沙市：西沙区、南沙区。

3. 西南地区122个区政府

（1）四川省55个区政府

成都市：武侯区、锦江区、青羊区、金牛区、成华区、龙泉驿区、青白江区、新都区、温江区、双流区、郫都区、新津区。

自贡市：自流井区、贡井区、大安区、沿滩区。

攀枝花市：东区、西区、仁和区。

泸州市：江阳区、纳溪区、龙马潭区。

德阳市：旌阳区、罗江区。

绵阳市：涪城区、游仙区、安州区。

广元市：利州区、昭化区、朝天区。

遂宁市：船山区、安居区。

内江市：市中区、东兴区。

乐山市：市中区、沙湾区、五通桥区、金口河区。

南充市：顺庆区、高坪区、嘉陵区。

眉山市：东坡区、彭山区。

宜宾市：翠屏区、南溪区、叙州区。

广安市：广安区、前锋区。

达州市：通川区。达川区。

雅安市：雨城区、名山区。

巴中市：巴州区、恩阳区。

资阳市：雁江区。

（2）贵州省 16 个区政府

贵阳市：乌当区、南明区、云岩区、花溪区、白云区、观山湖区。

六盘水市：钟山区、水城区。

遵义市：汇川区、红花岗区、播州区。

安顺市：西秀区、平坝区。

毕节市：七星关区。

铜仁市：碧江区、万山区。

（3）云南省 17 个区政府

昆明市：呈贡区、五华区、盘龙区、官渡区、西山区、东川区、晋宁区。

曲靖市：麒麟区、沾益区、马龙区。

玉溪市：红塔区、江川区。

保山市：隆阳区。

昭通市：昭阳区。

丽江市：古城区。

普洱市：思茅区。

临沧市：临翔区。

（4）西藏自治区 8 个区政府

拉萨市：城关区、堆龙德庆区、达孜区。

日喀则市：桑珠孜区。

昌都市：卡若区。

林芝市：巴宜区。

山南市：乃东区。

那曲市：色尼区。

（5）重庆市 26 个区政府

渝中区、万州区、涪陵区、大渡口区、江北区、沙坪坝区、九龙坡区、南岸区、北碚区、綦江区、大足区、渝北区、巴南区、黔江区、长寿区、江津区、合川区、永州区、南川区、璧山区、铜梁区、潼南区、荣昌区、开州区、梁平区、武隆区。

4. 西北地区77个区政府

(1) 陕西省 31 个区政府

西安市：未央区、新城区、碑林区、莲湖区、灞桥区、雁塔区、阎良区、临潼区、长安区、高陵区、鄠邑区。

铜川市：耀州区、王益区、印台区。

宝鸡市：凤翔区、金台区、渭滨区、陈仓区。

咸阳市：秦都区、杨陵区、渭城区。

渭南市：临渭区、华州区。

延安市：安塞区、宝塔区。

汉中市：汉台区、南郑区。

榆林市：榆阳区、横山区。

安康市：汉滨区。

商洛市：商州区。

(2) 甘肃省 17 个区政府

兰州市：红古区、西固区、安宁区、七里河区、城关区。

金昌市：金川区。

白银市：白银区、平川区。

天水市：秦州区、麦积区。

武威市：凉州区。

张掖市：甘州区。

平凉市：崆峒区。

酒泉市：肃州区。

庆阳市：西峰区。

定西市：安定区。

陇南市：武都区。

（3）青海省 7 个区政府

西宁市：城中区、城西区、城东区、城北区、湟中区。

海东市：乐都区、平安区。

（4）宁夏回族自治区 9 个区政府

银川市：金凤区、兴庆区、西夏区。

石嘴山市：大武口区、惠农区。

吴忠市：利通区、红寺堡区。

固原市：原州区。

中卫市：沙坡头区。

（5）新疆维吾尔自治区 13 个区政府

乌鲁木齐市：天山区、沙依巴克区、新市区、水磨沟区、头屯河区、达坂城区、米东区。

吐鲁番市：高昌区。

哈密市：伊州区。

克拉玛依市：克拉玛依区、独山子区、白碱滩区、乌尔禾区。

5. 华北地区130个区政府

（1）河北省 49 个区政府

石家庄市：长安区、桥西区、新华区、井陉矿区、裕华区、藁城区、鹿泉区、栾城区。

唐山市：路北区、路南区、古冶区、开平区、丰南区、丰润区、曹妃甸区。

秦皇岛市：海港区、山海关区、抚宁区、北戴河区。

邯郸市：丛台区、邯山区、复兴区、峰峰矿区、肥乡区、永年区。

邢台市：襄都区、信都区、任泽区、南和区。

保定市：竞秀区、莲池区、满城区、清苑区、徐水区。

张家口市：桥西区、桥东区、宣化区、下花园区、万全区、崇礼区。

承德市：双桥区、双滦区、鹰手营子矿区。

沧州市：运河区、新华区。

廊坊市：广阳区、安次区。

衡水市：桃城区、冀州区。

（2）山西省 26 个区政府

太原市：杏花岭区、小店区、迎泽区、万柏林区、晋源区、尖草坪区。

大同市：平城区、云冈区、新荣区、云州区。

阳泉市：城区、郊区、矿区。

长治市：潞州区、上党区、屯留区、潞城区。

晋城市：城区。

朔州市：朔城区、平鲁区。

晋中市：榆次区、太谷区。

运城市：盐湖区。

忻州市：忻府区。

临汾市：尧都区。

吕梁市：离石区。

（3）内蒙古自治区 23 个区政府

呼和浩特市：新城区、回民区、玉泉区、赛罕区。

包头市：昆都仑区、东河区、青山区、石拐区、白云鄂博矿区、九原区。

赤峰市：红山区、元宝山区、松山区。

通辽市：科尔沁区。

鄂尔多斯市：康巴什区、东胜区。

呼伦贝尔市：海拉尔区、扎赉诺尔区。

巴彦淖尔市：临河区。

乌兰察布市：集宁区。

乌海市：海勃湾区、海南区、乌达区。

（4）北京市 16 个区政府

东城区、西城区、朝阳区、丰台区、石景山区、海淀区、门头沟区、房山区、通州区、顺义区、昌平区、大兴区、怀柔区、平谷区、密云区、延庆区。

（5）天津市 16 个区政府

河西区、和平区、河东区、南开区、河北区、红桥区、东丽区、西青区、津南区、北辰区、武清区、宝坻区、滨海新区、宁河区、静海区、蓟州区。

6. 东北地区134个区政府

（1）辽宁省 59 个区政府

沈阳市：浑南区、和平区、沈河区、大东区、皇姑区、铁西区、苏家屯区、沈北新区、于洪区、辽中区。

大连市：西岗区、中山区、沙河口区、甘井子区、旅顺口区、金州区、普兰店区。

鞍山市：铁东区、立山区、铁西区、千山区。

抚顺市：顺城区、新抚区、望花区、东洲区。

本溪市：平山区、溪湖区、明山区、南芬区。

丹东市：振兴区、元宝区、振安区。

锦州市：太和区、古塔区、凌河区。

营口市：西市区、鲅鱼圈区、站前区、老边区。

阜新市：细河区、海州区、新邱区、太平区、清河门区。

辽阳市：白塔区、文圣区、宏伟区、弓长岭区、太子河区。

盘锦市：兴隆台区、双台子区、大洼区。

铁岭市：银州区、清河区。

朝阳市：双塔区、龙城区。

葫芦岛市：龙港区、连山区、南票区。

（2）吉林省 21 个区政府

长春市：南关区、宽城区、朝阳区、二道区、绿园区、双阳区、九台区。

吉林市：船营区、昌邑区、龙潭区、丰满区。

四平市：铁西区、铁东区。

辽源市：西安区、龙山区。

通化市：二道江区、东昌区。

白山市：浑江区、江源区。

松原市：宁江区。

白城市：洮北区。

（3）黑龙江省 54 个区政府

哈尔滨市：松北区、道里区、南岗区、道外区、平房区、香坊区、呼兰区、阿城区、双城区。

齐齐哈尔市：建华区、龙沙区、铁锋区、昂昂溪区、富拉尔基区、碾子山区、梅里斯达斡尔族区。

鸡西市：鸡冠区、恒山区、滴道区、梨树区、城子河区、麻山区。

鹤岗市：向阳区、工农区、南山区、兴安区、东山区、兴山区。

双鸭山市：尖山区、岭东区、四方台区、宝山区。

大庆市：萨尔图区、龙凤区、让胡路区、红岗区、大同区。

伊春市：伊美区、乌翠区、友好区、金林区。

佳木斯市：前进区、向阳区、东风区、郊区。

七台河市：桃山区、新兴区、茄子河区。

牡丹江市：东安区、阳明区、爱民区、西安区。

黑河市：爱辉区。

绥化市：北林区。

图书在版编目(CIP)数据

中国地方政府效率研究报告. 2023 / 江西师范大学管理决策评价研究中心著. -- 北京: 社会科学文献出版社, 2023. 11

ISBN 978 - 7 - 5228 - 2549 - 6

Ⅰ. ①中… Ⅱ. ①江… Ⅲ. ①地方政府 - 行政管理 - 效率 - 研究报告 - 中国 - 2023 Ⅳ. ①D625

中国国家版本馆 CIP 数据核字（2023）第 197292 号

中国地方政府效率研究报告（2023）

著　　者 / 江西师范大学管理决策评价研究中心

出 版 人 / 冀祥德
责任编辑 / 陈凤玲
文稿编辑 / 陈彩伊
责任印制 / 王京美

出　　版 / 社会科学文献出版社 · 经济与管理分社（010）59367226
地址: 北京市北三环中路甲 29 号院华龙大厦　邮编: 100029
网址: www. ssap. com. cn
发　　行 / 社会科学文献出版社（010）59367028
印　　装 / 三河市龙林印务有限公司

规　　格 / 开　本: 787mm × 1092mm　1/16
印　张: 21.5　字　数: 306 千字
版　　次 / 2023 年 11 月第 1 版　2023 年 11 月第 1 次印刷
书　　号 / ISBN 978 - 7 - 5228 - 2549 - 6
定　　价 / 128.00 元

读者服务电话: 4008918866